Ricarda Octavia Huch

Die Neutralität der Eidgenossenschaft

Besonders der Orte Zürich und Bern während des spanischen Erbfolgekrieges

Ricarda Octavia Huch

Die Neutralität der Eidgenossenschaft
Besonders der Orte Zürich und Bern während des spanischen Erbfolgekrieges

ISBN/EAN: 9783743604858

Hergestellt in Europa, USA, Kanada, Australien, Japan

Cover: Foto ©Suzi / pixelio.de

Weitere Bücher finden Sie auf **www.hansebooks.com**

Die

Neutralität der Eidgenossenschaft

besonders

der Orte Zürich und Bern

während

des spanischen Erbfolgekrieges.

Von

Dr. Ricarda Huch.

ZÜRICH,
S. HÖHR.
1892.

Inhalt.

Einleitendes Kapitel.

Ueber die Eigenart der eidgenössischen Neutralität.

Die Neutralität der schweizerischen Eidgenossenschaft hatte seit dem 30jährigen Kriege grundsätzlichen und dauernden Charakter gewonnen und unterscheidet sich dadurch von der gelegentlichen Neutralität anderer Staaten, von einer gleichfalls grundsätzlichen der Republik Venedig durch ihre entschiedene Handhabung. Es sind hauptsächlich zwei Umstände, welche die Erhaltung der Neutralität in der alten Eidgenossenschaft zugleich einerseits bedingten oder möglich machten und andrerseits erschwerten: die Bünde mit den umgebenden, bei Kriegen meist in Betracht kommenden Mächten und die kirchliche Spaltung.

Das freundschaftliche Verhältniss, welches zwischen den Orten oder einem Theil derselben und Frankreich, Oesterreich, Spanien und Savoyen — von andern vorübergehenden und weniger wichtigen Bünden abgesehen — auf ewige oder doch sehr lange Zeit durch Verträge geregelt war, hatte ein neutrales Verhalten derselben zur natürlichen Folge, ja konnte ohne ein solches gar nicht bestehen. In dem von mir zu behandelnden Zeitraum fallen denn auch die beiden Begriffe, das Halten der Bünde und die Neutralität, völlig zusammen. Die Orte versprechen „Bünde und Allianzen und die Neutralität" zu beobachten, die fremden Mächte klagen, dass etwas wider „Bünde und Neutralität" streite, das eine wird in Kriegszeiten selten ohne das andere genannt, oft aber das eine an Stelle des andern. Von den Allianzen, die das

1

geläufigere und mindestens für die Mächte wichtigere waren, ist häufig die Rede, wenn wir eine Erwähnung der Neutralität erwarten.

Keinen andern Sinn hat, was der spanische Gesandte am 11. Februar 1702 vor versammelter Tagsatzung aussprach, sein König nehme die von den Orten vorgeschlagene Neutralität an, die von denselben jederzeit so ausgelegt und vollzogen sei, dass jeder Macht ihre Bündnisse gehalten werden.[1]

Wenn ferner der österr. Gesandte in ein und derselben Denkschrift von der Neutralität der Eidgenossen spricht, die nun schon über 200 Jahre für die Fundamentregel ihrer Glückseligkeit gehalten werde, und von dem erbvereinigten Verständniss, das nun schon über 200 Jahre bestehe, so lässt er damit auch Bund und Neutralität zusammenfallen.

Unendlich schwierig war es aber für die Orte, sich durch alle Verpflichtungen, welche sie sich nach verschiedenen Seiten auferlegt hatten, unbeanstandet hindurchzuwinden. Waren die äusseren Mächte im Kriege miteinander begriffen, so nahmen sie wenig Rücksicht auf die Lage des neutralen Bundesgenossen, einzig darauf bedacht, wie sie wenigstens mittelbar, wenn es anders nicht möglich war, dem Feinde durch ihn Schaden zufügen könnten.

Der Umstand, dass nicht alle Orte die gleichen Bundesgenossen hatten und sowohl mit Interessen wie mit Neigungen auseinandergingen, bewirkte, dass es ihnen schwer,

---

[1] „il re mio signore, per autenticare al mondo, quanto l'animo suo generoso sia alieno di promovere calamità di una nuova guerra, non si oppone anzi admette la neutralità dalle SS. VV. proposta, e ne stessi termini dalle medesime in tutti li tempi passati spiegata non meno ch'eseguita con osservare a ciascuna potenza il tenore delle sue leghe." Vergl. E. A. VI 2, S. 963.

ja, man kann sagen, unmöglich fiel, als Ganzes allen Ansprüchen genugzuthun. Daher gab es auch immer eine Partei in der Eidgenossenschaft, welche die Bündnisse mit fremden Herren und Fürsten grundsätzlich bekämpfte, und zwar war dies eine Frankreich abgeneigte, da diese Macht am meisten Vortheil aus den Allianzen gezogen hatte. Während in einem Federkampfe von einem Bekämpfer der Allianzen die freimüthige Behauptung aufgestellt wurde, dass „selbige mit aller Interessirten Satisfaction zu erläutern keine menschliche Prudenz wird genugsam erfunden werden", antwortete ein Franzose oder Freund Frankreichs spottend: „dass aber ein solcher unnöthiger Wahn ganz irrig, erhellt sich daraus, dass die Allianzen und Bünde nichts anderes sind, als menschliche Verträge und Conventionen, welche deswegen gleichfalls durch die Menschen zu begebender Streitigkeit den Rechten gemäss können erläutert werden, und wäre den Herren Eidgenossen eine grosse Schande, wenn sie eine so labyrinthische Freundschaft sollten eingegangen haben, dass sie sich hernach nicht daraus auswickeln könnten".[1]

Die Schwierigkeit, sich durch das Labyrinth der Bünde zu dem Endziel einer reinen Neutralität durchzuringen, hing auch, wie schon erwähnt, mit der durch die Reformation entstandenen Religionsspaltung zusammen, welche die Lage der Orte zu einander wie zum Auslande wesentlich beeinflusst hatte. Wie die Eidgenossenschaft dadurch in zwei Theile zerfallen war, so hatte nun auch jeder Theil seine besonderen äusseren Freunde, die damit in gewissem Sinne Gegner des andern Theils wurden. So verlangten es

---

[1] Unpartheyische Reflexion über die Eydtgenossische mit frömbden Fürsten und Königen Allianzen etc. 1674. — Französische Gegenreflexion über ein Büchlein, dessen Titel: Unpartheyische Reflexion etc. 1675.

wenigstens die Orte. Die verbündeten Mächte hätten meist lieber die ganze Eidgenossenschaft zum Freunde gehabt, dagegen beobachteten jene mit Eifersucht jede Gunst, die der Verbündete etwa denen von der andern Religion zuwendete. Wenn also beide Eidgenossenschaften dahin strebten, jede ihre besonderen Freunde zu haben, die, wenn es Noth thue, der andern Feind würden, wie konnte dabei eine aufrichtige Unparteilichkeit bestehen? Aber in dem, dass die äusseren Mächte anderer Meinung waren, dass sie sich bemühten, sämmtliche Orte für sich zu gewinnen, liegt auch schon begriffen, inwiefern diese Verhältnisse der Neutralität hinwiederum zu gute kamen. Das eigennützige Trachten der Mächte ging dahin, die Eidgenossenschaft zu bequemer Verfügung zu haben, was niemals möglich war, so lange sie nur den einen Theil derselben auf ihrer Seite wussten. Es hätte nicht der eine Theil sich rückhaltlos Frankreich anschliessen können, ohne dass dadurch der andere Theil Oesterreich zugetrieben und das Band, welches die schweizerische Republik zusammenhielt, völlig gelöst wäre. Schon im 30jährigen Kriege hatte sich das fühlbar gemacht. Aber fast noch mehr waren in der Epoche Ludwigs XIV. religiöse Leidenschaft und politische Tendenz so stark, dass sie die Eidgenossenschaft wohl hätte zur Theilnahme an den hitzigen Kriegen bringen können, wenn dieselbe nur von einer Seele bewegt gewesen wäre.[1]

---

[1] In der Instruction für den Marquis d'Avaray, 1. October 1716, heisst es, die ref. Kantone würden gern die Pläne der Feinde Frankreichs gegen die Franche Comté begünstigt haben, doch sei ihr böser Wille nicht zum Ausbruch gekommen; „peut-être qu'on en est redevable à la disposition intérieure de la Suisse, divisée en elle-même pour des intérêts de religion. Zellweger I.

Wenn nun die fremden Gesandten eine Art Separat-
krieg auf dem Boden der Eidgenossenschaft führten und
ihr unablässig völlig blindlings das Beispiel der rühmlichen
Altvordern zur Nacheiferung vorhielten, klagten, schmei-
chelten, drohten, je nachdem es ihrer Natur oder ihrem
Vortheil entsprach, so konnte das sicher als ein unleidliches
Uebel angesehen werden. Dennoch sagt ein zeitgenössischer
Schriftsteller [1], der diese Epoche schildert, mit Recht,
nachdem er diese widrigen Verhältnisse beleuchtet und
dem Auslande vorgeworfen hat, tamdiu vobis cordi sumus
quamdiu usui: „Gott aber fügte, dass gerade durch
diese Zwietracht und Eifersucht, mit welcher die eidgen.
Orte sich gegenseitig beobachteten, der Friede der Schweiz
in Mitte der kriegführenden Mächte bewahrt und erhalten
wurde."

Wenn man den vorwurfsvollen Ergüssen der fremden
Gesandten sehr viel Gewicht beilegen wollte, so würde
man keinen vortheilhaften Begriff von der Neutralität der
alten Eidgenossenschaft erhalten. Und in der That pflegte
man sie später, besonders die des 18. Jahrhunderts, kaum
als solche anzusehen, und Stimmen wurden laut wie die
Capefigue's: „La neutralité de la Suisse est un vieux
principe reconnu et pourtant violé par tout le monde";
oder einer deutschen Zeitung: „Eine Neutralität, die nicht
mit 300,000 Mann (!) aufrecht erhalten werden kann, ist
nichts als ein Protest, der zu den Akten gelegt wird." [2]

Indessen darf man die Gesandten, die doch Partei
waren und im Grunde das Festhalten an der Neutralität

---

[1] Meier v. Schauensee, Geschichte der schweiz. Eidgenossenschaft
1707—12 in der „Helvetia" III, S. 46.

[2] Die schweiz. Neutralität. Special-Abdruck aus dem Winter-
thurer „Landboten". 1859.

ebenso ungern sahen wie das Nichtbeachten derselben, keineswegs als gültige Quelle betrachten; die Nachwelt aber hat hie und da den Fehler begangen, die eidgenössische Neutralität zu einseitig vom theoretischen Standpunkt aus, anstatt als etwas historisch Gewordenes ihrer Kritik zu unterziehen.

Die meisten Völkerrechtslehrer unterscheiden erstens vollkommene oder strenge und zweitens unvollständige Neutralität[1]). Geffken[2]) verwirft diese Eintheilung und sagt, man ist neutral, oder man ist es nicht, ein Drittes gibt es nicht. Beide Ansichten lassen sich, wie mir scheint, in Hinsicht auf die Schweiz vereinen, wenn man sich ungefähr folgendermassen ausdrückt: Die eidgenössische Neutralität wurde auf einer früheren Stufe ihrer Entwicklung anders gehandhabt, als mit ihrer heutigen Ausbildung vereinbar wäre; man kann diese frühere Entwicklungsstufe wohl mit dem Ausdruck „unvollkommene Neutralität" bezeichnen, nur darf man dabei nicht vergessen, dass er für die damalige Zeit keine Geltung gehabt hätte, in welcher die Schweiz schlechthin neutral war, ja eher ein Beispiel besonders strenger Grundsätze als das Gegentheil lieferte.

Es gab damals entschieden eine qualificirte Neutralität, die man freilich nicht in verschiedene Klassen abtheilte; man war sich aber dessen wohl bewusst, wie auch, dass die Schweizer eine strengere Form beobachteten als viele andere Staaten. „Ihr wisset", sagt ein Gegner der Allianz mit Venedig zu den Bündnern[3]), „dass die neutralen Stände

---

[1]) Heffter, das europ. Völkerrecht, S. 303. Bluntschli, das moderne Völkerrecht etc., S. 405. Ebenso de Martens. Précis du droit des gens II, S. 301.

[2]) Geffken, Neutralität, in Holtzendorf: Handbuch des Völkerrechts IV, S. 656.

[3]) Brief an die Bündner, 1. März 1706.

unterschiedlich sind. Die einen, wie die Venediger, geben allen Völkern den Eingang in ihr Gebiet, die andern sperren denselben sorgfältiglich zu. Ihr seid bisher glücklich von der Anzahl dieser letzteren gewesen."

„Venedig", heisst es an anderer Stelle [1]), „würde sich entschlossen haben, ihre Provinzen zu schliessen, wenn die Natur die Grenzen ihrer Herrschaft mit solchen bösen, kettenweis aneinanderhängenden Bergen, wie die eurigen, bedeckt hätte, nun aber ist ihre Neutralität von ganz anderer Art als die bündnerische, da sie sich positiv und ausdrücklich eingelassen haben, allerlei Truppen über ihr Territorium gehen zu lassen." Aber die Bündner eröffneten nicht lange darauf den Alliirten ihre Pässe, ohne desshalb aufzuhören neutral zu sein, und dienten nun neben Venedig den XIII Orten zum Spiegel der eignen Vorzüge.

Eben in Bezug auf den Durchmarsch durch neutrales Gebiet herrschten damals grundverschiedene Ansichten von den heutigen. Dass Grotius einen transitus innoxius erlaubte, setzt nicht in Erstaunen; er gestand den Kriegführenden sogar ein jus transitus zu, und in den Jahren 1707 und 1708 notirte ein junger Züricher [2]), der in Marburg Vorlesungen über Völkerrecht hörte, in sein Collegienheft, es sei zu verwerfen, dass Grotius das Recht auf den Durchmarsch ex necessitate herleite, da es vielmehr ex jure naturae entstanden sei. Wichtiger ist, dass noch Vattel [3]) gänzlich in das Belieben des neutralen Souveräns

---

[1]) Graville an die III Bünde, 13. Februar 1707.

[2]) Annotata in Hugonis Grotii de jure belli et pacis a J. J. Leoni 1707—1708. Colleg bei Joh. Frid. Hombergius in Marburg. Msc. Leu. Stadtbibliothek Z.

[3]) Vattel, Völkerrecht, ist für die Schweiz besonders interessant, weil er seine Neutralitätsgesetze häufig aus dem Verfahren ableitet, das diese beobachtete. III, § 122.

stellt, ob er den Durchmarsch gestatten will oder nicht, dem Kriegführenden aber, im Fall, dass der Neutrale einen ersichtlich unschädlichen Durchmarsch ungerechterweise abschlägt, freistellt, sich selbst Recht zu verschaffen.

Nun hatten freilich die Eidgenossen, trotzdem der Besitzer Mailands gemäss dem Capitulat mit den kath. Orten das Recht auf einen gewissen Durchmarsch hätte beanspruchen können, den Beschluss gefasst, keinen zu gestatten, und in Folge dessen waren sie verpflichtet, ihre Pässe zu sperren. Das Ausland war zwar im Allgemeinen damit zufrieden, indem nun keine Partei aus der vortheilhaften Lage der Schweiz Vortheil ziehen konnte, aber man bemerkt doch, dass in ihrem Bewusstsein die durchschnittliche Ansicht der Zeit lebte, welche wir bei Vattel ausgesprochen finden, nämlich, dass sie sich im äussersten Nothfall wohl einen unschädlichen Durchmarsch gestatten dürften, nur erfordere der Anstand, dass sie zuvor um Erlaubnis anhielten und beim Passiren des neutralen Gebietes eine gehörige Ordnung beobachteten.[1] Denn sie fassten das „Unschädliche“ so auf, als dürfe nur

---

[1] So z. B. schreibt Ludwig XIV. im Oktober 1702 an Villars, er solle sich, wenn ein Durchmarsch nöthig sei, nicht mit den Kantonen überwerfen, vielmehr es an Entschuldigungen und Höflichkeiten jeder Art nicht fehlen lassen. Und 1709 nach dem Mercy'schen Durchmarsch betonten die Schuldigen immer, dass derselbe in grösster Ordnung geschehen sei, mit sorgfältiger Schonung des Bodens, dass man aber einen etwaigen Schaden gern ersetzen würde. Desswegen sollte der Durchmarsch unschädlich gewesen sein. Auch hatten die Kaiserlichen nicht unterlassen, bei der Basler Obrigkeit um die Erlaubniss anzuhalten, obgleich es längst zu spät war, sie zu verweigern. S. Vattel, § 120. Man muss, um den Durchmarsch anhalten, und § 122: In welchen Fällen man den Durchmarsch erzwingen kann (nämlich im äussersten Nothfall). Aber selbst dann, verlangt Vattel, muss die Armee zuvor um Erlaubniss bitten und den verursachten Schaden bezahlen.

dem neutralen Stande selbst kein Schaden erwachsen,
während die Schweizer — ein bedeutender Fortschritt —
sich verpflichtet hielten, dafür zu sorgen, dass nicht mittelbar durch sie den kriegenden Parteien Schaden zugefügt
werde. In Folge dessen erlaubten sie z. B. im Jahre 1703
den Franzosen den Durchzug zahlreicher Offiziere, welcher
für sie selbst höchst lästig war, welcher aber auf keine
unmittelbare Verletzung des Feindes abzielte. Es ist natürlich, dass jede der kriegführenden Parteien, wenn sie
für sich den Durchzug begehrte, denselben für unschädlich
oder zum mindesten durch äusserste Noth geboten hielt,
aus jedem Durchzug der Gegenpartei aber dem neutralen
Stande einen Vorwurf machte. Hiernach darf man keineswegs urtheilen, da dies Benehmen einem begreiflichen
Eigennutz, aber nicht ihrem Rechtsgefühl entsprang.[1]

In dem Punkte des Durchmarsches also entsprachen
die Grundsätze der Schweizer, über den Brauch ihrer Zeit-
genossen hinausgehend, den Anforderungen der Jetztzeit.
Die Ursache, wesswegen hauptsächlich ihre Neutralität
als unvollkommen bezeichnet wird, sind ihre Militärkapitulationen.

Damals glaubte man der Neutralität nichts Anderes
schuldig zu sein, als am Kriege nicht als Partei theilzu-
nehmen[2] und zur Partei wurde nach der herrschenden

---

[1] Vattel III, § 12, 7. Man kann sich über den neutralen Staat,
der den Durchzug bewilligt, nicht beklagen.

[2] „Je lui fis connaître .... que nous ne pouvions jamais entrer
dans aucune affaire, qui nous pût impliquer dans la guerre comme
partie." St. Saphorin à Willading, 9 juillet 1709. Livre I contenant
les négotiations sur les affaires secrètes d'état faites de la part de
L. L. E. E. Staatsarchiv B. — Heffter, das Europ. Völkerrecht:
„Neutral ist jeder Staat, welcher an einem Kriege nicht als Haupt-
partei Theil nimmt." S. 303.

Anschauung der Staat nicht, dessen Truppen einer kriegführenden Macht gemäss Vertrag und gegen Besoldung
dienten [1]). Bedingung dabei war, dass dieser Vertrag vor
dem Ausbruch des Krieges, in dem er zur Ausführung
kam, abgeschlossen sei; unter dieser Voraussetzung hält
auch Bluntschli, mit besonderer Hinsicht auf die Schweiz,
die Militärkapitulationen mit der Neutralität vereinbar,
wenn auch nicht mit der „vollständigen", doch mit der
„beschränkten".

Ursprünglich nun waren alle Truppenlieferungen der
Schweiz auf Verträge, die in Friedenszeiten geschlossen
waren, begründet. Frankreich hatte Anspruch auf 16,000
Mann; das Odium, welches auf dem französischen Dienst
ruhte, schreibt sich daher, dass diese Zahl mit der Zeit
um ein Erhebliches überschritten wurde; im holländischen
Kriege (1672) standen 25,000 Schweizer auf Frankreichs
Seite. Seit dieser Zeit begann aber auch die Reaktion
gegen Frankreich in der Schweiz und der Groll der Patrio-
ten richtete sich hauptsächlich gegen die Freicompagnien [2]),
welche, aus den entlassenen Regimentern von Ludwig XIV.
selbst angeworben, mit der Bundeshülfe nichts zu thun
hatten.

Auch Spanien und Savoyen konnten ihren Anspruch
auf eine gewisse Truppenzahl auf ihre Allianzen begründen.
Nicht so Oesterreich. Diesen Nachtheil seines Bundes
suchte der Kaiser durch den Schutz seiner Vorlande, den
er glaubte verlangen zu können und den einige Kantone
freiwillig auf sich nahmen, zu ersetzen. Diejenigen Orte,

---

[1]) „Sie machten jetzt auch mit andern Potenzen Werbungstraktate,
denn der Begriff war nun allgemein geworden, dass der Staat, dessen
Truppen gegen Besoldung dienten, selbst nicht zur Partei würde."
Bodmer'scher Nachlass 126, Msc. Stadtbibliothek Z.

[2]) s. französische Bundeshändel, Msc. Leu, ebenda.

welche ihm Truppen bewilligten, beriefen sich dabei auf diesen Schutz der Vormauern, um ihrem Verfahren gewissermassen einen Rechtsgrund zu geben. Frankreich aber sah diesen Dienst immer mit besonderem Unwillen an und wollte ihm nie eine eigentliche Berechtigung zuerkennen. Gerade dieser Anspruch Frankreichs auf einen Vorrang [1]) veranlasste manche Kantone, eifersüchtig auf ihre Souveränetät, hervorzuheben, dass sie Truppen geben könnten, wem sie wollten, Verbündeten oder Nichtverbündeten. Als der König von Polen im Jahre 1702 wegen einer Volkswerbung unterhandelte, erbot er sich, vom kaiserlichen und französischen Gesandten die Bewilligung dazu auszubitten. Bern aber, nicht wenig beleidigt, bedankte sich dafür, da dies für einen durch Gottes Gnade souveränen Stand unnöthig sei. Dies war aber mehr ein theoretischer Vorbehalt: Sachsen-Polen erhielt keine Truppen und nicht einmal Venedig sollte ein Volksaufbruch gestattet werden, bis zuvor der alte Bund wieder erneuert sei. Der Dienst in Holland beruhte auf in Friedenszeiten abgeschlossenen Militärkapitulationen; er wurde von den katholischen Orten und Frankreich als eine sehr gehässige Neuerung angesehen und wäre wohl einerseits nicht entstanden, würde andrerseits mehr verfolgt sein, wenn nicht, wie schon gesagt, der französische Dienst das erlaubte Mass überschritten hätte.

Es versteht sich, dass sämmtliche Schweizertruppen niemals einen Verbündeten der Kantone angreifen durften: in allen Bünden waren die früheren Alliirten vorbehalten, alle Kapitulationen, alle Verträge waren durchaus nur

---

[1]) „Je vous prie", schreibt Puysieux an die Eidgenossen, „qu'en faisant réflexion, que vos alliances avec S. M. sont les seules qui vous engagent à fournir des troupes, vous connaîtrez que S. M. doit avoir des vôtres préférablement à toutes autres puissances." 4. Februar 1702. Akten Frankreich, Staatsarchiv Z.

defensiv. Auch in Friedenszeiten hielten es die Orte für
dem Grundsatze dauernder Neutralität angemessen, keine
Verbindung einzugehen, welche sie bei einem etwa entstehenden Kriege in denselben verwickeln könnte. Es war
dies eine vernünftige Vorsicht, welche besonders die Allianzen mit sich brachten; diese forderten eine Art persön-
lichen Freundschaftsverhältnisses zwischen den Verbündeten
und nicht leicht hätten die Schweizer einen Offensivvertrag
auch im tiefsten Frieden schliessen können, ohne dass
irgend ein Bundesgenosse eine Verletzung des ihm vertrags-
mässig zustehenden Wohlwollens darin erblickt hätte.

Zum Abschluss von Defensivbündnissen in Friedenszeiten hingegen hielten sich die Eidgenossen für ganz berechtigt. Dass Frankreich sich angemasst hatte, ihnen das
Recht, mit andern Fürsten und Ständen Bündnisse einzugehen, zu bestreiten, trug nicht wenig zur Erbitterung
Zürichs und Berns gegen diese Macht bei. Sie verwahrten
sich lebhaft dagegen und thaten ernstliche Schritte zu
einem Bunde mit England, der Frankreich äusserst verhasst war[1]). Thatsächlich war man doch sehr zurück-
haltend und ängstlich, wenn es sich um neue Allianzen
handelte. Solche während eines Krieges abzuschliessen,
war vollends verpönt[2]), nach der richtigen Erkenntniss,
dass auch ein Defensivtraktat der einen Partei zwar nicht
direkt, wohl aber indirekt dadurch schadet, dass er der
andern nützt. Vor dem Kriege versprochene Defensivhülfe
kann von allen Theilen in Berechnung gezogen werden,

[1]) E. A. VI 2, S. 317, 318, 322, 323, s. auch Franz. Bundeshändel
a. a. O.

[2]) „Ein anderes ist wegen der gutnachbarlichen Verständniss,
Gewerbe- und Handelsschaft und zur Vermeidung Spähn und Zwie-
trachts die anständige Vorsehung zu thun, und ein anderes sich bei
fürwährendem Kriege in ein neues Bündniss einzulassen." Memorial
des Aeg. v. Grüth an die ref. Orte, 20. März 1706.

indem sie gleichsam einen beständigen Theil der Macht
des betreffenden Staates bildet, während durch einen im
Laufe des Krieges geschlossenen Vertrag die Macht des
empfangenden Theiles plötzlich verstärkt wird.

Während des spanischen Erbfolgekrieges wurde diesem
Grundsatze mehr als ein Mal entgegengehandelt. Einige
katholische Orte gingen das Mailänder Capitulat mit
Philipp V. ein, was sie selbst zwar nur als Fortsetzung
und Erneuerung des alten Bundes mit dem berechtigten
Erben betrachtet wissen wollten. Der Abt von St. Gallen
schloss am 28. Juli 1702 ein geheimes, viel angefeindetes
Bündniss mit dem Kaiser. Auch der Hülfsvertrag, welchen
er nebst Zürich und Bern zu Gunsten der Bodenseestädte
mit dem Kaiser abschloss, kann hieher gerechnet werden.
Die drei Orte legten dies als eine berechtigte Massregel
zum eigenen Schutze aus. Die Bunderserneuerung der beiden
Städte mit Venedig kann, als zwischen lauter neutralen
Ständen abgeschlossen, als harmlos angesehen werden,
erfuhr aber doch von Seiten Frankreichs Beanstandung,
wogegen Zürich sich mit Entschiedenheit verwahrte [1]).
Die Union Berns mit den Generalstaaten wurde zwar vor-
sichtigerweise erst nach dem Utrechter Frieden zum Abschluss gebracht, wurde aber schon von Anfang 1710 an
entscheidend verhandelt [2]). Die Verbindung sollte ursprünglich England mit einschliessen, der Plan dazu wurde
sogar von dem englischen Minister Townsend zuerst zur
Sprache gebracht. Dieser hatte, worauf ja die Engländer
auch früher abgezielt hatten, ein Bündniss mit offensivem

---

[1]) Zürich schrieb an den franz. Gesandten: Etant par la grâce
de Dieu républicains et indépendants, nous avons le droit de faire
alliance avec qui nous convient; s. Victor Cérésole, la république de
Venise et les Suisses.

[2]) Diese Verhandlungen s. in Livre II, wie oben.

Charakter im Sinne, wenn es auch den Namen nicht tragen
sollte. Der bernische Geschäftsträger St. Saphorin sprach
von der Einschränkung seiner Obrigkeit durch die Allianzen, von der Unmöglichkeit, in der sie sich befinde, Offensiv-
verträge einzugehen. Townsend erwiderte, es sei auch
nichts als eine Defensivallianz beabsichtigt, nur müsse
man das nicht so auffassen, als wäre dadurch den gelieferten Truppen versagt, ausserhalb Grossbritanniens und
Hollands zu dienen. Denn sonst könne man keine vortheil-
hafte Verbindung mit der Schweiz eingehen. Auch die
Allianz mit Frankreich sei nur defensiv und dennoch verwende Frankreich die Truppen auch offensiv gegen andere
Staaten. Auch mit den Truppen in holländischen Diensten
sei es ähnlich und dennoch würde man ja, wenn man bei
einer Allianz so streng sein wollte, dem Verbündeten
weniger gestatten als dem Nichtverbündeten. Er wies auf
das Beispiel des Königs von Dänemark hin, welcher im
vergangenen und im gegenwärtigen Kriege an England
und Holland offensiv dienende Truppen abgelassen habe,
ohne von irgend Jemand der Neutralitätsverletzung beschuldigt zu sein. St. Saphorin war nur zu bereit, ein
Auskunftsmittel zu suchen, welches alle Theile befriedigen
sollte. Er kam mit Townsend und dem holländischen
Rathspensionär Heinsius überein, dass eine Defensivallianz
eine solche wäre, welche die Verbündeten nur dann berechtige, die zugesicherte Hülfe zu verlangen, wenn sie
von andern angegriffen würden; wären sie aber einmal
angegriffen, so dürften sie die gelieferten Truppen nicht
nur zur Vertheidigung ihrer im Traktat begriffenen Lande
verwenden, sondern auch offensiv gegen den Angreifer,
überall, wo sie glaubten, ihm schaden zu können [1].

---

[1] Observations sur les conditions réciproques d'une alliance etc.
ebenda.

So weit wollten die Berner doch nicht gehen, wenn sie auch in der Sache nachzugeben bereit waren. Man einigte sich schliesslich darauf, den betreffenden Artikel so zu fassen, dass ein offensives Verwenden der Truppen gegen Frankreich und Oesterreich zwar verboten, aber eine Klausel hinzugefügt wurde des Inhalts, es sei bei dieser Bedingung vorausgesetzt, dass auch die genannten Mächte ihre Truppen nicht über die Bünde hinaus gebrauchten.

Man sieht auch hier wieder, dass der franz. Gesandte nicht im Unrecht war, wenn er behauptete, Bern habe während des span. Erbfolgekrieges nur die äussere Form der Neutralität beobachtet [1]. Derselbe war davon unterrichtet, dass dies Bündniss sich vorbereitete, trug aber Gleichgültigkeit zur Schau, weil er die Zeit nicht für günstig hielt, um Bern gegenüber etwas auszurichten.

Die vielfachen Widerwärtigkeiten, die sich aus dem Dienst der Schweizerregimenter in verschiedenen, einander feindlichen Staaten ergaben, blieben nicht ohne Eindruck auf die Orte. Besonders waren es die Züricher, die den andern immer und immer wieder vorstellten, dass es das beste sei, jede Werbung abzulehnen, wie denn auch Zürich nur wenige, leicht zu überwachende Truppen in holländischen Diensten hatte. Nicht nur sei es in Ansehen der Neutralität das beste, sondern auch, weil man die Völker selbst nöthig habe zum Feldbau wie zum eignen Schirm. Auch andere Orte bezeichneten es als das höchste Ideal, gar keine Werbung zu gestatten, damit das Ausland erkenne, dass sie, wie sie sich ausdrückten, eine fremde Ernte nicht anrühren wollten. Aber zu gut waren sie sich bewusst, dass dieses Ideal unerreichbar war und dass sie

---

[1] Instruction pour le Marquis d'Avaray, 1716. Zellweger I.

sich bescheiden mussten, wenigstens unparteiisch in ihren Gunstbezeugungen gegen die verbündeten Mächte zu sein.

Die unparteiische Begünstigung der kriegführenden Theile durch den neutralen Stand wird heute als unzulässig angesehen[1]), während wir in der alten Eidgenossenschaft finden, dass die Begriffe Unparteilichkeit und Neutralität einander geradezu gleichgestellt werden und unter Unparteilichkeit ein Betragen verstanden wurde, welches beiden Kriegführenden das Gleiche gewährte und das Gleiche abschlug. Hierin kamen die Ansichten der Mächte mit denen der Schweizer vollständig überein, wie denn der Kaiser von ihnen verlangte, sie sollten entweder Philipp von Anjou nicht als König von Spanien anerkennen oder, wenn sie es durchaus wollten, seinem Sohne gegenüber die nämliche Haltung beobachten[2]). Es hängt dies mit der Eigenart der eidg. Neutralität zusammen, welche durch die Bünde mit den in Betracht kommenden Mächten recht eigentlich eine „wohlwollende Neutralität" war[3]). Dieser Ausdruck wurde allerdings damals nicht angewandt, wäre aber bezeichnender gewesen als „unparteiische Neutralität", wenigstens wenn man gleichmässige Begünstigung nicht als Unparteilichkeit gelten lassen will.

---

[1]) Geffken a. a. O. S. 657. Vattel III, § 104: il serait absurde qu'on secourût en même temps deux ennemis.

[2]) Ebenso in dem Memorial des kaiserl. Gesandten vom 6. Februar 1703, wo sich derselbe darüber verbreitet, wie verwerflich es von den kath. Orten sei, das Capitulat mit Philipp v. Anjou einzugehen und ihm in Folge dessen Truppenwerbungen zu gestatten. Er prophezeit. dass sie die Rache Gottes auf ihr Vaterland herabziehen würden. „Ein anderes wäre es", so schliesst er, „wenn sie endlich zur Evitirung der beschuldigten allzu grossen Partialität Ihre K. M. die öfters verlangte Mannschaft nach Italien ebenmässig verwilligten, warum das Ansuchen nochmals wiederhole."

[3]) „Wohlwollende Neutralität ist ein innerer Widerspruch". Geffken a. a. O. S. 607.

Was die Form der eidg. Neutralität anbetrifft, so begnügten sich am Ende des 17. und im 18. Jahrhundert
die Orte nicht mehr damit, dieselbe im Beginne eines
Krieges anzusagen, sondern sie strebten nach Errichtung
eines sogen. Neutralitätstraktates, d. h. sie forderten von
den Mächten eine schriftliche Erklärung, die Neutralität
anerkennen zu wollen. Dies Streben nach internationaler
Anerkennung entsprang nicht nur der Schwäche[1]) und dem
Wunsch, dadurch die mangelnde kriegerische Kraft zu ersetzen, sondern auch dem Bedürfniss, die Neutralität, über
deren Bedingungen damals die Anschauungen noch bedeutend mehr schwankten als jetzt, zu fixiren[2]), wie denn
z. B. in dem Neutralitätsvertrage im Pfälzerkriege die
theils verwickelten Verhältnisse zu benachbarten Gebieten
geregelt wurden. Eine Garantie der Neutralität durch das
Ausland enthielten die Traktate — wenigstens in dieser
Zeit — nicht; nichts als ein Versprechen, dieselbe zu beobachten, und wenn es gebrochen wurde, lag es allein den
Eidgenossen ob, den schuldigen Theil zur Verantwortung
zu ziehen[3]). Auch die Einschlüsse in die Friedensverträge,
die jetzt üblich waren, bedeuteten nichts, als dass die
Orte dadurch vor etwaigen nachträglichen Vorwürfen und

---

[1]) Calonder. Ein Beitrag zur Frage der schweiz. Neutralität.
Diss. 1890. S. 90 u. f.

[2]) s. Vattel, § 108: „Eine andere Ursache macht die Neutralitäts-
traktaten nutzbar, ja sogar nothwendig. Die Nation, welche ihre
Ruhe sicher stellen will, wenn sich das Kriegsfeuer in ihrer Nachbarschaft entzündet, kann hiezu nicht besser gelangen, als wenn sie mit
beiden Parteien Verträge schliesst. worin man ausdrücklich festsetzt,
was jedweder vermöge der Neutralität thun oder verlangen kann.“

[3]) Das Beispiel einer garantirten Neutralität lieferte damals (1710)
Dänemark. Der Kaiser, England und Holland erklärten als Garantie-
mächte gegen Jeden Gewalt anwenden zu wollen, der Dänemarks
Neutralität stören würde.

Angriffen einer Macht gesichert waren. Sie enthielten keine besondere Anerkennung der Neutralität. Zürich sagte gelegentlich einmal, sie beständen mehr in Worten als in Werken und hätten nur insofern Werth, als Nichteinschliessung bedenklich sein würde [1]. St. Saphorin machte allerdings den Versuch, in den Utrechter Friedensvertrag als Friedensbedingung aufnehmen zu lassen, dass die Ruhe der Schweiz unter keinem Vorwand irgend welcher Art sollte gestört werden dürfen, aber er drang damit nicht durch [2].

Während die Neutralitätstraktate als Versuch angesehen werden können, das eidgenössische Neutralitätsprinzip im System der europäischen Staaten zu befestigen, so war es ein Zeichen einerseits von Schwäche der Schweizer, andrerseits von Unzuverlässigkeit der äusseren Mächte, dass jene ihre Neutralitätserklärung so häufig im Laufe des Krieges wiederholten und von den Kriegführenden gleichfalls eine Erneuerung ihres Versprechens sich ausbaten.

Es ist bemerkt worden, dass die Neutralitätspolitik der Eidgenossen keineswegs der Schwäche entsprang, da sie ja vielmehr gefürchtete Feinde und gesuchte Bundesgenossen waren [3]. . Das Andenken an diese Zeit war im Beginn des 18. Jahrhunderts durchaus noch nicht erloschen, die kleine Republik war nach wie vor von Grossmächten umworben und musste ihre Neutralität oft, man kann sagen trotz derselben, im Widerstand gegen sie durchsetzen. Frankreich allerdings, welches reichlicher Truppenhülfe durch den Bund sicher war, fand seine Rechnung

---

[1] Im Protokoll der Berner Friedenskommission.
[2] Livre IV, a. a. O.
[3] s. Hilty, Neutralität der Schweiz, S. 27 u. f., und Calonder a. a. O. S. 16, 26.

beim neutralen Verhalten der Schweizer. Frankreich galt
als ihr Verbündeter κατ’ ἐξοχήν, Ludwig XIV. als ihr Ver-
führer, der sie in unvermeidliche Knechtschaft stürzen
würde, vor der sie zu schützen die Alliirten, natürlich im
eigenen Interesse, sich berufen fühlten [1]).

Der Kaiser konnte sich noch immer nicht damit abfinden, dass die ehemaligen Reichsangehörigen ihn nicht
in seinen Kriegen gegen Frankreich, den Erbfeind, unterstützten, ja, vielmehr ihren freundschaftlichen Verkehr mit
ihm fortsetzten. Er anerkannte ihre Neutralität nie ohne
Widerwillen, gleichsam als ein unvermeidliches Uebel.
„Obschon die Sorgfalt“, schrieb sein Botschafter im Juli
1702, „welche die gesammten europäischen Stände, folglich
auch die löbl. Eidgenossenschaft, zur Erhaltung ihrer Freiheit tragen, nicht unzeitig erheische auf die beschehene
Invitirung in die grosse Allianz mit einzutreten, wollten
nichts desto weniger Ihre K. M. mit der in verwichenem
Jahr schriftlich und mündlich zugesagten Neutralität sich
vergnügen lassen.“ Ueberhaupt wurde die eidgenössische
Neutralität von alliirter Seite mit den Beiworten „kühl“,
„kalt“, sogar „scheel“ ausgestattet [2]).

---

[1]) Ich erlaube mir auf einen, zwar nur in diesem einen Punkte
ähnlichen Fall im Alterthum hinzuweisen, nämlich die Stellung der
Gallier in Oberitalien im zweiten punischen Kriege. Livius XXI, 52,
3—5 heisst es: „quod inter Trebiam Padumque agri est Galli tum
incolebant, in duorum praepotentium populorum certamine per am-
biguum favorem haud dubie gratiam victoris spectantes, id Romani,
modo ne quid moverent, aequo satis, Poenus periniquo animo ferebat,
ab Gallis accitum se venisse ad liberandos eos dicitans.“ Die Römer
wären hier in Frankreichs, Hannibal in der Alliirten Lage.

[2]) „Quod tuendae pacis institutum qui secius interpretantur, et
non imprudenter tantum sed turpiter etiam illud a nostre gente fieri
contendunt, quod in communi amittendae libertatis periculo ipsi soli
sedere postulant immunes, neque communem calamitatem communibus
viribus propulsandam existimant, praeterquam quod minus sincere

Den Seemächten mangelte es vollends an Kenntniss und Verständniss der eidg. Verhältnisse [1]), die Frankreich so sorgfältig studirte und in jahrelangem nachbarlichem Verkehr kennen gelernt hatte. St. Saphorin fand im Haag, dass die verschiedensten und zwar meist irrthümliche Meinungen über das Wesen des schweizerischen Staatenbundes umgingen.

Während des Erbfolgekrieges — und auch früher schon — stellten die Alliirten zu verschiedenen Malen Versuche an, die Orte oder einen Theil derselben, namentlich die reformirten, von der Neutralität ab und auf ihre Seite zu ziehen. Die Einladung, dem Theilungstraktate beizutreten, ging ausnahmsweise neben den Seemächten auch von Frankreich aus. Dagegen suchte Holland allein Bern, wenn nicht sämmtliche ref. Kantone wollten, zu einer Allianz mit den Alliirten zu gewinnen, welche Unterstützung Savoyens und Begünstigung des Aufstandes in den Cevennen bezweckte [2]). Zu einer ähnlichen gegen Frankreich gerichteten Coalition machte sich vorübergehend der König von Preussen Hoffnung, Bern zu vermögen. In

nobiscum agere, atque invidiam suam, qua felicitatem nostram prosequuntur, hoc velo videntur involvere, tum vero satis intendunt, quam non intelligant. Helveticae civitatis constitutionem, cui sine evidenti intestini dissidii discrimine, ut aliorum se contentionibus immisceat, non permittitur." J. J. Battierii Orationes duae, Basileae MDCCII.

[1]) In England sollen folgende Ansichten verbreitet gewesen sein: That even the Protestant Switzers are the French king's devoted creatures; that they sell their men like slaves or beasts to such as bid' em most money; that they are worse bribed by France than their Popish countrymen; that they would be ready to fight not only for the French tyrant, but even for the devil himself, if but he should come in with them with a good store of money; etc. etc. Advice from Switzerland etc. London 1705.

[2]) Extrakt aus· dem Schreiben der Generalstaaten an Valkenier, 5. November 1703. Hollandbuch H, Staatsarchiv B.

zahlreichen Flugschriften suchten Agenten oder Freunde der Alliirten den Schweizern einzureden, dass es ihre Pflicht sei, sich denselben anzuschliessen. In einer von diesen Schriften [1]) wird uns in Gesprächform die dabei angewandte Motivirung in bezeichnender Weise vorgeführt. Es wird da von der Ansicht ausgegangen, Frankreich sei Feind Gottes, desshalb sei derjenige, der es nicht bekämpfe, wider Gott selbst. Vergebens schützt der Schweizer seine Bünde mit Frankreich vor, die Alliirten entgegnen schlagfertig: Welcher Bund soll dem andern vorgezogen werden, der mit Gott oder der mit Menschen? In biblischer Sprache werden die Schweizer gewarnt, sich der Sünden und Strafen Frankreichs nicht theilhaftig zu machen. Werde sich Frankreich auch, was zwar sonst seine Gewohnheit nicht sei, dankbar beweisen und die Eidgenossen schonen, so werde der gerechte Gott schon andere Ruthen finden, sie zu züchtigen.

Es ist merkwürdig, wie ungefähr ein Jahrhundert später dieselben Gründe aufgeführt wurden, um die Schweiz zum Anschluss an die gegen das napoleonische Frankreich alliirten Waffen anzufeuern. Der gegenwärtige Krieg, heisst es [2]), sei kein gewöhnlicher Krieg [3]), er sei unternommen, um Ruhe und Ordnung in Europa wieder herzustellen. Er gehe die ganze Menschheit an, die grosse Familie Europas, von der auch die Schweiz ein Glied sei. Sie würden nicht

[1]) Vier solcher Alliirten, als eines Engländers, eines Hoch-Teutschen, eines Holländers und eines Savoyischen freundliches Gespräch mit einem Schweizer über gegenwärtige Conjuncturen. 13. August 1704.

[2]) Ueber die Neutralität der Schweiz. Mai 1815.

[3]) Bei Grotius machte es für die Neutralität noch einen Unterschied, ob ein Krieg gerecht sei oder nicht. Dies wird natürlich von allen Neueren vollständig verworfen.

gegen eine Nation, sondern gegen einen Usurpator, den allgemeinen Feind, für die Befreiung Europas kämpfen.

Im Beginne des 19. Jahrhunderts wurde die Neutralität wirklich vorübergehend aufgehoben. Jenes obenerwähnte Gespräch schliesst dagegen mit der Entgegnung des Schweizers: „Auf der Herren weitläufigen Discours und Bericht versichern wir die Herren und zugleich ihre hohen Principales, dass wir alles dasjenige bestmöglich thun werden, was zu thun ist für Gottes Ehre, für den gemeinen Wohlstand und für unsere Erhaltung, Ehre und Sicherheit.“ Dies ist ein ausgezeichnet charakteristischer Zug. So verfuhren die Eidgenossen damals wirklich im Verkehr mit den oft zudringlichen und ungestümen Gesandten; sie antworteten wenig und „in generalibus“, innerlich entschlossen, ihrer vorgesteckten Richtschnur nachzugehen. Und das ist, worauf es hier ankommt: die Orte liessen sich von keinem einzigen ihrer Dränger gewinnen, ja, sie bedachten sich meistens nicht einmal über das, was sie zu thun hatten [1]). Die Neutralität war als Staatsregel in jedes Bewusstsein eingeprägt, unzählige Male als die von den Altvordern überkommene, unabänderliche Maxime angeführt und gepriesen. Die äusseren Mächte selbst pflegten, wenn sie Vorschläge machten, die der Neutralität thatsächlich widersprachen, hinzuzufügen, dass sie nicht daran dächten,

---

[1]) „Non deerant ex utraque belligerantium parte argumenta, sollicitationes, promissa et postquam haec omnia gentis nostrae constantiam minus movere observabantur, gravissimae minae, quibus Helvetii, ut alterutrius partis fortunam sequi vellent, impellebantur: maximum scilicet pondus adituri illis partibus quibus ipsi essent accessuri. Sed hos illi sive Sirenum cantus sive Medusae terriculamenta adeo non admiserunt, ut conservandae tanto certius publicae quieti indictis Comitiis Principum inter se concertationibus sese non immixturos publice profiterentur.“ J. J. Battierii Orationes duae etc.

die Eidgenossen von ihrem erspriesslichen Grundsatz abwendig zu machen. Jede von ihnen, wenn sie nun doch einmal die Schweiz nicht für sich allein besitzen konnte, sah ihre Neutralität nicht ungern, verzichtete aber darum doch nicht auf die Hoffnung, ihr unter der Hand kleine Vortheile abzuringen, und sie standen desshalb auf der gleichen Stufe wie die Schweiz selbst, welche an der Neutralität im Allgemeinen durchaus festhalten wollte, aber bald der einen, bald der andern Partei hie und da eine kleine Begünstigung zu erweisen sich nicht entbrechen konnte.

Die Neutralität wurde gleichsam als etwas den Schweizern Anhaftendes betrachtet; die blosse Anwesenheit einer schweizerischen Garnison konnte einen Platz zu einem neutralen machen. So dachten verschiedene Staatsmänner um diese Zeit daran, einmal Mantua und einmal Strassburg durch Hinverlegung einer eidgenössischen Garnison zu neutralisiren [1]). Den Schweizern wurde in dem Kreise der europäischen Staaten die Rolle der Menschlichkeit inmitten der zerstörenden Kriegswuth zugetheilt, wie ihnen denn in einer alle europäischen Mächte charakterisirenden Schrift des Jahres 1705 eine Anrede an die übrigen in den Mund gelegt wird, worin sie in beweglicher Weise dafür plaidiren, dass das Land nicht so verwüstet werde [2]). Auch eine Art von Wächteramt über das europäische Gleichgewicht und die Erhaltung des status quo wurde ihnen vom Ausland angewiesen, denn ihr Land sei zwischen Frankreich, Deutschland, Italien und Savoyen

---

[1]) 12. Mai 1713. St-Saphorin à Villading. Livre VI. So wollte Villars 1707 den süddeutschen Staaten die Neutralität nur bewilligen, wenn Philippsburg, Heilbronn und Ulm mit schweizerischer Garnison besetzt würden. s. Feldzüge des Prinzen Eugen IX.

[2]) Europäischer grosser Kriegs- und Staatsrath. Chilemont.

gelegen wie ein Markstein, der die Grenzen eines jeden angebe, und nicht verrückt werden dürfe [1]).

Wenn auch die Stimmen von Politikern, die auf eignen Vortheil ausgingen, sich feindlich über die eidg. Neutralität ausliessen und etwa sagten: parmi les léthargiques vous n'êtes qu'indolents!, so war doch die allgemeine Meinung im Auslande noch wie ehemals die des Simplicissimus, dass die „freien, neutralen Schweizer" zu beneiden seien: „Man haltet aller Orten die Schweizer für die glückseligsten Leute, weil sie bei so ernstlich brennenden Kriegsflammen in so erwünschtem Frieden und Ruhstand sitzen können" [2]). In der Schweiz entstanden während des span. Erbfolgekrieges zwei Gedichte, welche das in der Schweiz wieder aufgeblühte goldene Zeitalter besangen. Der Verfasser des einen [3]) fühlte sich der unparteiischen Neutralität gegenüber so verantwortlich, dass er in der Vorrede hervorhob,

---

[1]) ..... toutes les bonnes républiques, fondées sur la première et la plus importante maxime, d'opposer le contre poid au voisin le plus affaibli, afin que rendant la puissance égale, celui qui tient cette balance puisse maintenir son autorité entre la crainte et l'amour de ses voisins.

L'intention des auteurs de notre république n'a jamais été autre que de faire paraître qu'il n'y avait point de main plus ferme ni plus juste parmi toutes les républiques bien policées en Europe à soutenir cette balance, que la nôtre."

Le Suisse désintéressé à l'assemblée de Baden.

Vergl. auch Réflexions sur un mémoire secret que le Sr. de Mellarede a dressé en Suisse etc.

[2]) Der wohlgereiste Schwab oder denkwürdige Reden etc. 1705. Vergl. auch die J. J. Batterii Orationes duae: Stupet orbis, gratulantur amici, invidi ringuntur, posteri vix credent fuisse gentem in Europa unam, angulum, inquam, Europae fuisse unicum, quem feralis flamma belli circum undique grassata in hoc totius orbis agitatione non attigerit.

[3]) L'âge d'or renaissant dans la Suisse réformée, par Pierre Tercinier. Zuric 1705.

er lasse die Ceres sich zwar über die Wunden, die Mars ihr geschlagen, beklagen, aber mit Zurückhaltung und Mässigung, damit Niemand Anstoss daran nehmen könne, auch wolle er keineswegs die Ursache, warum der gegenwärtige Krieg geführt werde, zu ergründen suchen. Er vergleicht die übrigen Staaten Europas mit Schiffen, die auf dem stürmischen Meere des Krieges herumgeworfen würden, von denen einige untergehen müssten, keins aber unverwüstet bliebe, während die Schweiz als ein kleiner Kahn von weisen Steuermännern sicher über die Wogen geführt würde.

Auch die übeln Seiten der Neutralität, die Anfeindungen, Drohungen und Klagen der Mächte, die widersprechenden Forderungen von allen Seiten, die Schwierigkeit, es allen Recht zu machen, fanden einen Ausdruck in der Poesie [1]:

„Indessen muss das Land, ja, selbst die Unschuld leiden,
Die zwischen Freund und Maag das Mittel halten will,
Die Niemand gern erzürnt, und gleichgesinnet beiden
Mittheilet, was sie hat, indem sie sitzet still.
Denn wie ein Weizenkorn, das zwischen zweien Steinen
Liegt, bald zermalmet wird, wie, wer bei Neutra haust.
Bald wird des Türken Beut', bald wird ein Raub der Seinen,
So wird der Neutralist von beidem Theil gezaust,
Und steht in Sorgen noch, weil brennt des Nachbars Haus,
Möcht' ihm auch selbst der Brand anstecken das Gemach."

Dieses letzte Unheil aber abzuwenden, wird Gott angerufen: Tu malignorum hominum consilia, qui feralis hujus belli calamitatibus nos student involvere, confunde!

---

[1] Alte Treu wird heute neu. Erwiesen und gepriesen etc. etc. von J. C. Hardmeyer (bei Gelegenheit der Bundeserneuerung zwischen Zürich und Bern mit Venedig).

Capitel I.

Von dem Verhältniss der Eidgenossen zum Auslande und ihren Beziehungen untereinander.

Die Kriege Ludwigs XIV. können zum Theil als ein Rückschlag gegen die Tendenzen des 30jährigen Krieges betrachtet werden [1]. Wie damals der Kampf gegen die Uebermacht Oesterreich-Spaniens geführt wurde, so thaten sich jetzt mehrere Staaten, darunter Oesterreich selbst, zur Einschränkung der wachsenden Grösse Frankreichs zusammen. Es hatte sich eine öffentliche Meinung von der Universalmonarchie gebildet, die Ludwig XIV. zu gründen beabsichtige; Pläne wurden ihm zugeschrieben, wie sie später Napoleon I. zum Theil verwirklichte. An den verschiedenen Coalitionen, die sich Ende des 17. Jahrhunderts gegen Frankreich bildeten, kann man beobachten, wie dieser Umschlag allmälig, nicht ohne Rückfälle in das alte System, vor sich ging. Mit dem Beginn des 18. Jahrhunderts trat das Unerhörte ein, dass Spanien auf die französische Seite zu stehen kam. Man kann sagen, dass nun im Allgemeinen die romanische und die germanische Welt sich gegenüberstanden. Die kleinen Grenzlande Lothringen, die Schweiz und besonders Savoyen waren getheilt oder schwankten vom einen zum andern.

[1] Hierüber wie über alles Allgemeingeschichtliche s. C. v. Noorden, Der spanische Erbfolgekrieg. Vergl. I, S. 5—36.

Auch die reformirten Orte der Schweiz waren — leider
am spätesten von allen Mächten, klagt St. Saphorin [1]) —
von der antiösterreichischen Strömung zurückgekommen.
Ganz im Allgemeinen hängt das wohl auch mit der bedenklich vergrösserten Machtstellung Frankreichs gegenüber
Oesterreich zusammen. Die Denkschrift eines ungenannten
Verfassers entwickelt (im Jahre 1707), wie die Schweizer
im Verein mit Frankreich seit Carl VII. darauf hingearbeitet
haben, Oesterreich zu schwächen. Sie hätten den Elsass
an Frankreich gebracht, welcher damals nur durch Gex
an die Eidgenossenschaft gegrenzt habe. Jetzt aber habe
sich das Blatt gewendet und Frankreich suche jetzt, wie
früher Oesterreich und Burgund, die Schweizer mit allerlei
Listen unter seine Beherrschung zu bringen. Desshalb
müsse jeder redliche Eidgenosse danach trachten, die
französische Nachbarschaft durch gute Allianzen und Vermittlung anderer Potenzen von der Eidgenossenschaft zu
entfernen, gleich wie Frankreich geholfen habe, die österreichische Macht von ihr zu entfernen. Wenn die Eidgenossen dadurch wieder in den vorigen Stand ihrer Voreltern gesetzt sein würden, wollten sie auch wieder so
gute Freunde der Franzosen sein, wie sie früher gewesen [2]).

Dass die katholischen Orte anders dachten, hängt
schon damit zusammen, dass sie nicht Grenzorte waren.
Zumal die V Orte, ganz im Innern der Schweiz gelegen,
hatten von Frankreich unmittelbar nichts zu fürchten
und kehrten die Wachsamkeit, zu welcher Bern vor allen
sich berufen fühlte, mehr gegen die eigenen Bundesgenossen,
deren zunehmende Uebermacht ihnen in viel aufdringlicherer

[1]) Livre I contenant les négotiations sur les affaires secrètes
d'état faites de la part de L. L. E. E. Staatarchiv B.

[2]) Memorial 1707 bei Zellweger IV.

Weise zum Bewusstsein kam. Sie, als der damals schwächere Theil der Eidgenossenschaft, fanden ihre Rechnung gerade im Anschluss an eine starke Macht, deren kriegerisches Auftreten den Solddienst begünstigte. Die Pensionen wirkten um so mehr, als Frankreich seit der Aufhebung des Ediktes von Nantes als die katholische Macht κατ' ἐξοχήν auftrat. An das fromme Erzhaus hatte sie hauptsächlich das religiöse Interesse gefesselt und sie entfernten sich von ihm in demselben Masse, als die „mit der widrigen Religion behafteten" sich ihm näherten. War es früher Frankreich gewesen, welches im Bunde mit protestantischen Staaten seine Kriege gefochten hatte, so konnte man jetzt den Kaiser in engem Bunde mit den hochketzerischen Seemächten sehn. Welcher Wechsel! Dass der Kaiser mit dem Papste in Unfrieden lag, war weniger neu und machte wohl auch weniger Eindruck auf die katholischen Orte; immerhin beuteten die Franzosen und Französischgesinnten auch das aus und wiesen darauf hin, dass der kaiserliche Gesandte anstatt der „Heilige Stuhl" der „Römische Stuhl" sage, welches wie ein rechter Lutheraner geredet sei [1].

Eine Flugschrift des Jahres 1690 in der Form eines Dialoges zwischen einem reformirten und einem katholischen Rathsherrn [2] — dem letzteren ist die Gabe überzeugender Dialektik zuertheilt — führt uns klar in die Parteistimmung der Schweiz ein. Der Reformirte bangt um die Freiheit des Vaterlandes; er spricht die landläufigen Befürchtungen wegen Frankreichs Vergrösserungssucht und Bundbrüchigkeit aus. Der Katholische legt dar, dass es gar nicht im Interesse Frankreichs liege, sich der Schweiz zu

---

[1] Ein Brief von einem Schweizer an einen Rathsherrn von Freiburg, 1703.

[2] Gespräch zwischen zweien Schweizer Rathsherren u. s. w. über die jetzigen Laufften. 1690.

bemächtigen [1]). Es würde in solchem Falle keine schweizer Söldnertruppen mehr haben, keine Festung mehr mit schweizerischen Garnisonen besetzen können, in der Schweiz eine Anzahl Festungen bauen müssen und mit alle dem doch nur die Zahl seiner Feinde vermehrt haben [2]). Auf die Erinnerungen des Reformirten an die Festungen, welche Frankreich schon an schweizerischen Grenzen gebaut hatte, fand der Katholische die Erklärung, das habe es gethan, um die Eidgenossen vor ihren öffentlichen und geheimen Feinden schützen zu können, denn diese würden sich sonst sicherlich einen Pass durch die Schweiz erzwingen und sie dadurch in Krieg verwickeln. Ein Staat, der nicht in Dienstbarkeit verfallen wolle, bedürfe des Schutzes eines mächtigen Nachbarn und dieser Nachbar müsse dem früheren Herrn des Landes wenig hold sein und ein Interesse daran haben, dass das Land frei bleibe. Ein solcher Nachbar sei Frankreich für die Schweiz. Das Resultat ist: Lasset uns unsern klugen Voreltern nachahmen, still und in guter Ruh sitzen, während das ganze Europa in vollen Kriegsflammen steht. Sollen wir uns nicht glücklich

---

[1]) Dies war gewiss die richtige Annahme, s. Instruction pour le Marquis d'Avaray, 1. Oktober 1716, bei Zellweger I, wo es heisst: „si, dans une supposition impossible, les Suisses voulaient eux-mêmes se donner à la France, elle aurait un très-grand intérêt d'éloigner et de rejeter absolument une pareille proposition comme très-dangereuse pour elle, puisqu'elle serait alors chargé de la défense d'une très-grande étendue de frontière du royaume, que l'on peut regarder comme étant absolument couverte par l'intérêt que les Suisses ont de leur part, de maintenir les alliances." Aber die Furcht vor unwiderstehlicher Beeinflussung von Seiten Frankreichs, was zunächst drohte und gewiss ebenso gefährlich war, ist hiermit durchaus nicht widerlegt.

[2]) Ausführlich widerspricht diesen Gründen Valkenier in der Schrift: Das Interesse einer gesammten löbl. Eidgenossenschaft bei jetzigen Conjuncturen, 1697.

schätzen, wenn wir bedenken, dass uns alle Fürsten und Könige also flattiren und sich um unsere Freundschaft bewerben? Wenn wir uns aber einmal ihrer Händel angenommen haben, so müssen wir auch gewärtig sein, ihr Unglück dermaleinst mit ihnen zu theilen.

Neutral bleiben zu wollen, d. h. in keinen Krieg verwickelt zu werden, das war wohl der Wunsch eines Jeden in der Eidgenossenschaft. Aber es konnte damals nicht anders sein, als dass man entweder die eine oder die andere der beiden grossen Nachbarmächte mit oft sehr weit gehender Zu- oder Abneigung berücksichtigte.

Wenn man unter den Politikern der Zeit den kaiserlichen, den französischen, den soldatischen und den vaterländischen Typus unterschied[1]), so wird man, diesem Schema folgend, unter den damals den Ausschlag gebenden Männern am seltensten solche finden, welche den vaterländischen Typus ganz rein vertreten. Der Vaterländische räth unter den widersprechenden Meinungen immer zur strengsten Neutralität; es ist aber bezeichnend, dass er erklärt, wenn er nicht neutral sein könne, wolle er kaiserlich sein, denn der Kaiser habe das Recht auf seiner Seite. Völlige Unparteilichkeit ist nun aber weder zu erwarten, noch zu verlangen; vollends war sie es damals nicht, wo die Orte durch die verschiedenartigsten Interessen mit den angrenzenden Mächten verknüpft waren. Bedenklich konnte nur sein, wenn Zu- oder Abneigung einmal stark genug wurde, um sich in Handlung umzusetzen.

Was die reformirten Orte am meisten von Frankreich abstiess, war, nach der Meinung des französischen Gesandten selbst, die Unterdrückung und Austreibung ihrer

---

[1]) Colloquium Helveticum 1689.

dortigen Glaubensgenossen [1]). Zürich besonders nahm sich dieselbe sehr zu Herzen und trug sich beständig mit Plänen, den Hugenotten die Rückkehr in ihre Heimat zu ermöglichen. Während des spanischen Erbfolgekrieges bereiste ein Marquis de Rochegude im Auftrage Zürichs und anfänglich auch Berns die protestantischen Höfe, um ihre Unterstützung dafür zu gewinnen. Die Religionsinteressen waren damals noch, und in der Schweiz vielleicht mehr als irgendwo sonst, von grossem Gewicht für die Stimmung der Staaten zu einander. So schwierig das war, wurde doch den Schweizern gegenüber auch in den spanischen Erbfolgekrieg die Religion einzumischen versucht und nicht nur war es der päpstliche Nuntius, welcher den Glaubenshass schürte. „Mir liegt zwar nicht verborgen", schrieb der kaiserliche Gesandte (6. Februar 1703), „die grosse Allianz werde zu Rom in diesen als andern Landen vor einen Religionskrieg ausgeschrieen und müssen alle Geistliche sogar bis auf den geringsten Einsiedler, wenn noch einer in denen tiefsten und finstersten Wüsteneien Aegyptens wohnte, den hieraus erwachsenden grossen Schaden auf öffentlichen Kanzeln predigen." Es werde aber der Krieg, fährt er fort, vielmehr um die regio als um die religio geführt. Zuweilen beschuldigte er geradezu Frankreich, es suche den Krieg als einen Religionskrieg darzustellen. Hiergegen vertheidigten sich die französischen

---

[1]) La révocation de l'édit de Nantes a plus contribué que toute autre chose au changement arrivé dans leur (Zurich et Berne) conduite. — Les motifs de religion avaient le plus de part à la partialité que le canton de Zuric a fait paraître pendant le cours des deux dernières guerres. Instruction pour le Marquis d'Avaray. Zellweger I.

Cet esprit de malveillance venait des persécutions qu'alors les Protestants subissaient en France. Mémoire sur le canton de Berne. bei Zellweger II.

Botschafter, indem sie sagten, er habe die ganze Behauptung aus der Luft gegriffen, um die protestantischen Orte
auf die Seite der Allianz zu ziehen. Allerdings, da die
protestantischen Orte die werthvollsten Bundesgenossen
waren, lag es weit mehr in französischem Interesse, das
religiöse Gebiet möglichst zu vermeiden.

Handelsinteressen, welche in diesem Kriege einen weit
bedeutenderen Faktor bildeten als die Religion, fielen auch
bei den reformirten Orten der Schweiz in's Gewicht. Aus-
genommen Bern waren alle handeltreibend. Früher war
ihr Handel mit Frankreich sehr lebhaft gewesen, aber
Unzufriedenheit auf beiden Seiten wurde jetzt vernehmbar.
Die französischen Kaufleute beklagten sich beim Könige
über die Privilegien der schweizer Handelsschaft. Zur Zeit,
da diese Privilegien bewilligt seien, habe nur ein ganz
geringer Handel in der Schweiz bestanden, jetzt aber sei
derselbe sehr ausgedehnt, wozu besonders die französischen
Flüchtlinge beigetragen hätten [1]). Dies blieb nicht ohne
Wirkung und die Folgen zeigten sich. Im Jahre 1700
schickte der Burgermeister Escher dem französischen Botschafter eine Denkschrift über die Ursachen der Abnahme
des Handels zwischen den Eidgenossen und Frankreich [2]).
Als solche waren angeführt der excessive Zoll, das ernstliche Visitiren und die vielfältige Abänderung und Ab-
setzung der Geldsorten. Aus diesen Gründen, heisst es,
gehe der Handel jetzt mehr nach Deutschland und den
Niederlanden. Man begreift, wie viel den Orten daran lag,

---

[1]) Mémoire contre les privilèges dont jouissent les marchands
suisses u. s. w. Réponse sur le mémoire u. s. w. Akten Frankreich,
Staatsarchiv Z.

[2]) Memorial über die Ursachen der Abnahme des Handels u. s. w.
ebenda.

sich die Verkehrsbegünstigungen, welche ihnen die Erbeinung verbürgte, zu erhalten. Kurz vor Beginn des Krieges
waren dieselben durch eine Gesandtschaft an den Kaiser
neu gesichert. Nach einer allerdings österreichischen Ver-
anschlagung waren die aus der Erbeinung entspringenden
Vortheile auf 83,000 Gulden jährlich anzuschlagen und das
übersteige den Werth der französischen Pensionen [1]. Aber
auch Zürich erklärte die Zollbefreiung für ein Kleinod,
das Millionen werth sei. Während einerseits die Orte ihre
Fabrikate im Reiche absetzten, bezogen sie andrerseits wichtige Lebensmittel von dort, besonders Salz und Getreide,
ersteres aus Tyrol, letzteres aus Schwaben. Dieser Umstand
erklärt zur Genüge den Eifer, mit welchem sie die nordöstliche Nachbarschaft vom Kriege zu befreien suchten.
Für Bern war naturgemäss Frankreich die Salzquelle.
Da aber die französischen Gesandten durch Zurückhaltung
der Salzlieferungen einen Druck auf den oft widerspänsti-
gen Kanton auszuüben dachten, so hielt derselbe darauf,
sich für den Nothfall die Zufuhr aus Baiern und Tyrol
offen zu halten. Auch wies der König seine Botschafter
an, in Anwendung dieses Repressivmittels den Bogen nicht
zu scharf zu spannen, damit sich Bern dadurch nicht an
andere Salzquellen gewöhnen lerne. Zur Zeit der Ambassade
du Lucs [2] (1709—1715) entdeckten die Berner eine Salzquelle im eigenen Lande, sehr zum Verdrusse Frankreichs,
welches besorgte, sie möchten eines Tages im Stande sein,
das burgundische Salz ganz zu entbehren.

Basel war, im Gegensatz zu den andern Orten, hinsichtlich der Getreidezufuhr auf Frankreich angewiesen:

---

[1] E. A. VI 2. S. 1209 (1705).

[2] Mémoire pour servir d'instruction au comte du Luc 1708. —
Mémoire du Luc's au Torcy 1712. Zellweger 11.

dieselbe bestand zum grossen Theil aus Zehnten und Ge-
fällen, welche dem Orte im Elsass zustanden. Frankreich
nützte diesen Umstand in weitgehender Weise aus, um Basel
zu beeinflussen. Es konnte selbst sein Eigenthum oft jahrelang gar nicht oder nur beschränkt beziehen. Du Luc, der
französische Botschafter, schlug geradezu einmal dem König
vor, er könne Basel dadurch demüthigen, dass er in seiner
Eigenschaft als Beschützer der Katholicität die Zehnten
der Geistlichkeit restituire [1]).

Ebenso wie die meisten ref. Orte auf das Reich,
waren die Länderkantone auf Mailand angewiesen, mit
Ausnahme von Appenzell. Als es zum Abschluss des Capitulats mit Philipp v. Anjou kam, beschwor katholisch
Appenzell seine Glaubensgenossen, davon abzulassen, denn
eine Fruchtsperre von Seiten des Kaisers, womit dieser
drohte, würde es in's äusserste Unglück stürzen. Die
Fruchtsperre des Winters 1692/93, welche der Kaiser
wegen der Transgressionen erliess, gibt ein klares Bild
von den auseinandergehenden Interessen der Orte. Zürich,
Bern, Luzern, Obwalden, ev. Glarus, Basel, Schaffhausen,
Appenzell, Abt und Stadt St. Gallen versprachen, die Transgressionen abzustellen: die andern liessen sich auch dann
nicht rühren, als der Kaiser neben der Fruchtsperre noch
mit Hemmung des freien Handels drohte. Die Verzweif-
lung der leidenden Orte war gross. „Etliche Orte", liessen
sie sich mit Bitterkeit vernehmen, „sind wohl getröstet
und in grossen Vortheilen, mit Heuen und Emden haben
sie ihre Jahresarbeit verrichtet und können sich alsdann
auf den Rücken legen und schlafen, diese kommt das
Hungerleiden nicht schwer an: ihr Vich geht inzwischen

---

[1]) Mémoire sur la Suisse par Mr. le comte du Luc. 1715. Zellweger II.

auf den Alpen immerfort und gibt Milch, Anken und Käse" [1]). Darauf entgegneten die Beschuldigten, gerade weil sie sich nicht durch Handel bereichern könnten, sondern auf den Solddienst und die französischen Pensionen angewiesen seien, dürften sie Frankreich nicht durch eine Beschränkung des Dienstes kränken, welche die Truppen so gut wie werthlos machen würde.

Eine Sonderstellung unter den reformirten Kantonen nahm Bern ein, ein Militärkanton wie nur eins von den Ländern. Und dennoch unter allen eidgenössischen Feinden Frankreichs der leidenschaftlichste und konsequenteste. Eine kleine 1689 zuerst und 1701 wieder gedruckte Schrift lässt die delphische Sybille weissagend sprechen: Des Bären Kraft stärket der Eidgenossen Gemüther, dass selbige wider den Lilienstock agiren [2]). In der That hatte jede Feindseligkeit gegen Frankreich in Bern ihren Mittelpunkt. Das beruhte weniger als in Zürich auf religiösen Dingen; oft genug liess sich Bern von Zürich vergebens mahnen, Glaubensangelegenheiten bei den Mächten zu betreiben, wie es denn auf den oben erwähnten Marquis v. Rochegude gar nicht besonders gut zu sprechen war. Vollends spielte der Handel eine unbedeutende Rolle in Bern. Der Hass in diesem Kanton gegen Frankreich war hauptsächlich politischer Natur, das vorsorgliche Misstrauen eines kleinen aber selbstbewussten Staates gegenüber dem mächtigen, anmassenden Nachbar. Bern fühlte sich nicht mehr sicher, seit Frankreich durch Erwerbung der Freigrafschaft ihm so nahe gerückt war und verwünschte unzählige Male, dass es dieses Ereigniss nicht verhindert hatte. Nicht minder empfand Bern — wie übrigens alle ref. Orte —

[1]) E. A. VI 2, S. 456.
[2]) Sibyllinisches Staatsprognostikon etc. Freiburg 1701.

das Dasein der Festung Hüningen als beständig schmer-
zenden Dorn im Fleische. Basel selbst, welches am meisten
darunter litt, wagte seinen Unmuth am wenigsten zu verrathen. Die französischen Gesandten hielten die Baseler
Regierung, besonders den Burgermeister Burkhardt, für
verständig und massvoll in der Gesinnung gegen den König.
nur die Bürgerschaft, meinten sie, sei unerträglich parteiisch
für den Kaiser. Es ist aber anzunehmen, dass der Unterschied so gross nicht war, was du Luc auch gelegentlich
nicht umhin kann sich zu gestehen [1]; vermuthlich verstanden die Magistratspersonen ihre Gesinnung besser zu
verbergen. Um so mehr fühlte sich Bern verpflichtet, für
„das arme Basel", dem Hände und Füsse gebunden seien,
zu handeln und es von dem französischen Drucke, d. h.
von Hüningen zu befreien.

Ausser dem Mittel der Salzsperre gaben die französischen Botschafter noch ein anderes an, wodurch Frankreich
Bern nöthigenfalls zwingen könne, nämlich Versoix zu
befestigen oder in den Bergen von St. Claude und in
Gex Truppen zu halten. Etwas Derartiges fürchtete Bern
allerdings sehr, würde es aber auch gar nicht geduldet
haben. Was Versoix betrifft, konnte es seine Festigkeit
noch im Laufe des spanischen Erbfolgekrieges erfolgreich
beweisen [2].

[1] „Il n'y a aucune différence entre les sentiments de la bour-
geoisie et du magistrat." Mémoire 1715. Anders Puysieux, dessen
Meinung du Luc vielleicht anfänglich gefolgt ist.

[2] Geffken sagt a. a. O. S. 635, es sei nicht richtig, dass der
neutralisirte Staat verlangen könne, dass an seiner Grenze von den
Nachbarn keine neue militärische Anlagen gemacht werden dürften.
Bern und mehrere andere eidgenössische Orte (allerdings nicht neutralisirte, sondern selbständig neutrale Staaten) gingen entschieden
von der Ansicht aus, dass ihnen ein solches Recht zustehe, und
Frankreich gab ihnen auch öfters darin nach.

Wie schon gesagt ist, waren die katholischen Orte, wenigstens die Länder, für den Verkehr auf Mailand angewiesen. Daher waren sie, so lange Mailand spanisch war, durchaus noch nicht völlig französisch gesinnt gewesen. Als nun aber im Beginne des span. Erbfolgekrieges Mailand an einen bourbonischen Prinzen überging, vereinigte Frankreich nahezu Alles in sich, was sie fesseln konnte und beherrschte die Interessen in der Urschweiz übermächtig. Von dem Augenblicke an hingegen, wo Mailand durch den Verlauf des Krieges an Oesterreich verloren ging, legten die französischen Gesandten Unruhe an den Tag, und du Luc sprach es geradezu aus, dass die Länderkantone sich immer nothwendig dem Besitzer von Mailand anschliessen müssten. Er glaubte, Frankreich müsse Ausserordentliches in die Waagschale werfen, um den Nutzen, den jener biete, aufzuwiegen. Ihn selbst setzte die treue Anhänglichkeit der Länder an Frankreich sogar nach dem Verluste Mailands in Erstaunen. Für am meisten französisch galten Solothurn, die Residenz des französischen Botschafters, und Zug, wo der Einfluss der Familie Zurlauben herrschte. Freiburg war schwieriger zu behandeln; seine Interessen waren getheilter, es gestattete auch dem Kaiser und Savoyen Werbungen und zeigte oft eine schlaue Zurückhaltung gegenüber dem Auslande, welches du Luc im Aerger einer aussergewöhnlichen Bereicherungssucht zuschreibt. Er suchte die Freiburger vermittelst ihres Käsehandels nach Frankreich zu beeinflussen. Auch Schwyz, dem überhaupt nachgesagt wurde, es müsse immer seine eigenen Wege gehen, nahm dadurch eine besondere Stellung ein, dass mehrere seiner Familien am kaiserlichen und savoyischen Solddienste interessirt waren. In der zweiten Hälfte des spanischen Erbfolgekrieges hielt Schwyz treuer zu Frankreich, wohl im Zusammenhang damit, dass

es in Betreff des Toggenburgergeschäftes nun in entschiedenen Gegensatz zu den reformirten Orten getreten war.

Es muss hier den Soldverhältnissen, welche in den
Beziehungen der Schweiz eine so grosse Rolle spielten,
eine kurze Betrachtung gewidmet werden.

Bis gegen Ende des 17, Jahrhunderts hatte fast ausschliesslich Frankreich sich der Schweizer Söldner bedient.
Die Truppenmassen, welche die Schweiz im Laufe der Zeit
an Frankreich geliefert hatte, bildeten einen ständigen
Gegenstand der Entrüstung für die übrigen Staaten. „O
wie viel Blut der Eurigen ist in französischen Diensten
vergossen worden! und wie viel unschuldig Blut hat Frankreich, von Euren Truppen gestärkt, hin und her vergossen!
Fürwahr wohl so viel, dass, wenn es einstmals anlaufen
sollte, es wohl Eure Berge, Hügel, Thäler, Wälder und
Felder nicht allein färben, sondern gar hinwegschwemmen
möchte" [1]. Diesem Umstande, dass in allen Kriegen Frankreichs Schweizer Truppen mitfochten, ist es zuzuschreiben,
dass die Eidgenossen auf der Seite von Frankreichs Feinden geradezu für Kriegsverbündete dieser Macht galten,
wie denn die Alliirten oft geradezu die Kantone aufforderten, von Frankreich abzufallen und zu ihnen überzutreten.

Diese Vorwürfe der Gegner Frankreichs wurden fortgesetzt zu einer Zeit, wo sie, wenn überhaupt je, vollends
keinen Sinn mehr hatten. Schon im Pfälzerkriege hatten
die Alliirten mit ansehnlicher Zuziehung von Schweizer
Söldnern gefochten. welche zumeist in holländischen Diensten standen. Im Jahre 1692 machte Bern den Anfang:
im Verlaufe des damaligen Krieges brachte es Holland
bis auf ungefähr 11,000 Mann, die mit Erlaubniss ihrer
Obrigkeiten angeworben waren. Was den Bernern neben

---

[1] Vier hoher Alliirten etc.

der allgemeinen antifranzösischen Strömung den französischen Dienst verleidet hatte, war die Zurücksetzung der
Protestanten bei der Beförderung; die schlechten Sitten,
welche die Soldaten aus Frankreich mitbrachten; die nach-
lässige Bezahlung; die Truppenreduktionen, die Ludwig XIV.
von Zeit zu Zeit vornahm; die häufigen Transgressionen
mit ihrem Gefolge von Klagen und Vorwürfen der Gegner.
Auch wissen die Reformirten von der quälerischen Behandlung ihrer verwundeten Glaubensgenossen in den
Spitälern zu berichten und von Versuchen, sie von ihrer
Religion abwendig zu machen [1]; der herzzerreissende Jam-
mer der schweizerischen Galeerensträflinge musste die
Landesväter in gerechte Empörung versetzen. In Holland
lockte die gleiche Religion, ähnliche Verfassung, ähnliche
Sitten, regelmässige Zahlung. In Bern war gewissermassen
eine Krönung des neuen Systemes das 1689 erlassene und
1699 bestätigte Gesetz des ungleichen Dienstes, wie es
gewöhnlich genannt wird. Diesem zufolge konnten Väter
und Schwiegerväter von Solchen, die in Frankreich Offi-
ziersstellen innehatten, nicht Mitglieder des kleinen Rathes
sein [2]. Während der letzten 10 Jahre des 17. Jahrhunderts
verliessen zahlreiche Berner und auch Züricher Offiziere
den französischen Dienst [3]. Davon traten die meisten in
holländische oder kaiserliche Dienste, einzelne in branden-
burgische (Sigismund v. Erlach) und sächsische (Hubert
v. Diessbach). Auch einige katholische Offiziere, die in

---

[1] Kriegsrathsmanual XXIX, 16. März 1702. Staatsarchiv B.

[2] Tillier, Geschichte des Kantons Bern IV, S. 305 u. 362.

[3] Nach Girard, Histoire abrégée des officiers suisses 1782, von
Berner Offizieren Nic. Tscharner 1690, Gabriel May 1690, Albert v.
Mülinen 1693, W. v. Muralt 1693, Hieronymus v. Erlach 1696; von
Züricher Offizieren J. F. Werdmüller 1693, J. H. Lochmann 1690,
J. C. Lochmann 1690, J. H. Oberkan 1689, H. Bürkli 1689.

Spanien dienten, verliessen diesen Dienst, als Spanien durch den Erbfolgekrieg mit Frankreich verknüpft wurde, und traten in kaiserliche oder savoyische Dienste ein, so zwei Ab Yberg (1704 und 1706) und ein Niederöst von Schwyz (1702).

Das Verhältniss war so, dass zur Zeit des span. Erbfolgekrieges etwa 23,000 Schweizer auf französischer Seite kämpften, zwischen 12,000 und 16,000 auf holländischer. Unter den französischen Regimentern war ein bernisches (1671 ausgehoben), kein zürcherisches; unter den holländischen zwei Bataillone Züricher, sonst Berner und Bündner. Der Kaiser erhielt von kath. und ref. Orten je ein Regiment à 2400 Mann, von den Bündnern ein Bataillon à 800 Mann. Von den drei Regimentern, die Spanien hatte, wurden zwei, die nur in Italien dienen durften, 1706 reformirt. Ebenso die zwei kath. Regimenter des Herzogs von Savoyen (jedes 2400 Mann), die 1698 geworben waren. Ein Bataillon von 840 Mann, welches ihm Reding von Schwyz 1694 geworben hatte, wurde kriegsgefangen (1704) und kam nach dem Austausch dem sog. régiment de la reine zu gute. Dieses war 1703 mit heimlicher Unterstützung Berns geworben, es bestand damals aus 8 Compagnien à 175 Mann; rekrutirte sich, nachdem es grosse Verluste erlitten hatte, 1707 aus den beiden obengenannten kath. Regimentern und trug seit 1609 den Namen Hackbretts von Bern, der um diese Zeit sein colonel propriétaire wurde.

Rechnet man nun zusammen, wie viel Schweizer Söldner im Laufe des Erbfolgekrieges auf Seite Frankreich-Spaniens, wie viel auf Seite der Alliirten kämpften, so wird man den Unterschied nicht so bedeutend finden, besonders wenn man sich erinnert, dass nur Frankreich und Spanien — d. h. der Fürst, dem das Capitulat gehalten wurde — auf Grund von Allianzen zu Truppenforderungen berechtigt waren.

Schon war Bern nahe daran gewesen, auch dem König von England Truppen zu bewilligen, wenn nicht derselbe darauf bestanden hätte, sie auch ausserhalb seines Insellandes verwenden zu dürfen. Wenn nun auch einzelne Rathsherren in Bern selbst dafür stimmten, so hätte doch weder Zürich noch sonst ein ev. Ort sich darauf eingelassen, und die Ansicht gewann durchaus die Oberhand, dass man so weit nicht gehen dürfe. Auch den von Brandenburg anerbotenen Vertrag lehnten die ref. Schweizer ab, um, wie sie ausdrücklich sagten, den kath. Orten keinen Anlass zu Misstrauen und Frankreich keine Ombrage zu geben. Die kath. Orte sahen die Beziehungen ihrer Miteidgenossen zu den Seemächten freilich mit Unwillen; mit England, fanden sie, habe die Schweiz so wenig zu thun wie mit Lappländern und Moskowiten. Sie empfanden deutlich, dass die Freundschaft von Zürich und Bern mit diesen glaubensverwandten Mächten viel unzugänglicher für ihre Einmischung war, viel bedrohlicher für sie werden konnte, als die mit dem hochmüthigen katholischen Kaiser, dessen eigenthümliche Haltung bis gegen Ende des Krieges eine merkliche Aenderung der Parteiverhältnisse hervorrief.

Theils lag das an der Politik, die Oesterreich überhaupt verfolgte, sich zur Erreichung irgend eines Zweckes keine besondere Mühe zu geben, sondern zu warten, bis der Himmel allen gerechten Ansprüchen des frommen Erzhauses von selbst genugthun würde. So hatte sich der Kaiser verhalten während der Vorbereitungen zur Ordnung der span. Erbfolge, so liess er — zumal Kaiser Leopold — während des Krieges vornehmlich die Seemächte handeln, in der stolzen Meinung, er thäte genug damit, dass er den Prinzen lieferte, der die Erbschaft übernehmen sollte.

Das gleiche Gepräge trug des Kaisers Verhalten den
Eidgenossen gegenüber. Die vollständige Unabhängigkeit
derselben vom Reiche, die thatsächlich schon lange, recht-
lich seit einem halben Jahrhundert bestand, schien seinem
Bewusstsein durchaus nicht immer gegenwärtig zu sein. Jedes
Zeichen des Wohlwollens, das sie ihm feindlichen Mächten
gaben, erschien ihm als Verrath an ihrer Deutschheit, und
mit Vorliebe erinnerte sein Botschafter die „Abkömmlinge
deutscher Nation" an den alten Zusammenhang. Betrach-
teten sich doch die Schweizer selbst als cives honorarii
des Reiches. Von dieser Ansicht ausgehend hätte der
Kaiser nichts natürlicher und billiger gefunden, als wenn
sie ihre Verbindungen mit Frankreich, die in seinen Augen
Abfall waren, ganz aufgebend, sich rückhaltlos dem Reiche
angeschlossen hätten.

Diese seine innerste Meinung sprach der Kaiser zwar
selten geradezu aus, aber sie trat in dem herrischen Tone
seiner Briefe an die Orte, welche so viel für ihn gethan
hatten, zu Tage, sie verrieth sich in der Uebertriebenheit
vieler seiner Anforderungen und in naiver Weise in
deutschen Druckschriften, welche die Verhältnisse behandelten. Da wird in einer [1]) erzählt, welche Beschlüsse die
Orte, und zwar sämmtliche einmüthig, gefasst hätten: die
4 Waldstädte, Constanz, Lindau, Bregenz, ein gut Theil
Oberschwabens in ihre Protektion zu nehmen, dem Kaiser
4000, England 6000 und Savoyen 6000 Söldner zu überlassen, ausserdem Savoyens Neutralität zu sichern und mit
40,000 Mann die Grenzen und die in Schutz genommenen
Gebiete zu bewachen. Dazu deuten sie an, dass sie künftig
nicht mehr Frankreich, wie sie bisher gethan hätten, sondern den Alliirten Contrebande zuführen würden, und zum

---

[1]) Europäischer Staatsrath 1705.

Schlusse sprechen die Alliirten ihre Zufriedenheit aus, dass die Eidgenossen nun etwas näher zu ihnen herangetreten seien und hoffen, dass sie es künftig noch mehr thun würden.

Dass die Kantone mit dem vom Reiche abtrünnigen Kurfürsten von Baiern des Salzes wegen in Beziehung geblieben waren, verargte ihnen der Kaiser[1]). Er that alles, was er konnte, um Frankreichs beliebte Anspielungen, als trachte er die Schweiz wieder in Abhängigkeit zu bringen, mit einem Schein wirklicher Begründung auszustatten. Viererlei derartige Gerüchte liefen um. Vom Baron Seyler, einem österr. Minister, wurde erzählt, dass die Wiedereinsetzung des Kaisers in seine dortigen Rechte ihm eine Herzensangelegenheit sei[2]). Puysieux wollte wissen, dass Trautmannsdorff sich nach der Habsburg begeben und sorgfältig nach allem erkundigt habe, was Eigenthum des Hauses Oesterreich gewesen sei[3]). Die Hartnäckigkeit, mit der der Kaiser seine Ansprüche in Italien festhielt, erweckte die Besorgniss, die Eidgenossenschaft müsse sich eines Aehnlichen zu versehen haben. Dass unter Leopold I., Joseph I. und Karl VI. dahinzielende Gedanken am Wiener Hofe lebendig waren, ist gewiss[4]). Dass Leopold dem Abt von Muri 1701 den Titel eines Reichsfürsten ertheilte, hatte nicht wenig Unwillen in der Eidgenossenschaft erregt. Noch viel verdächtiger war seine Verbindung mit dem Abt von St. Gallen, seine Einmischung in das Toggenburgergeschäft. Der Abt, dieses monstre

---

[1]) 6. Dezember 1702. Bern an Trautmannsdorff. Teutsches Missivenbuch 36. Staatsarchiv B.

[2]) St. Saphorin à Willading. 29. Sept. 1711. Livre III a. a. O.

[3]) 9. März 1703. Akten Frankreich. Staatsarchiv Z.

[4]) Vulliemin III, S. 483, Anmerkungen.

difficile à définir [1]), war die Ursache, dass man nicht
sämmtliche Orte in katholisch-französische und reformirt-
alliirte eintheilen konnte. Er nahm in dieser Zeit die
eigenthümliche Stellung ein, dass er, durch das ge-
meinschaftliche Religionsinteresse auf die kath. Orte angewiesen, in der äusseren Politik mit den protestirenden,
besonders mit Zürich und Bern, Hand in Hand ging. Am
28. Juli 1702 schloss der Abt mit dem Kaiser einen
gegenseitigen Hülfsvertrag, welcher bald bekannt wurde
und Aergerniss erregte. Abt und Kaiser suchten ihn als
Consecutive älterer Verträge darzustellen, Trautmannsdorff
nannte ihn Erbvereinigungserläuterung. Das verfing aber
bei den Orten nicht, sie behaupteten, es sei ein Offensivtraktat und überhaupt mit des Abtes Stellung zur Eidgenossenschaft unvereinbar. Dass das „treue Aufsehn"
darin als „thätliche Hülfe" ausgelegt war, konnte den
Orten nicht lieb sein, die das bisher mit Mühe vermieden
hatten. Besonders aber gab ein Artikel Anstoss, der von
der Wiedererwerbung abgerissener Lande sprach. Der
Kanton Appenzell bezog die Worte auf sich, während der
Abt versicherte, es sei der Elsass damit gemeint, und zwar
nur für den Fall, dass solche Wiedererlangung durch Vertrag geschehen könne. St. Saphorin hielt später dem Wiener
Hofe vor, dass Zürich und Bern damals den Abt in seiner
Bedrängniss beschützt hätten [2]). In den Tagsatzungsab-
schieden zwar sehen wir, dass die Züricher und Berner
Deputirten ihn, wie die andern, zur Preisgebung des Trak-
tates aufforderten. Aber sie waren instruirt, es mit

---

[1]) s. Mémoire sur la Suisse par du Luc 1715, bei Zellweger V.

[2]) ... „c'est eux qui l'ont tiré d'affaire lorsqu'on voulait l'obliger
à livrer l'original du traité." St. Saphorin an den Prinzen v. Salm,
7. Nov. 1708.

„etwelcher Moderation" [1]) zu thun, ihm „freundlich zu de-
hortiren" und „mit guter Manier zu persuadiren" [2]). Diesem
Auftrage werden sie wohl nachgekommen sein und dazu
beigetragen haben, dass das Geschäft verschleppt wurde.
Eine Beschlussfassung scheiterte mehrmals daran, dass
gerade die ev. Orte nicht instruirt waren. Bald aber nahm
das Toggenburgergeschäft ein ernstlicheres Ansehn an, und
dadurch verwickelten sich die Dinge noch mehr. Mit dem
Jahre 1706 begann die Einmischung des Kaisers die Orte
zu ängstigen. Vergebens setzten wohlmeinende Freunde
den kaiserlichen Ministern auseinander, wie verkehrt es
sei, die ref. Orte Oesterreich zu entfremden und Frankreich in die Arme zu treiben; der kaiserliche Botschafter
hielt sich in ostentativer Weise zu den kath. Orten und
schien ganz vergessen zu haben, dass sie seit der Auf-
kündigung der Erbeinung nicht mehr Verbündete seines
Herrn waren.

Im Juni 1711 waren es Zürich und Bern, die das
äbtische Bündniss nach langer Pause wieder an der Tagsatzung zur Sprache brachten, während die kath. Orte sich
jetzt lau zeigten. Wie früher einige von diesen, so erklärten jetzt Zürich und Bern nicht mehr neben den äbtischen
Gesandten sitzen zu wollen. Luzern ermahnte Appenzell
I.-Rh., das von seinem Misstrauen gegen den Abt noch
nicht lassen wollte, sich nicht als Werkzeug der beiden
reformirten Städte gebrauchen zu lassen, jetzt hätten diese
es auf den Abt abgesehen, ein Gleiches könne jedem Stande
widerfahren [3]).

[1]) Instruktionen für den Burgermeister Escher, Stadtbibliothek Z.
[2]) Instruktionenbuch Y, Staatsarchiv B.
[3]) E. A. VI 2, S. 1625.

Wie nun Frankreich die Orte gern an des Kaisers
Pläne wider ihre Freiheit glauben machen wollte, so führten die Alliirten beständig Ludwigs XIV. Eroberungsgelüste
im Munde. Sie redeten oft in einer Weise, als zielten die
Einnahme Mailands, die Angriffe auf Tyrol und auf Savoyen eigens auf Einschliessung und Einverleibung der
Schweiz ab.

Aber die französischen Botschafter vermieden mit
Sorgfalt und Geschick in ihrem Benehmen jeden Schein
feindlicher oder unredlicher Hintergedanken. Der König,
der andern Staaten gegenüber so oft herrisch und rück-
sichtslos verfuhr, erwies sich den Eidgenossen nicht nur
im diplomatischen Verkehr, sondern zuweilen durch that-
sächliches Entgegenkommen als theilnehmender und ach-
tungsvoller Bundesgenosse.

Indessen verfiel doch Frankreich in einen dem Verfahren des Kaisers ähnlichen Fehler, so nämlich, dass es
die Freundschaft, die ihm durch die kleinen Kantone geboten war, geringschätzte und leichtsinnig auf's Spiel setzte,
um die verlorene der reformirten zurückzugewinnen. Zürich
und Bern, die mächtigen, volkreichen Städte, waren natürlich die vortheilhaftesten Anhänger. Als dem Kanton
Freiburg einmal eine Bitte in Bezug auf den Handel abgeschlagen werden sollte, schrieb der Gesandte du Luc
einen etwas leidenschaftlichen Brief an den König, in welchem die Worte vorkamen: „Plusieurs articles de cette
nature ont chargé le coeur des Protestants, veut-on encore
aliéner les Catholiques?" Diesen Brief oder Stellen daraus
fand Torcy für gut, dem Könige vorzuenthalten, und du
Luc schrieb in Folge dessen dem Minister, er habe nur
gewollt, dass der König wisse, einzig durch rücksichtslose
Behandlung habe man früher die reformirten Orte verloren
und man laufe Gefahr, dass es ebenso mit den katholischen

gehe [1]). Ebenso machte er dem König Vorwürfe, dass er sich der kath. Orte im Toggenburgergeschäft nicht ernstlich annehmen wolle und stellte ihm vor, sie würden schliesslich nothgedrängt den bereitwilligen Versprechungen Oesterreichs Gehör schenken, konnte sich aber doch gleichzeitig nicht von dem geheimen Lieblingswunsch losmachen, Bern für den König zurückzugewinnen. Unaufhörlich verfolgte er nebeneinander zwei scheinbar unmöglich zu vereinende Pläne: Bern zu demüthigen oder auf Frankreichs Seite zu ziehen. Häufig nahm er für die Forderungen der Protestanten Partei und bat den König, diesem oder jenem Uebelstand abzuhelfen, über den sie mit Recht Klage führten, so die Schutzlosigkeit der verwundeten Soldaten ihres Glaubens. Während man sich in den ref. Orten früher den angeblichen Ausspruch Ludwigs XIV. erzählte, sein Grossvater habe die Evangelischen geliebt, sein Vater habe sie gefürchtet, allein er liebe und fürchte sie nicht, „als wir ev. Orte auch wohl erfahren" [2]), hatte sich im Verlaufe des Erbfolgekrieges gezeigt, dass er über diese Furcht keineswegs erhaben war, vielmehr um jeden Preis vermeiden wollte, Zürich und Bern unter seinen ausgesprochenen Feinden zu sehen.

So finden wir also die reformirten Orte von dem Kaiser, dem sie sich weitgehend nähern, verschmäht und gekränkt, von Frankreich umworben; die kath. Orte, die während des ganzen Krieges ihre Sympathie für Frankreich auf das deutlichste an den Tag gelegt hatten, von dem schwer beleidigten Kaiser gegen ihre Miteidgenossen aufgestachelt, mit der Hoffnung auf Truppenhülfe vertröstet. Wir sehen den König, sehr zum Kummer der Katholiken,

---

[1]) du Luc à Torcy, 13. Sept. 1709. Zellweger V, 1.
[2]) Französische Bundeshändel. Msc. Leu Stadtbibliothek Z.

die ernstliche Absicht kundthun, zwischen beiden Eidgenossenschaften neutral zu bleiben, in der Hoffnung, dadurch womöglich alle beide für sich zu gewinnen.

Solche Verschiebungen werden dadurch um so erklär-
licher, dass, wie wir nicht vergessen dürfen, selten ein
Ort von einer einzigen politischen Meinung beherrscht war.
Wie es in den katholischen Orten ansehnliche Familien
gab, die zum Kaiser oder zum Herzog von Savoyen hielten,
so fehlte es auch in den reformirten Orten zu der Zeit,
wo sie die Alliirten am meisten begünstigten, nicht an
einer französischen Partei. In Zürich stand bis 1710 der
Burgermeister Escher an der Spitze des Staates, ein Mann
von anerkannten Verdiensten, häufig als „vaterländischer
Mann" bezeichnet, was ungefähr so viel heissen will wie
ein neutralgesinnter, einer, der weder ausdrücklich kaiserlich, noch ausdrücklich französisch ist. Dass die französischen
Gesandten ihn bien-intentionné für Frankreich nennen,
trotzdem andrerseits verschiedene seiner energischen Reden
gegen Frankreichs Anmassungen sozusagen geflügelte Worte
waren. scheint das zu bestätigen. Der entschieden kaiserliche Burgermeister Meyer, der in einem Sinne mit dem
Antistes Klingler wirkte, trat hinter Escher zurück. Zürich
gab Frankreich viel weniger Anlass zu Vorwürfen, dem
Kaiser weniger Verpflichtung zur Dankbarkeit als Bern.
Es ist charakteristisch, dass Zürich im Toggenburgergeschäft eine Einmischung des Kaisers viel strenger von
der Hand wies als Bern, welches aus lauter Angst vor
einer Vermittlung des französischen Botschafters dem Kaiser
bis zu einem gewissen Grade entgegenkommen wollte.

In Bern gab es nach einer Anmerkung des preussi-
schen Gesandten Metternich drei Arten Leute: 1. Einige
Franzosen hold. 2. Andere halten im Herzen mit den
Allirten und wünschen, dass Frankreich gedemüthigt werden

möchte, und diese werden die Wohlgesinnten und Patriots
genannt. 3. Noch Andere sind, die man furchtsam nennt,
welche nicht einmal, ich will sagen, den Mund aufthun
dürften. Diese wünschen die Demüthigung Frankreichs
gleichfalls [1]).

An der Spitze der „Wohlgesinnten" stand Joh. Friedr.
Willading, der, seit Ostern 1708 Schultheiss, in dieser
Epoche entscheidenden Einfluss hatte. Hass gegen Frankreich scheint alle seine Schritte zu leiten. Die Zahl seiner
Gegner, die sich um den Schultheissen v. Grafenried
schaarte, war keineswegs gering, aber die leidenschaftlich
energische Persönlichkeit Willadings, die sich uns in seiner
knorrigen Handschrift heute noch deutlich vergegenwärtigt,
drang übermächtig durch, vielleicht gerade in Folge einer
gewissen Einseitigkeit in seinem Fühlen und Wollen.
Wenn es galt Frankreich zu schaden, schlug er eine
Verletzung der Neutralitäts- und Bundespflichten, wenn sie
geschickt zu gutem Ende geführt werden konnte, gering an.
Was er für das Heil seines engern Vaterlandes hielt,
wollte er mit allen Mitteln durchsetzen. Wie der französische Gesandte du Luc ihn hasste und fürchtete und
doch zugleich für sich gewinnen möchte, spricht vielleicht
am allermeisten für die Bedeutung seiner Person. Dass er
viele Feinde in Bern hatte, focht ihn nicht an; tant qu'on
le laissera faire, il laissera dire, sagte du Luc von ihm.
Joh. Rudolf Sinner [2]), von 1696 bis zu seinem Todesjahr
1708 Schultheiss, war Willadings einflussreicher Ge-
sinnungsgenosse. Beiden befreundet und ergeben war der

---

[1]) E. Bourgeois, Neuchâtel et la politique prussienne etc., s. die
Beilagen.

[2]) Seine Biographie in der Sammlung bernischer Biographien,
Heft 10.

waadtländische Edelmann François Louis de Pesmes von St. Saphorin, Generalmajor im Dienste des Kaisers, der den Ruf eines ausgezeichneten Diplomaten hinterlassen hat.

Berns Politik erscheint, mit der Zürichs verglichen, vielleicht grossartiger, die Zürichs redlicher. Freilich hätte Zürich die Erfolge von Berns Handlungen keineswegs verschmäht, auch schloss es sich ihm bis zu einem gewissen Grade an, war sich aber doch seiner neutralen Stellung mehr bewusst. Auch das machte einen Unterschied, dass bei Zürich die religiösen, bei Bern die politischen Interessen im Vordergrunde standen. Beide waren davon überzeugt. dass Zusammenhalten für sie nützlich, ja, nothwendig sei. aber eine aufrichtige Zuneigung verband sie nicht miteinander. Zürich missbilligte Berns unbedenkliches Verfahren dem Auslande gegenüber, Bern spottete über Zürichs vorsichtige Aengstlichkeit, besonders über seine Unfähigkeit, in Behandlung der Geschäfte strenges Geheimniss durchzuführen. In einem Briefe St. Saphorin's an Willading[1]) wird einmal Bern mit einem Manne verglichen, der eine launische und unbequeme Frau hat — Zürich. Derselbe muss seine überlegene Weisheit dadurch zeigen, dass er sich ihren Schwächen anpasst. Wenn man gezwungen ist, mit Jemand zusammen zu leben, muss man sich mit dessen fehlerhaften Seiten abfinden; rauhes Wesen würde das Uebel nur vergrössern.

Am meisten trafen sich die beiden Städte wohl in der Abneigung gegen die V Orte, nur dass auch in diesem Punkte Zürich mässiger und vorsichtiger, Bern stolzer und rücksichtsloser war, in Folge dessen auch verhasster. Einige katholische Tagsatzungsboten charakterisirten das durchschnittliche Betragen der Berner Deputirten einmal

---

[1]) St-Saphorin à Willading. 9. September 1712. Livre V.

folgendermassen: Was ihnen in den Sinn komme, zu for-
dern, suchten sie mit Gewalt durchzudrücken und nähmen
gleich Parteistellung an; wenn andere Orte ihnen nicht
sogleich Beifall gäben, würden sie als ungeschickt be-
schimpft und gedroht, solche angeblich ungereimten Ur-
theile an die Akademien zu bringen [1]).

Im Beginn des Krieges war das Verhältniss zwischen
der katholischen und der reformirten Eidgenossenschaft
noch erfreulicher, man kam sich gegenseitig entgegen und
vermied, Misstrauen zu erwecken. Grafenried, der allerdings
franzosenfreundlich war, berichtete im Oktober 1702 von
Baden aus lobend von der einmüthigen Disposition sämmtlicher Orte. Aber schon damals hatte Berns Verfahren in
Bezug auf die Waldstädte am Rhein, die Fortsetzung des
Capitulats mit dem Herzog von Anjou von Seiten einiger
kath. Orte Erbitterung zwischen die Parteien gebracht,
welche, von immer neuen Händeln verstärkt, kurz vor
dem Schlusse des Krieges der Grossmächte, im Bürger-
kriege zu Tage trat.

Die ganze Zeit hindurch nehmen wir eine starke
Neigung zu neuen Bündnissen mit äusseren Mächten wahr,
oder zur Auffrischung der alten Verbindungen. Jede von
beiden Eidgenossenschaften glaubte sich durch Bundesgenossen der andern gegenüber stärken zu müssen.
Neben der grossen anti-französischen Allianz tauchte der
Plan eines rein protestantischen Bundes auf, in welchem
auch den reformirten Schweizerkantonen ein Platz zuge-
dacht war. Auch stehen bezeichnend am Ende des Krieges
die berüchtigte Bundeserneuerung der kath. Orte mit
Frankreich, der sogenannte Trücklibund, und die Union

---

[1]) E. A. VI 2. S. 1162.

Berns mit den Generalstaaten, welche nichts mehr als ein Ueberbleibsel weit grossartigerer Aussichten war.

Dass sich zwischen so verwickelten und empfindlichen Verhältnissen, zwischen so energischen Strömungen das Prinzip der Neutralität erhalten konnte, ist ein Zeugniss für die Festigkeit, die dasselbe sich im System der europäischen Mächte bereits erworben hatte.

Capitel II.

Theilungstraktat. Ausbruch des Krieges.
Neutralitätstraktat.

Nachdem der sogenannte erste Theilungsvertrag über die spanischen Territorien durch den Tod des jungen Kurprinzen von Baiern und die Zurückweisung der Ansprüche seines Vaters hinfällig geworden war, einigten sich England, Frankreich und die Generalstaaten Ende 1699 und Anfang 1700 zu einer neuen Combination, nach welcher Ludwig XIV. ausser spanisch Unteritalien und der Provinz Guipuscoa, Gebiete, die ihm auch im ersten Vertrage zugesagt waren, noch Mailand bekommen sollte [1]. Kaiser Leopold, dem hauptsächlich gerade an der Erwerbung Mailands gelegen war, anerkannte die Abkunft nicht, ebenso wenig Spanien, das jedem Theilungsplane grundsätzlich entgegen war. Bei diesen Theilungsverträgen sehen wir Frankreich und die Seemächte noch einmal einig gehen; dadurch entstand in der Eidgenossenschaft das seltene Verhältniss, dass fast sämmtliche Orte gleichmässig und nach derselben Richtung interessirt waren. Oesterreich und Spanien vermochten bei beiden Parteien weniger als auf der einen Seite Frankreich, auf der andern die Seemächte. Dass die Eidgenossen der Garantie des Vertrages beizutreten eingeladen wurden, empfanden sie alle als höchst bedenklich; als ein noch nie erlebtes Ansinnen, als

---

[1] Ueber die allgemeine Geschichte vergl. C. v. Noorden a. a. O.

ein vielköpfiges Unthier hörte man die Aufforderung bezeichnen. Ganz unerhört war freilich Derartiges nicht. Im November 1684 waren die Eidgenossen durch den Kaiser zum Beitritt zur Garantie des Regensburger Waffenstillstandes eingeladen; sie lehnten einmüthig ab, da sie in diesem Falle bei einem Bruche zwischen den Mächten ihre Neutralität würden aufgeben müssen. Damals aber hatte Frankreich ernstlich abgemahnt; die Schweizer verfehlten nicht, auf diesen Wechsel der Grundsätze aufmerksam zu machen.

Ludwig XIV. beabsichtigte, Mailand dem Herzog von Lothringen zu überlassen gegen Abtretung seiner Lande an Frankreich. Er suchte den Eidgenossen den Theilungstraktat dadurch annehmbar zu machen, dass er ihnen vorstellte, wie angenehm es für sie wäre, wenn Mailand in die Hände eines Partikularfürsten fiele, der auf sie angewiesen sein würde. Dagegen liess sich von der andern Seite sagen, ein solcher würde eben auch nicht stark genug sein, allenfalls die Schweizer wirksam zu unterstützen. Am heftigsten ging der niederländische Gesandte Valkenier vor, welcher nicht nur die Eidgenossen zu reizen suchte durch Aufzählung der Grossthaten ihrer Altvordern gegen Burgund, Karl V. und Philipp II., welche alle er ihrem Interesse für das europäische Gleichgewicht zuschrieb, sondern sogar das Unrecht, welches Oesterreich durch den Beitritt zur Garantie angethan werden würde, gewissermassen zugestand, indem er entschuldigend und ermunternd citirte: omne magnum exemplum habet aliquid ex iniquo.

Die Orte nahmen das Geschäft zunächst ad referendum. Die mit Spanien verbündeten (Luzern, Uri, Schwyz, Unterwalden, Zug, Freiburg, Appenzell I.-Rh., der Abt) fassten hauptsächlich folgende Punkte ins Auge: der Vertrag fordre eine unbeschränkte Anzahl Volk, während sie nur verpflichtet seien, eine limitirte zu liefern; der Vertrag

sei gegen Jedermann gerichtet, der sich seiner Ausführung
entgegenstellen würde, was doch vermuthlich der Kaiser
thun werde. Dadurch würde eine Verwicklung unvermeid-
lich sein. Die Wichtigkeit, ja Unentbehrlichkeit der mailändischen Nachbarschaft wurde übrigens bedeutungsvoll
hervorgehoben. Dies war der Punkt, von dem aus man
die verbündeten Orte am sichersten leiten konnte.

Den Grund, wesshalb die interessirten Mächte die
Eidgenossen zu gewinnen suchten, bildeten hauptsächlich
die Pässe der Schweiz, welche die Verbindung mit Mailand
herstellten. Auch hatte Valkenier gesagt, man verlange
nichts Anderes als für den Nothfall freien Pass und Volk
gegen Bezahlung. Von jeher war die Gestattung des
Durchpasses in der eidgenössischen Neutralität verpönt.
Die kath. Orte hatten ihn nur einmal im Beginn des 30-
jährigen Krieges den spanischen Truppen gestattet. Jetzt
aber waren es die Feinde Oesterreich-Spaniens, welche ihn
begehrten, während doch das Mailänder Capitulat eben
mit dieser Macht abgeschlossen war. Ludwig XIV. mochte
selbst fühlen, wie wenig man hoffen durfte, die Schweizer
dazu zu bewegen. Er liess desshalb durch seinen Gesandten
eine Erklärung einreichen, die Garantie solle auf zwei
Punkte beschränkt sein: Einmal sollten die Orte solchen
Truppen, welche sich der Ausführung des Vertrages entgegenstellen sollten, den Pass sperren; zweitens sollten
sie Frankreich und seinen Verbündeten zur Aufrecht-
erhaltung des Vertrages Truppen liefern in unbeschränkter
Anzahl[1].

Das Ort, welches diesen Vorschlägen am meisten geneigt sein konnte, war Solothurn, mit Spanien nicht
verbündet, Frankreichs treuester Anhänger. Der Schultheiss

---

[1] 18. August 1700. St. Zürich, Akten Frankreich.

Besenval schrieb in diesen Tagen an den damaligen Berner Schultheiss v. Grafenried über das schwebende Geschäft: es habe in Solothurn nicht minder als in Bern Bestürzung erregt, nachdem aber der König erklärt habe, was er unter der Garantie verstehe, sei seine Meinung, dass dies Begehren der Wiedereinrichtung einer guten Intelligenz nicht im Wege stehen werde. Denn fremden Fürsten Pass zu geben, erlaube ihnen ihre Politik ja so wie so nicht. Ein Anderes sei es freilich mit den V Orten, und er zweifle um so mehr, dass sie einwilligen würden, weil sie an 100,000 Thaler Anforderungen an Spanien hätten [1]).

In der That sprachen sich die mit Spanien Verbündeten mit Entschiedenheit gegen den Theilungsvertrag aus, um so mehr, da auch andere Mächte den „Biss in diesen verdächtigen Apfel" nicht thun wollten.

Es ist anzunehmen, dass man in Bern, welches auch die Meinung des Schultheissen sein mochte, doch nicht so gestimmt war, wie Besenval hoffte. Denn Gerüchte, welche wissen wollten, dass Ludwig XIV. auch Savoyen einzutauschen beabsichtige, etwa gegen Neapel oder gegen Mailand, mussten Bern allen Plänen abgeneigt machen. die spanisch Italien an Frankreich auslieferten. Immerhin konnten die ref. Orte sich am ehesten bereitwillig finden lassen, da ihnen das Verhältniss zu Mailand nicht von so massgebender Wichtigkeit war; auch waren die verbündeten Orte nicht unbesorgt vor „fatalen Schritten der Protestirenden", d. h. vor einer Theilnahme derselben an dem Vertrage. Einigkeit wurde indessen erzielt und den drei Mächten am 25. September 1700 ein absagender Beschluss mitgetheilt. Als Hauptgründe waren angegeben, dass einer der kontrahirenden Fürsten inzwischen mit Tod abgehen

---

[1]) Collectio diplomatica XXVIII. Stadtbibliothek B.

könne (sind doch vom Beginn bis zur Lösung der spanischen Erbfolgefrage, hervorgerufen durch einen Todesfall, wirklich zu mehreren Malen durch Todesfälle entscheidende Wendungen eingetreten), und dass der Kaiser sowie der König von Spanien sich dem Vertrage widersetzten; darüber könne Krieg entstehen.

Das einzige Solothurn fügte dem Beschluss die Erklärung bei, es halte das Gesuch für dem ewigen Frieden und den Bünden gemäss.

Dies ist die offizielle Geschichte des Theilungsvertrages in der Eidgenossenschaft. Ganz anders tönt, was Puysieux in seiner Denkschrift über seine Gesandtschaft in der Schweiz[1]) erzählt: „Der König wollte sich die eidgenössischen Pässe verschaffen, um den Herzog von Lothringen bei Besitzergreifung Mailands unterstützen zu können.... Der König versicherte die Kantone, dass er ihre Ansprachen (an Spanien) übernehmen und befriedigen wolle, und mit Hülfe von Geschenken an die leitenden Personen in den betreffenden Orten erhielt er ein geheimes schriftliches Versprechen, die Pässe öffnen und im Kriegsfall Truppen liefern zu wollen. Die Gesandten von England und Holland waren im Begriff, die protest. Orte für eine gleiche Erklärung zu gewinnen, als die Unterhandlungen unnütz wurden."

Wenn dieser Bericht wahr ist, könnte er zum Beweise dienen, wie gefährlich eine Einigung der politischen Neigungen und Interessen aller Orte der Neutralität werden konnte.

Am 1. November starb der König von Spanien. Am 10. langte die Berufung des französischen Prinzen zum

---

[1]) Analyse et mémoire de M. le Mqs. de Puysieux sur son ambassade en Suisse de 1698 à 1708. Zellweger II.

spanischen Throne in Frankreich an und wurde von Ludwig
XIV. angenommen. Puysieux verharrte bei den zwei Punkten: Sperrung der Pässe und Volkswerbung. Er schrieb,
die Sache sei jetzt vollends unbedenklich, da durch den
Tod Karls II. ohne Nachkommen der Bund zwischen Spanien und den kath. Orten erloschen sei, oder, wenn er die
vertragsmässigen fünf Jahre nach Karls Tode fortgesetzt
werden solle, müsse dies mit dem Dauphin oder dem Herzog
von Lothringen geschehen. Zur Unterhaltung der Völker,
welche die Pässe bewachen sollten, anerbot Ludwig einen
Kostenbeitrag. Von kaiserlicher Seite liefen Warnungen
ein, die zwei Punkte nicht zu bewilligen, sondern bei der
Tagsatzungsresolution zu bleiben.

Ein Luzerner Ausschuss, welcher am 19. November
die neue Sachlage erwog, kam zum Schlusse, man dürfe,
bis der rechte Erbe gefunden sei, keiner Partei Pass geben.
Das war Bewilligung des ersten Punktes. Aber die Truppen, welche man allerdings Frankreich geben wolle, dürften nur die jetzt in seinem Besitz befindlichen Lande vertheidigen. Das war Abschlag des zweiten Punktes. Der
Ausschuss meinte daher selbst, weder die eine noch die
andere Macht würde sich von diesem Entschluss befriedigt
erklären.

Als das förmliche Notificationsschreiben Ludwigs XIV.
von der Thronbesteigung seines Enkels eingegangen war,
rieth Bern, ein „höfliches, doch unvorgreifliches Complimentschreiben" an den königlichen Grossvater abzuerlassen; es
versteht sich von selbst, dass die kath. Orte den gleichen
Wunsch hatten. Da es nun an die Ausführung des Schreibens ging, stellten sich allerhand Bedenken ein. Die Gesandten hatten inzwischen Stellung genommen: Casati, der
spanische Botschafter, hatte den staunenerregenden Uebergang zu Frankreich vollzogen und verlangte mit und neben

Puysieux Sperrung der Pässe gegen den Kaiser und Fortsetzung des Capitulats mit Philipp von Anjou. Ganz das
Gleiche beanspruchte der kaiserliche Botschafter Neveu,
welcher am 16. Dezember seinen Herrn als den wahren
Erbfolger bezeichnete und bald darauf vor einer Gratulation gegenüber Frankreich warnte, welche gleichbedeutend
mit einer Billigung des Geschehenen und a diametro dem
kaiserlichen Ansinnen entgegen sein würde.

Erschreckt sahen die Orte den Wettkampf der zwei
grössten Mächte Europas beginnen. Beide glaubten gleich-
werthige Rechtstitel für sich anführen zu können, beide
machten die gleichen Anerbietungen. Es wurde den Eidgenossen klar, dass eine Gratulation als eine förmliche
Anerkennung aufgefasst werden könne; sie sprachen den
Grundsatz aus, dass es einem neutralen Stande nicht zustehe, bei Streitigkeiten zwischen auswärtigen Mächten ein
Urtheil kund zu thun. Aus diesem Grunde gewann diese
Formalität eine unverhältnissmässige Wichtigkeit. Schwyz
machte den Vorschlag, die kath. Orte möchten rasch von
sich aus, ehe noch die evangelischen zum Entschlusse
kämen, Ludwig XIV. gratuliren, denn da der neue König
von Spanien an alle XIII Orte geschrieben habe, mit denen
er doch nicht verbündet sei, müsse man fürchten, dass die
Evangelischen sich das zum Vorwande nähmen, um in das
Capitulat einzudringen zu unwiderbringlichem Schaden der
Katholischen[1]). Schwyz that diesen Schritt, da Luzern
nicht darauf einging, für sich allein. Dagegen schrieb
Luzern in gereiztem Tone an Zürich über die plötzlich
aufsteigenden Bedenklichkeiten. Zürich klügelte Entwürfe
aus, welche die Aufgabe hatten, eine Beglückwünschung
ohne Anerkennung auszusprechen. Puysieux schrieb an den

---

[1]) St. Luzern, Akten Mailand-Spanien.

Burgermeister Escher, er habe vernommen, das neugeplante Schreiben werde mehr Beileid über den Tod des Königs von Spanien als Beglückwünschung wegen der Thronbesteigung von Ludwigs Enkel enthalten, der König habe aber Beides gemeldet und verlange auf Beides Antwort. Drohend fügte er hinzu, der König werde die Meinung aller einzelnen Kantone zu erfahren wissen, welche in dieser Frage durchaus nicht übereinstimmten.

Im April 1701 fand wegen dieser Angelegenheiten eine Tagsatzung statt. Philipp von Anjou war inzwischen in Spanien anerkannt. Die kath. Orte erwogen, dass er im Vortheil des Besitzes sei, aber mit Misstrauen vernahmen sie, dass der spanische Botschafter auch von den ev. Orten im Namen der Erbeinung Truppen erbat, welche doch gar nicht dazu verpflichtete. Man müsse noch auf nähere Eröffnungen warten, meinten sie, zunächst müsse die Eidgenossenschaft als neutraler Staat mit bleischweren Füssen zögernd daherwandeln. In dieser Gesinnung kam es ihnen vielleicht nicht unlieb, dass die auf dieser Tagsatzung vereinbarte, gemeineidgenössische Gratulation, welche vorsichtig die Anerkennung umging, von Puysieux Anfang Mai zurückgeschickt wurde mit der Erklärung, der König verlange eine klar ausgesprochene Anerkennung seines Enkels, mit diesem Schreiben aber scheine sich die Eidgenossenschaft eine Hinterthür offen halten zu wollen.

Gerade das war allerdings die Absicht der Orte. Schrieb doch der Kaiser im September 1701 selbst an die Orte, um sie von dem geplanten Schreiben abzuhalten, sie möchten bedenken, was für Folgen sie mit diesem scheinbar harmlosen Gratulations-Agnitionsschreiben auf sich zögen; „als da wir mit besserem Fundament an Euch begehren", so fuhr er fort, „dass vielmehr Uns Ihr obbemeltes Gratulationsschreiben zu billiger Erkenntniss des

Uns durch das seligste Ableben weiland Caroli des andern
zu der spanischen Monarchie eröffneten Universal-Successions-
rechtes zufolgen lassen wollet." Freiburg, das überhaupt
in der spanischen Bundesfrage behutsamer war als die
V Orte, wollte Ludwig XIV. und Philipp von Anjou nur
unter der Bedingung gratuliren, dass auch an den Kaiser
mutatis mutandis ein ebensolches Schreiben aberlassen
würde. In dem Gewirr von Anforderungen, die auf die
Eidgenossen einstürmten, stellten sie als Ideal auf, alle abzuweisen. Da sie das doch nicht durchführen konnten, wollten
sie womöglich allen genugthun. Auch Bern und Zürich
wollten wohl gratuliren, nicht nur Ludwig XIV., sondern
auch Philipp von Anjou, wenn es nur in unverbindlicher
Form geschehen könnte. Andrerseits wollten sogar die
V Orte eine unzweideutige Anerkennung nicht von sich
geben. Indem sie das Capitulat wenigstens zunächst auf
5 Jahre mit Philipp fortsetzten, wollten sie trotzdem das
Wort „Bundesgenosse" ihm gegenüber nicht anwenden,
und, indem sie ihm als König von Spanien gratulirten,
blieben sie dabei, es werde dem Hauptgeschäft damit
weder gegeben noch genommen.

Im Beginn des 18. Jahrhunderts bewegten den europäischen Westen drei Erbfolgestreitigkeiten: die spanische,
die englische und die neuenburgische. Alle drei berührten
die Eidgenossenschaft und bei allen dreien neigten die
kath. Orte den von Frankreich unterstützten Ansprechern
zu, die ev. Orte den gegnerischen. Diese siegten in den
beiden letztgenannten Fällen, wo eine Volksrepräsentation,
in England das Parlament, in Neuenburg das Tribunal,
Schiedsrichter gewesen waren. Im Neuenburger Falle behauptete Bern desshalb das Tribunal unterstützen zu dürfen, weil Ludwig XIV. vorher versprochen hatte, dessen
Urtheil anerkennen zu wollen. In England war das nicht

der Fall. Das erste Gesuch von England aus fiel in dieselbe Zeit wie das spanisch-französische, und Bern hatte anfänglich gemeint, Hannover wie Frankreich-Spanien gratuliren zu sollen. Als sich aber wegen des letzteren Schreibens Bedenken erhoben, glaubte es auch Hannover gegenüber sich nicht erklären zu dürfen, hoffte im Gegentheil Frankreich dadurch von seiner aufrichtigen Neutralität zu überzeugen, dass es in beiden Fällen sich gleichmässig zurückhielt [1]). Es setzte diese Meinung auch Zürich gegenüber durch, welches das Schreiben des Kurfürsten mit einem evangelischen Gratulationsschreiben hatte erwidern wollen.

Die Gratulationsschreiben der kath. Orte an Frankreich und Spanien gingen im März und April 1702 ab; einzig Freiburg, Schwyz (welches schon gratulirt hatte) und der Fürstabt von St. Gallen unterzeichneten nicht.

Man kann sich die Bedrängniss der Eidgenossen während der ersten Monate vor und nach dem Ausbruch des Krieges nicht arg genug vorstellen. Es nimmt sich aus, als hätte der glückliche oder unglückliche Ausgang der Ereignisse von ihnen abgehangen, so drängten sich die fremden Gesandten an dieselben. Neben den beiderseitigen Forderungen auf Anerkennung gingen vielfache Truppenwerbungen her, ausser denen der am spanischen Erbfolgekrieg betheiligten Mächte noch die des Königs von Polen und die Venedigs. Die spanische Werbung konnten die ev. Orte daraufhin abweisen, dass sie mit Spanien nicht verbündet seien, die des Kaisers daraufhin bewilligen, dass sie, zwar nicht in der Erbeinung begründet, zum Schutze der österr. Vorlande, also gewissermassen zur Deckung der Schweiz diene. Zürich nur blieb fest bei dem Grund-

---

[1]) Januar 1702. Instruktionsbuch Y, St. Bern.

satze, allen abzuschlagen, was es nicht allen bewilligen
konnte. Es mochte Zürich auch nicht wenig kränken, dass
Erlach, ein Berner, und nicht Bürkli, ein Züricher, welcher
sich die erdenklichste Mühe darum gegeben hatte, die
Obristenstelle des dem Kaiser bewilligten ev. Regiments
bekam ex rationibus politicis, wie man am kaiserlichen
Hofe gesagt hatte. Bürkli sagte bitter, diese rationes seien
keine andern, als dass Bern in Wien bevorzugt werde.
Zürichs Verhalten blieb nicht ohne Einfluss auf andere
Orte, z. B. nahm Biel, welches anfänglich die kaiserliche
Werbung bewilligt hatte, nachträglich sein Wort zurück,
da auch das vornehmste Ort kein Volk dahin geben wolle.
Die Folge davon war eine grosse Erbitterung des kaiserl.
Gesandten gegen Zürich, dem er sogar vorwarf, es habe die
Gratulation an Spanien und Frankreich betrieben. Zürich
suchte sich desswegen zu entschuldigen, aber ohne viel Erfolg.
Ein zürcherischer Abgeordneter beklagte sich, dass Trautmannsdorff ihn, mit dem Schlafrock angethan und Unpässlich-
keit vorschützend, mit etwas geringer Höflichkeit empfangen
habe. Puysieux, der die kaiserliche Werbung mit aller
Kraft bekämpft hatte, war über seinen Misserfolg doppelt
erzürnt, da sie sogar eher zum Abschluss kam als die
seines Königs, welcher doch auf seine bevorzugte Freundes-
stellung und den Inhalt der Bünde pochen zu können
glaubte. Mit Vorliebe malte Puysieux aus, dass die Verwendung der eidgenössischen Völker in den österr. Vorlanden die Schweiz in den Krieg verwickeln müsse, welches
überhaupt die eigentliche Absicht des Kaisers sei. Seine
Minister hätten im vorigen Kriege selbst ausgesprochen,
dass das Haus Oesterreich diesen Zweck im Auge habe,
was sie mit den Worten bezeichnet hätten: impegnare li
signori Suizzeri. Zürich konnte den Abschlag der französischen Truppenwerbung auf seine Neutralität gründen;

Bern schützte die den Bünden widersprechende Reduktion des Soldes vor. Alle Werbungen dagegen, die nicht der französisch-spanischen Partei zu gute kamen, hätte Bern im Unterschied zu Zürich am liebsten bewilligt. Die polnisch-sächsische unterstützte es, weil sie ehrlich und gewissenhaft sei und mit den Allianzen nicht in Widerspruch stehe, während die andern Orte sie abwiesen, denn man sei ja nicht verbündet mit Sachsen. Auch Venedigs Werbung befürwortete Bern, freilich, meinte es, müsse die Erneuerung des alten Bundes vorhergehen. Zürich dagegen rieth ab, damit nicht andere Mächte sich darauf berufen könnten, und das Land allzu sehr von Truppen entblösst werde.

Das Resultat von Allem war, dass Casati drei Regimenter von den mit Spanien verbündeten Orten erhielt, aber erst im Jahre 1703, Puysieux zwei von den katholischen, Trautmannsdorff gleichfalls zwei, eins von reformirten, eins von katholischen Orten. Die beiden erstgenannten Volksaufbrüche gründeten sich auf Bundespflichten, die kaiserliche auf den Schutz der Vormauern. Als Trautmannsdorff später noch einmal um ein Regiment warb, welches die Vereinigung der französischen und bairischen Truppen zu verhindern und im Solde der Seemächte stehen sollte, wurde ihm das Gesuch ohne Weiteres abgeschlagen.

Den strengsten Standpunkt unter den grösseren Kantonen nahm Zürich ein, welches nur ein Defensivbataillon in holländischen Diensten hatte und streng auf dessen defensiver Verwendung beharrte. Wenn es sich demnach hierin am meisten dem vaterländischen Typus näherte, so standen einige kath. Orte, wie Freiburg und Schwyz, am meisten auf dem soldatischen Standpunkte; sie gestatteten allen kriegführenden Parteien die Werbung: Frankreich, dem Kaiser, Savoyen, Spanien.

Während diese Verhandlungen die Eidgenossen bewegten und zum Theil schon untereinander verbitterten, vereinigte sie das Bestreben, das gemeinsame Vaterland während dieses Krieges sicher zu stellen. Ihre Neutralität hatten die Orte schon vor dem Ausbruch des Krieges öffentlich ausgesprochen. In dem Schreiben an Trautmannsdorff vom 22. Juli 1701 findet sich neben der Versicherung, die Neutralität genau observiren zu wollen, folgende Stelle: „Was übrige eint- und andrerseits wichtige Ansuchungen, welche theils sämmtliche lobl. Eidgenossen, theils wegen des Mailänder Capitulats etliche lobl. Eidgenossen absonderlich betreffen, antrifft, hat man dieselben, soweit ein jedes lobl. Ort in dem eint- oder andern dabei interessirt, von so hoher Importanz, zumal da die diesmaligen Conjuncturen und Zeitläufte so delicat und bedenklich zu sein angesehen, dass dieselben einer mehreren und reiflich überlegenden Reflexion Ihrer Herrn und Oberen unumgänglich nöthig haben, und dahero zu derenselben fernerem, vorsichtigem, vaterländischem Nachdenken zu überlassen sich bemüssigt befunden" [1].

Auf diese gewundenen Sätze, die hauptsächlich zu Gunsten der mit Spanien Verbündeten eingerückt waren, kamen eben diese selben Orte mehrfach zurück, als es sich um Fortsetzung des Mailänder Capitulats handelte, ohne zwar beim Kaiser mit dieser Berufung auf den Buchstaben durchzudringen.

Ein Jahr früher schon, im Juli 1700, hatte Zürich an der Tagsatzung auf die bedrohliche Weltlage hingewiesen und daran erinnert, dass die Vorfahren sich bei solchen Gelegenheiten innerlich durch Einigkeit und äusserlich durch Neutralisirung der angrenzenden Landschaft zu

---

[1] Eidg. Abschiede 1701, St. Z.

sichern pflegten. Die letztere Maxime beschäftigte denn auch die Eidgenossen fast mehr als die Neutralität ihres eigenen Gebietes. Sie hängt wohl damit zusammen, dass sie die Heere kriegführender Parteien nicht nur nicht auf ihrem Gebiete, sondern sogar nur in beträchtlicher Entfernung von ihren Grenzen dulden wollten. Die sogenannte Polstertheorie, welche im 18. Jahrhundert aufkam, bestand darin, dass grosse Staaten es liebten, kleinere zwischen sich zu schieben, gleichsam um den Druck der schweren, zusammenstossenden Massen zu mildern. In verwandter Weise, kann man wohl sagen, wollten die Eidgenossen zwischen sich und die umgebenden Grossmächte kleine Kissen stopfen, in denen ein Anstoss sich verlieren konnte. Man vergleicht diese neutralisirten Gebiete auch einem Gürtel; die Schweizer selbst nannten sie ihre Vormauern. Diese Mauern waren nicht überall natürliche und beständige, vielmehr kostete es oft grosse Mühe, sie herzustellen, und gelang nicht einmal immer. Es ist desshalb übertrieben und einseitig, die Befolgung dieses Systemes der Bequemlichkeit der Eidgenossen zuzuschreiben, als hätten sie dadurch den Grenzschutz zu vermeiden gesucht [1]).

Ein Theil der Grenzländer stand mit der Eidgenossenschaft nur in mehr oder minder losem Zusammenhang, so dass eine gegenseitige Schutzverpflichtung mit derselben als Ganzes nicht bestand, nämlich das Bisthum Basel, die III Bünde, Wallis, Genf und Neuenburg. Hierin ein festes Verhältniss herzustellen, bemühten sich einige Orte, namentlich Bern, welches, von mehreren dieser Länder begrenzt, stark dabei interessirt war. Durch die kategorische Erklärung, es würde, wenn die Waadt nicht in Schutz genommen würde, auch keine Truppen zum Grenzschutz

---

[1]) Das thut Calonder, a. a. O. S. 71.

nach Augst schicken, erreichte es, dass, wenn auch nicht
die katholischen Länder, doch die katholischen Städte ein
solches Versprechen gaben. Der Abt von St. Gallen wollte
sich bei völliger Gegenseitigkeit gleichfalls bereit erklären,
aber Bern in Bezug auf dessen ausserschweizerischen Lande
nicht willfahren; das Toggenburg, fand es, sei ohnehin im
eidgenössischen Bunde begriffen [1]). Gelegentlich hoffte Bern
auch die bedrohte Stadt Genf mit allen Orten oder wenigstens mit Luzern, Freiburg und Solothurn in ein näheres
Verhältniss zu bringen [2]). Wie damals, im letzten Jahrzehnt
des 17. Jahrhunderts, so blieben solche Anstrengungen
auch während des spanischen Erbfolgekrieges erfolglos,
weil, nach Ansicht der Katholischen, der Vortheil dabei
auf Seiten der Reformirten gewesen wäre. Zürich schlug
vor (September 1702) den eidgenössischen Schirm auf die
„Beschlussgrenzen oder Vormauern der Eidgenossenschaft"
auszudehnen, nämlich auf das Bisthum Basel, Wallis, Genf
und den ganzen Kreisdistrikt bis an den Bodensee. Wieder
wirkte Bern am eifrigsten dafür. Wenn die Erweiterung
und Verstärkung des eidgenössischen corpus nur dadurch
zu erhalten sei, dass es sich zu einem stärkeren Zuzug
verstehe, so erklärte es sich bereit, denselben auf 3000 Mann
zu erhöhen [3]). Eine gemeineidgenössische Verbindung mit
den III Bünden, für welche dieselben in den Jahren 1701
und 1707 Schritte thaten, wünschte Bern weniger, wenn
es sich auch nicht geradezu widersetzen wollte; der Plan
scheiterte so wie so an der Abneigung der Katholischen.
Dass Zürich dann (1707) mit den III Bünden einen Hülfs-
bund einging, erregte bei diesen grosses Aergerniss, und

---

[1]) Ueber diese Angelegenheit vergl. Oechsli. Orte und Zugewandte,
S. 139. E. A. VI 2, S. 339, 348, 371, 376, 377, 378 (1690).

[2]) E. A. VI 2, S. 609 (1696).

[3]) 25. September 1703. Instruktionenbuch Y, St. B.

sie nahmen Anlass, von der „zürcherischen Zudringlich-
keit" zu reden, „wie jeder Gesandte zu referiren wissen
wird".

Von den genannten Landschaften waren die III Bünde
und die Republik Wallis aus eigner Machtvollkommenheit
neutral, die Waadt als Unterthanenland Berns, Genf und
Neuenburg als Verbündete einiger Orte. Der Bischof von
Basel wurde auf Befürwortung der ihm verbündeten
katholischen Eidgenossen — aber auch die protestirenden
pflegten für ihn einzutreten — von Frankreich meistens
verschont, wenn auch nicht immer vertragsgemäss. Verpflichtung, die Neutralität allenfalls mit den Waffen zu
schützen, hatten natürlich nur die dem betreffenden Stande
verbündeten Orte, wenn nicht die andern sich gutwillig
betheiligten, wie das die Reformirten wohl dem Bischof
von Basel gegenüber thaten. Indessen ist auch vorgekom-
men, dass sie sich gegen die Aufnahme des Bischofs in
Schutz und Schirm der Eidgenossenschaft aussprachen; sie
meinten, dass er ein Reichsfürst sei, könne zu Verwicklungen führen [1]. Im sogenannten Pfälzerkriege war das
Bisthum in die Neutralität eingeschlossen gewesen. Trotz
aller Bemühungen wurde das im span. Erbfolgekrieg nicht
wieder erreicht. Seine Verbündeten gaben ihm den Rath,
in seinen ausser Rheins gelegenen Landen in keine Con-
tribution oder Einquartierung einzuwilligen, damit daraus
für seine diesseitigen keine nachtheiligen Folgerungen ent-
ständen, und boten ihm Repräsentanten und alle gütlichen
Schutzmittel an. Die Tagsatzung stellte ihm Schreiben an
die Generalitäten aus. Im Juli 1703 gab Puysieux die
Erklärung, der König sei mit der Haltung des Bischofs
zufrieden und werde desshalb alle Rücksicht gegen ihn

---

[1] E. A. VI 2, S. 381 (1691).

beobachten. Der Bischof betrachtete nun sein Land als völlig neutral, so dass er sich für berechtigt hielt, um Entschädigung nachzusuchen, als einige seiner Dörfer durch Plünderung gelitten hatten.

Gegen Ende des Krieges entstand eine lebhafte Spannung zwischen Frankreich und dem Bischof; denn inzwischen war der bischöfliche Stuhl neuerdings besetzt worden (Sommer 1705). Nur die Achtung vor den Eidgenossen verhinderte den König, wie er sagte, den Bischof als seinen Feind zu behandeln.

Der Kanton Basel, die Strecke südlich begrenzend, wo Frankreich und das Reich zusammenstiessen, war am meisten gefährdet. Am einfachsten und sichersten wäre Basel, sowie die ganze nordöstliche Schweiz gedeckt gewesen durch Neutralisirung des schwäbischen und österreichischen Kreises, welche das eidgenössische Gebiet vom Rhein an bis zu den III Bünden begrenzten. Die Markgrafschaft, die österreichischen Vorlande, die Bodenseegegend, viele kleine Reichsstände wären dadurch mit eins dem Kriege entzogen gewesen, während sich nun die Unterhandlungen für jedes einzelne Gebietstheil erneuerten. Die Unmöglichkeit, dies durchzusetzen, lag in der standhaften Weigerung des Kaisers. Frankreich, dessen Politik darauf ausging, die einzelnen Reichsglieder für sich zu gewinnen oder in Unthätigkeit zu versetzen, hätte nichts lieber gesehen als eine Neutralität der süddeutschen Kreise, des schwäbischen und des fränkischen, welche Oesterreich von seinen Vorlanden abgeschnitten hätte. Der Kaiser arbeitete naturgemäss dagegen.

Im Jahre 1689 war ein Reichsgutachten zu Stande gekommen, welches über diesen Punkt sich folgendermassen ausspricht: „Zu desto besserer Erhaltung sothanen Zweckes auch keine Neutralität, unter was Praetext und Vorwand

es auch immer sein könnte . . . . im Römischen Reich zu-
zulassen, sondern alle Stände obligirt sein sollen, die
Waffen wider Frankreich zu ergreifen, dergestalt, dass
derjenige Stand, welcher sich durch die Neutralität oder
auf anderem Wege der gemeinen Hülfe entziehen . . . . . .
wollte, eben darum selbst für einen Reichsfeind zu halten."
Den Eidgenossen wurde davon Mittheilung gemacht, mit
den beigefügten Worten: „so können wir nicht glauben
noch hoffen, dass die Herren weder Ihrer Kaiserl. Majestät
einige in diesem Fall ohnedem vermöge der Reichsconsti-
tution und obangeführten approbirten Reichsschlusses nicht
statthabende Neutralität obgedachter dero Städte halber
ferner zumuthen, noch auch selbst von ihres Etats wegen
mit dem König in Frankreich dergleichen einzugehn gesinnt sein werden, als wodurch nur des Feindes Macht
gemehret und ihnen unausbleibende Gefahr und Nachtheil
zugezogen würde" [1]).

Seine Vorlande wollte der Kaiser zwar gern vor
feindlichen Angriffen geschützt sehen, aber er wollte den
andern Kreisen durch Neutralisirung des österreichischen
Kreises oder eines Theils desselben keinen Vorwand geben,
es ebenso zu machen. Aus diesem Grunde pochte er auf
eine vorgebliche, aus der Erbeinung hergeleitete Verpflichtung der Eidgenossen, die vorderösterreichischen Lande
zu schirmen; er erreichte dadurch die Vortheile der Neutralität und behielt sich doch die Möglichkeit vor, im
Nothfall von dort aus gegen Frankreich zu operiren. Die
Bodenseegegend suchte er während des spanischen Erbfolgekrieges durch besondern Vertrag mit einigen eidgenössischen Orten zu schirmen. Dagegen ermahnte er die

---

[1]) Abdruck des von der hochlöbl. Reichsversammlung zu Regensburg an die XIII und zugewandten Orte der Eidgenossenschaft den
7. März 1689 abgelassenen Schreibens.

Schweizer, auf eine Neutralität des schwäbischen Kreises
keineswegs zu rechnen und alles, was eine Neutralität
oder nur speciem neutralitatis in das Reich einführen
könnte, eher abzuwenden als zu befördern[1]). Eine Abordnung des Bischofs von Constanz an die Eidgenossenschaft,
welche die Sicherheit des schwäbischen Kreises auf irgend
eine Art, sei es durch Neutralisirung oder durch eidgenössische Inschirmnahme, zu Stande bringen sollte, fand
zwar bei derselben wohl entgegenkommende Gesinnung.
Bern fand die Sache erspriesslich und wollte so viel dafür
thun, wie Zürich im savoyischen Neutralitätsgeschäft zu
leisten erbietig sein würde. Doch an der Einsprache des
Kaisers zerschlugen sich die Verhandlungen. Dass sie diese
sogenannten Inaktionspropositionen hinsichtlich deutscher
Reichskreise nicht befördert hatten, rückten die ev. Orte
dem Kaiser später neben andern Dingen als ein Titel auf
seine Erkenntlichkeit vor[2]).

Die Eidgenossen suchten nun, so gut es ging, die
nächstgelegenen Reichsstände einzeln vom Kriegsschauplatz
abzutrennen. Schutzflehend drängten sich die kleineren
an die friedenspendende Schweiz: So die Grafschaft Fürstenberg, Stadt und Grafschaft Königsegg, die Festung
Hohentwiel, der Bischof von Constanz, die Aebte von
St. Blasien und Rheinau. Schaffhausen beschützte die an-
liegende Grafschaft Stühlingen. Sogar die Stadt Ulm bat

---

[1]) 27. Dezember 1703. Akten Deutsche Kaiser. St. Z.

[2]) „Nous avons constamment refusé de garantir notre voisinage
du côté de l'empire en entrant dans un traité de neutralité, qui nous
était alors proposé, et que l'évêque de Constance de même que tous
les états de la Souabe qui sont voisins à la Suisse négotiaient; et
par ce constant refus nous avons détourné une neutralité qui se serait
communiquée dans tout le cercle de Souabe et vraisemblablement
aussi dans celui de Franconie.“ 7. November 1708. St. Saphorin an
den Prinzen von Salm.

einmal die reformirten Orte um Hülfsvolk; das Gesuch
wurde aber mit Bezugnahme auf den Grundsatz der Neutralität abgelehnt. Im Uebrigen wurde durch Schreiben
und Gesandtschaften an die französische Gesandtschaft oder
Generalität den Bitten entsprochen. Der Gegenstand lockt
zu poetischer Ausmalung: das kleine Gebiet der Eidgenossen lässt sich einem Lichtkörper vergleichen, der
seine wohlthuende Wärme auf einen gewissen Umkreis
ausstrahlt. Bei den damaligen Schweizern macht sich zwar,
gegenüber der beständigen Belästigung, eine trocknere
Auffassung geltend. Mit gutmüthiger Ironie heisst es bei
Anlass eines Schutzgesuches der Grafschaft Klettgau: „Die
guten benachbarten Stände sind der Kriegslast und so
vielen Verheerens und Verwüstens ihres Landes müde und
suchen aller Orten Hülfe und vermeinen, es würde der
Eidgenossenschaft eben leicht, bei Frankreich es dahin zu
bringen, dass sie von so vielem Uebel verschont bleiben
möchten. Daher ihnen ihre hierin habende gute aber
schwache Gedanken zu gut zu halten" [1]).

Der Hauptsache nach richteten die Orte ihre Bemühungen darauf, die Obere Markgrafschaft, die österreichischen Erblande und die Bodenseegegend zu sichern.
Mit dem Markgrafen hatte Zürich früher in Bündniss gestanden. Neutralisirung des an die Schweiz grenzenden
Theiles seiner Lande war öfters angestrebt, aber nie erreicht. Im April 1700 suchte der Markgraf durch den Abgeordneten Dr. med. Harder aus Basel bei den ev. Orten
um Abschluss einer Defensivallianz nach. Als sich diese
nicht darauf einlassen wollten, hielt er für möglich, dass
sie und sogar einige kath. Orte das genannte Gebiet in
eidgenössischen Schirm nehmen würden, in der Weise,

---

[1]) August 1707. Akten Kriegssachen an der Grenze, St. Z.

dass sie ihm auf seine Kosten etwa 200 Mann zur Verfügung stellten. Die ev. Orte gaben zur Antwort, sie über-
liessen ihm, Kaiser, König und die kath. Orte für seinen
Plan zu gewinnen. Die letzteren hätten sich vielleicht
desshalb bereit finden lassen, weil in dem Bezirk, um den
es sich handelte, drei Dörfer des Bischofs von Basel lagen,
welche auf diese Weise geschützt worden wären. Aber
der Wiener Hof war dem Unternehmen natürlich höchst
abgeneigt. Der König meinte, das beste sei, wenn der
schwäbische und der fränkische Kreis die Neutralität an-
nähmen.

In der That liessen sich die süddeutschen Reichskreise
gewinnen und verpflichteten sich nicht nur zu strengster
Neutralität, sondern sogar zu gemeinsamer Waffenaufnahme
gegen jeden Friedensstörer. Die Eidgenossen aber sahen
in diesem Abkommen, an dem sie keinen Theil hatten, durchaus keine genügende Sicherheit; und wirklich, schon am
22. März 1702 mussten die Kreise mit Aufgabe des Vertrages sich der grossen Allianz anschliessen. Der Markgraf hatte einen Agenten in Wien, um seine Sache zu
führen, aber der Kaiser war nicht zu bewegen. Man hielt
nun eine eidgenössische Schutzwache für das geeignetste
Mittel, vorher sollten aber Versicherungen der Mächte
eingeholt werden, dass sie eine solche respektiren würden.
Bis das erlangt sei, wurde ein Repräsentant nach Basel
geschickt und zwar im Namen sämmtlicher Orte: Ludwig
Werdmüller von Zürich. Der französische Gesandte wollte
sich auf nichts einlassen, ausser wenn der Kaiser das
Gleiche verspräche wie der König. Als Ende Mai die
kaiserlichen Truppen in die Markgrafschaft einrückten
und sogar in den bischofbaselschen Dörfern fouragirten,
betrachtete er die Unterhandlungen als abgebrochen. Von
eidgenössischer Seite wurde das Geschäft mit ungemeiner

Ausdauer betrieben. Von Mitte Mai bis Mitte Juni hielt sich Werdmüller in Basel auf; einzig Appenzell I.-Rh. hatte dieser Massregel widersprochen. Erreicht wurde nichts. Während des ganzen Krieges suchte der Markgraf durch Vermittlung der Schweizer sein Land von Requisitionen und Contributionen frei zu halten, aber ohne bedeutenden Erfolg. Im Frühjahr 1704 versprach der Kaiser Sicherheit und Schonung für eine Meile breit Landes von der Basler Grenze. Später hoffte der Markgraf auf Fürsprache der Eidgenossen in den Frieden eingeschlossen zu werden und die oberen Herrschaften seines Landes in demselben als neutrales Gebiet erklären lassen zu können.

Die österreichischen Vorlande glaubte der Kaiser, wie schon gesagt, in pflichtgemässe Obhut der Orte gestellt, obgleich die Defensivbestimmungen, welche der Erbverein von 1477 allerdings festgesetzt hatte, im Vertrage von 1511 nicht deutlich erneuert waren. Sämmtliche Kantone waren der Meinung, dass diese Lande nicht in andere Hände kommen dürfen und hätten sie gern in Neutralität versetzt gesehn, aber für ihre Erhaltung Opfer zu bringen, waren die katholischen keineswegs geneigt, und auch die reformirten hatten nicht Lust, sie, gleichsam im Dienste des Kaisers, gegen jeden Angriff sicher zu stellen. Der allgemeine Grundsatz war, wie Schwyz es einmal aussprach, reale Vertheidigung auf erfolgte Invasion; was dagegen der Kaiser wollte und wozu Bern sich bereit erklärte, war, dass einer Invasion zuvorgekommen würde. Es war dies die vielumstrittene Auslegung des Ausdruckes: treues Aufsehen. Je mehr der Kaiser eigensinnig die erbvereinigten Pflichten betonte, desto spröder und ablehnender wurden die Eidgenossen aus Angst, ihm durch scheinbare Anerkennung seines Anspruchs eine Handhabe für die Zukunft zu geben. Für Frankreich war die Nichtbenützung

der vorderösterreichischen Lande eine entschiedene Er-
schwerung der Kriegsoperationen, und es war ein Opfer,
welches Ludwig XIV. der Rücksicht auf die Schweizer
brachte, dass er wenigstens die Waldstädte meist ver-
schonte.

Während des spanischen Erbfolgekrieges bezog sich
der kaiserliche Gesandte in Bezug auf die Waldstädte stets
auf den Abschied von 1688, der ihm als das Höchsterreich-
bare vorzuschweben schien. Er behauptete geradezu, die
Eidgenossen hätten damals das „treue Aufsehen" im
Sinne „thätlicher Hülfe" ausgelegt. Dem war aber keineswegs so.

Es waren damals Zürich, Bern, Basel, Schaffhausen,
Freiburg, Solothurn, Unterwalden, Zug, Appenzell I.-Rh.
und der Abt übereingekommen, zum Schutze von Constanz,
Laufenburg und Rheinfelden Mannschaft im Thurgau und
in Augst bereit zu halten. Dieselbe sollte aber den eidgenössischen Boden nicht verlassen dürfen und vom Kaiser
besoldet werden. Man unterliess nicht beizufügen, dies
dürfe keineswegs als „thätliche Hülfe" gedeutet werden.
Alles war nur in Hinsicht darauf geplant und beschlossen,
dass der Kaiser sich noch zur Neutralität oder zu Verkauf oder Verpfändung des Frickthals und der zwei diesseitigen Waldstädte verstehen würde. Als dann im Jahre
1690 der kaiserl. General um Beschirmung der Waldstädte
anhielt, wurde in Erwägung gezogen, dass der projektirte
Vertrag gar nicht zum Abschluss gediehen sei, und man
erwiderte ihm, dass die Beschirmung von der Bewachung
der Grenzen abhange. Frankreich hatte inzwischen die
feierliche Erklärung abgegeben, den eidgenössischen Boden
nicht zu betreten, Rheinfelden, Laufenburg und Constanz
weder zu belagern noch einzunehmen und das Frickthal
nicht zu besetzen, so lange die Eidgenossen die Pässe gut

verwahren würden. Zu dem Zwecke steuerte Frankreich sogar auch an die Kosten; aber einige Orte, so Zürich und Schaffhausen, wollten die Gelder nur als Abschlag auf ausstehende Pensionen annehmen. Nach etwa einem Jahre kündigte Frankreich die Bezahlung auf, und die Mehrheit der Orte liess die Truppen nun in eignen Kosten dort.

Erst im März 1691, also im vierten Kriegsjahre, war der vollständige Neutralitätstraktat zu Stande gekommen. Die kaiserliche Deklaration lautete: Der Kaiser verspricht, während dieses Krieges weder mit eignen noch der Verbündeten Truppen das eidgenössische Territorium zu betreten, noch über den eidgenössischen Boden in das Sundgau oder das Bisthum Basel zu passiren, sofern die Eidgenossen Rheinfelden, Laufenburg, Constanz und das Frickthal im Sinne bisheriger Verabredungen schützen; ferner, wenn die französischen Garnisonen während dieses Krieges von Rheinfelden bis nach Laufenburg keine feindlichen Streifereien verüben sollten, so sollen auch die Garnisonen in den Waldstädten sich aller feindlichen Streifereien gegen Hüningen und über Rhein gegen den Sundgau und das Bisthum Basel enthalten. Ludwig XIV. bestätigte seine schon früher gegebene Erklärung unter der Bedingung, dass die Eidgenossen der kaiserlichen Zusage, die Waldstädte, das Frickthal und das Bisthum Basel betreffend, im Sinne früherer Verabredungen nachleben. Dessgleichen sollte auch während dieses Krieges das Bisthum Basel diesseits des Rheines von den königlichen Truppen nicht betreten werden.

Auf diese Weise waren 1691 die Waldstädte, wenn auch in etwas verklausulirter Weise, doch gewissermassen in die Neutralität eingeschlossen. Aber was die Erklärung von 1688 betrifft, so konnte Zürich mit gutem Recht sagen, sie sei nur temporal, interim wie auf abgezielte

Neutralität, defensiv, ohne Erbeinungspflichten, zu Respekt des Kaisers und Beförderung eigner Conservation auf kaiserliche Kosten und gegen erforderliche Schirmveranstaltung [1]). Uebrigens hatte Zürich schon bei anderer Gelegenheit erwähnt, dass die fremden Gesandten keinerlei Recht hätten, sich auf frühere Abschiede zu beziehen, da dieselben nur zu eigner Convenienz der Eidgenossen abgefasst würden.

Einen so vortheilhaften Neutralitätstraktat, wie den von 1691, erlangten die Eidgenossen trotz aller Bemühungen jetzt für den spanischen Erbfolgekrieg nicht. Anfänglich hofften sie wieder auf Neutralisirung der Waldstädte, worauf auch der kaiserliche Gesandte scheinbar einging. Der französische Gesandte wollte aber sie nur bewilligen, wenn auch einige elsässische Landvogteien (Ensisheim, Altkirch, Thann, Pfirt, Landsee, Tattenried) eingeschlossen würden. Von einer Neutralisirung der ganzen Erzherzog-Sigmund'schen Lande, auf welche der Kaiser drang (Breisgau mit Breisach und Freiburg, 4 Waldstädte und Constanz, die am Rhein und Bodensee gelegenen Orte) wollte er so wie so nichts hören. Nach längeren Auseinandersetzungen mit beiden Gesandten ersuchte die Tagsatzung die Mächte, folgende Gebiete als neutral anzuerkennen: Constanz, die IV Waldstädte, Breisgau mit Breisach und Freiburg, die genannten elsässischen Vogteien, das Bisthum Basel und die Obere Markgrafschaft. Es begreift sich leicht, dass dies vergeblich war. Dem Kaiser war es nie Ernst damit gewesen; ihm lag viel mehr an einer Truppenaushebung, wozu er eben dann Aussicht hatte, wenn die Neutralität nicht zu Stande kam. Auf der Februar-Tagsatzung von 1702 that also Trautmannsdorff

[1]) Rathsmanual 1703. St. Z.

den bekannten Ausspruch, dass der Kaiser die Waldstädte
lieber wollte in Feuer aufgehen sehen, als sich zu einem
Scheine der Neutralität verstehen. Der Kaiser, erklärte
er sich an anderer Stelle näher, habe in Anbetracht der
gewohnheitsmässigen Treulosigkeit der Franzosen, ihrer
Wildheit im Kriege, die er mit der Attila's vergleicht,
für sicherer gehalten, die betreffenden Länder den mit den
in Gott ruhenden eidgenössischen Altvordern in deutscher
Redlichkkeit geschlossenen Traktaten, als einer schlüpfrigen,
dem friedhässig-wankelmüthig-französischen Willen unter-
worfenen Neutralität anzuvertrauen [1]). Auf die Vorwürfe,
dass er doch anfangs auf die Neutralitätsvorschläge eingegangen sei, antwortete er, nicht ohne Witz an eine
eidgenössische Gepflogenheit sich anlehnend, er habe den
diesbezüglichen Entwurf der Tagsatzung nur ad referendum
genommen. Puysieux liess durchblicken, der König würde
vielleicht das Reciprocum vom Kaiser nicht begehren,
wenn die Orte Garantie stellen wollten. Solchem Vorschlage
aber wichen diese ohne Besinnen aus.

Die Erklärungen, welche Kaiser und König schliesslich
ausstellten (jener ratificirte am 2. April, dieser am 13. Sept.),
betrafen einzig das Gebiet der Eidgenossenschaft; auch
ist die des Kaisers nicht wie die von 1691 zugleich im
Namen seiner Verbündeten gegeben. Beide versprechen,
den eidgenössischen Grund und Boden weder durch Posten-
fassen, noch durch Durchzüge zu beunruhigen, vielmehr,
das ist der positive Theil, bundesgenössische Zuneigung
zu beobachten.

Bemerkenswerth ist eine Stelle aus der Ratifikation
des Kaisers. Nachdem er gesagt hat, dass er hiermit dieselbe ertheilt habe, fährt er fort: „uns hingegen festiglich

---

[1]) Akten Deutsche Kaiser, St. Z.

versehend, Ihr werdet Euch die Sicherstellung Unserer
V. Ö. Lande von allen feindlichen Überfall ebenmässig
dergestalt angelegen sein lassen, als es Euer selbsteignes
Interesse und innerliche Ruhe erfordert". Hiernach konnte
der Kaiser immer behaupten, er sei nur so lange zur
Beobachtung der Neutralität verbunden, wie die Eidgenossen das treue Aufsehen, wie er es auffasste, halten
würden. Hierzu hatten sich aber keineswegs alle Orte
verpflichtet.

Wirklich benutzte das der Kaiser und verlangte
auf einmal, die Eidgenossen sollten sich zuvor einem
Schiedsgericht unterwerfen, welches die Erbeinung in
bündiger Weise auslegen würde; nur unter dieser Bedingung wurde die ratificirte Deklaration nach langen Verhandlungen von Trautmannsdorff ausgeliefert. Der französische Gesandte frohlockte, hoffend, man werde sie in
dieser Form gar nicht annehmen. Daran dachte die Tagsatzung aber nicht, das so mühsam Errungene wieder
fahren zu lassen, während es ihr zwar ebenso wenig in
den Sinn kam, auf ein Schiedsgericht sich einzulassen.
Sie behielt die ausgehändigte Erklärung und nahm die
beigefügte Bedingung ad referendum. Freilich machte
dieser Vorbehalt die ganze Erklärung werthlos, und dadurch wurde auch die französische hinfällig. Schon waren
die Heere den Grenzen nahe gerückt, und mit Ostentation
traten die Tagsatzungsboten zusammen, um über den
Grenzschutz zu berathen. Die energischen Anstalten für
Basels Sicherheit waren gewiss nicht ohne Wirkung auf
Trautmannsdorff; noch mehr aber that wohl die Besorgniss, französische Schlauheit und Liebenswürdigkeit
möchte die österreichische Hoffart ausbeuten und die bedrängten Schweizer an sich ziehen. Ganz besondern Eindruck musste das thatkräftige Auftreten Berns machen,

welches Ende September 2000 Mann an die Grenze schickte
in der unerschütterlichen Absicht, sie, wenn Gefahr im
Anzuge sei, in die Waldstädte zu werfen. Diese ent-
schlossene That, mit der die meisten übrigen Orte keineswegs einverstanden waren, erwarb gerechten Anspruch
auf kaiserliche Erkenntlichkeit. Jedenfalls liess sich Traut-
mannsdorf am 1. November zu der Erklärung herbei, es solle
nunmehr bei der ausgelieferten Ratifikation unabänderlich
sein Verbleiben haben [1]). Der Punkt des Schiedsgerichtes
wurde noch einige Male von ihm berührt, aber ohne besonderen Nachdruck, und die Eidgenossen thaten das Ihre,
diese unliebsame Angelegenheit im Sande verlaufen zu
lassen.

Die kath. Orte wollten, wie schon gesagt, niemals
Gefahren vorbeugen. Wie es mit den Verabredungen der
das Thurgau regierenden Orte zum Schutze von Constanz
ging, zeigen die Vorgänge vom Mai 1703, als die Stadt
durch die französischen Truppen bedroht schien. In die
Errichtung der 8 Compagnien im Thurgau hatte Luzern
gewilligt. Nun aber schickte Zürich einen Kriegsrath
(Hirzel) nach Frauenfeld, forderte Luzern auf, den Landvogt von Frauenfeld (Am Rhyn), welcher ein Luzerner
war, gleichfalls zum Kriegsrath zu ernennen, und wies die
Beiden an, sich nach Steckborn zu begeben, von dort aus
die Armeen zu beobachten und allenfalls den Generalitäten
Vorstellungen zu machen. Der Landvogt schlug das ab,
da er von seiner Obrigkeit keinen Befehl dazu erhalten

---

[1]) Die Tagsatzung stellte jedem von beiden Gesandten am
30. Oktober eine Erklärung aus, dass sie keine Neutralitätsverletzung
dulden und Gewalt mit Gewalt abtreiben würden. Dem Kaiser wurde
darin Schutz der Waldstädte versprochen, Frankreich ernstlich gebeten, diese Gegenden zu respektiren. Beide Erklärungen bilden mit
denen Frankreichs und des Kaisers zusammen den Neutralitätstraktat.

habe. Er frug auch bei dieser an, wie er sich gegen Hirzel
verhalten solle. Derselbe habe die Compagnien mustern,
die Wachen visitiren wollen u. dergl., er habe es ihm aber
nicht gestattet unter dem Vorwande, dass man erst die
Ankunft der andern Kriegsräthe erwarten müsse. Vergebens mahnte Zürich nun Luzern, es sei nicht genug,
die Compagnien aufzumahnen, sie müssten auch in den
Waffen geübt sein. Luzern gab ausweichende Antwort,
vertröstete auf die Tagsatzung und sprach von Vermeidung
unnöthiger Kosten [1]). Noch längere Zeit nachher spielte
der Streit um die Bezahlung des Kriegsrathes Hirzel, der
die mitregierenden kath. Orte sich entzogen, weil sie mit
der Massregel nicht einverstanden gewesen seien.

Die Sicherheit der vorderösterreichischen Lande war
also ein sehr schwebendes Ding, wobei sich im Ganzen
der Kaiser auf die Eidgenossen, die Eidgenossen auf
Frankreich verliessen. Puysieux gab allerdings auf Anfrage
die Zusicherung, die königlichen Truppen würden Rheinfelden, Laufenburg, Constanz und das Frickthal nicht angreifen, aber alle diesbezüglichen Erklärungen von französischer Seite waren nur bedingt mit Bezug auf das
Benehmen des Kaisers; wenn er in Hinsicht dieser Länder
eine vollkommene Neutralität beweise, werde der König
es auch thun. Wir bemerken auch, dass immer nur von
den diesrheinischen Waldstädten die Rede ist. Der Rhein
scheint überhaupt, wenigstens von Frankreich und den
kath. Orten, als die Grenze angesehen worden zu sein, über
welche hinaus die Eidgenossen ihre Hülfs- oder Neutralisirungsversuche nicht erstrecken durften, ohne die eigene
Neutralität aufzugeben. Zuerst erhob gegen den Schirm
der Waldstädte, der sich freilich meist nur in fürsprechender

---

[1]) Akten Eidgen. Neutralität 1703. St. Luzern.

Theilnahme zeigte, Frankreich nicht eigentlich Einsprache.
Ein Anderes war es mit den Bodenseestädten. Bei Beginn
der Verhandlungen im Jahre 1701 hatten die Orte selbst
dieselben von der Liste der zu neutralisirenden Gebiete
gestrichen, da eine so weit gehende Forderung den Erfolg
nur erschweren könnte. Und als man in Bern schon bereit
war, den Waldstädten zu Hülfe zu kommen, fand der
Kriegsrath, dass in Lindaus Bitte um Truppensendung
ohne offenbare Parteilichkeit nicht gewilligt werden könnte.
Der französische Gesandte sagte geradezu, in den Bodenseestädten angetroffene eidgenössische Völker würden von
Frankreich als Feinde traktirt werden [1]). Zürich und Bern
schöpften ihre Berechtigung, sich dennoch dieser Gegenden
anzunehmen, daraus, dass eine Einnahme derselben ihnen
die Verbindung mit dem Reiche abschliessen würde; Lindau
besonders sei unentbehrlich als Brodkorb der Eidgenossenschaft. Ende 1702 willigten die beiden Orte wirklich in
Lindaus Gesuch um Volk und Geld. Was aber die Stadt
eigentlich wünschte, war, in den eidgenössischen Schirm
aufgenommen zu werden mit Bewilligung des Kaisers und
des Königs [2]). Das hielten Zürich und Bern für unerreichbar
und unvereinbar mit der Neutralität. Eher schon konnte
man unternehmen, ihr etwas Volk und Munition zuzuführen,
„jedoch in aller Stille“. Eidgenössische Inschutznahme
hätte nicht heimlich bewerkstelligt werden können. Ausserdem hätte sie die vom Kaiser verpönte Neutralität einbe-
dungen; Truppensendung bewirkte nur „deren Realität“.
Jedes Ort bewilligte Lindau eine Compagnie (200 Mann)
und eine Geldanleihe von 2000 Thalern. Die Truppen

---

[1]) 7. Juli 1703. Sinners und Willadings Bericht von der Tagsatzung. Neutralitätsgeschäfte L. St. B.

[2]) Deutschland-Buch Y. St. B.

langten im Juni 1703 an dem Orte ihrer Bestimmung an.
Ausser sich waren die kath. Orte, als sie es vernahmen.
Zürich und Bern entschuldigten sich mit der Wichtigkeit
des Platzes und ihrer Souveränetät, welche ihnen gestatte,
Truppen zu geben, wem sie wollten.

Der vertragsmässige Schutz der Rhein- und Bodenseegegend wurde aber doch immer herzustellen gesucht. Im
Jahre 1703, als Villars seine Truppen mit den bairischen
vereinigte, wurde die Frage eine brennende. Es erschien
damals eine kleine Schrift, welche aus den Propositionen
des holländischen Gesandten Valkenier von 1690 und 1691
alle Stellen ausgezogen hatte, die auf den Schirm der
Nachbarschaft Bezug hatten [1]). Das Ganze gipfelte in An-
führung des Wortes: gallum amicum sed non vicinum
habeas. In einer langen Denkschrift zählte Bern die Gründe
auf, welche die Eidgenossen bewegen müssten, die Nachbarschaft an Rhein und Bodensee zu decken. Der Grundsatz der Altvordern, sich nicht von einer Macht einschliessen zu lassen, sei gegen Oesterreich angenommen,
müsse aber jetzt gegen Frankreich angewandt werden.
Nach und nach habe Frankreich den Zirkel um die Schweiz
geführt: erst habe es die Landschaft Gex an sich gebracht,
dann Elsass, Burgund, zuletzt Mailand. Bemächtige es
sich nun noch eines Platzes am Bodensee, so würde sich
von Seiten der Eidgenossen kein Vogel mehr rühren dürfen,
alles müsse dann nach französischer Discretion leben.
Zürich und Schaffhausen würden in dasselbe Unglück gerathen, in welches Basel durch Hüningen verfallen sei.
Bern fand nur bei Zürich und dem Abte von St. Gallen
aufrichtigen Beifall. Beide liessen sich bewegen, neben

---

[1]) 22 denkwürdige Artikel, welche ein eidgenössischer Patriot
u. s. w. 1703.

Bern einen Vertrag einzugehen, nach welchem die Drei sich gegenüber dem Kaiser verpflichteten, im Falle der Noth gegen kaiserliche Bezahlung 1000 Mann in die Orte Lindau, Bregenz, Mainau, Ueberlingen, Langenargen und Zell, als in die haltbaren Plätze, zu verlegen, in die unhaltbaren aber Schutzwachen, jedoch nicht in der Meinung sich zu wehren. Es versteht sich von selbst, dass die Truppen nur defensiv verwendet werden sollten. Unterzeichnet ist der Vertrag am 12. Juni 1703 von kaiserlicher Seite durch St. Saphorin und Aegidius von Grüth, erst drei Monate später ratificirte der Kaiser, der anfänglich der Sache gar nicht geneigt war [1]. Zürich pflegte nebenher immer noch den Gedanken einer Neutralisirung dieser Gegenden. Zur Ausführung ist der Vertrag nie gekommen, wenn auch die Truppen in Bereitschaft gehalten wurden. Die Hülfe, welche Zürich und Bern der Stadt Lindau brachten, hängt mit diesem Vertrage nicht zusammen. Dem Abt glaubte sich das Haus Oesterreich zu besonderem Danke verpflichtet, hingegen hatten Zürich und Bern ihn im Verdacht, dass er sich seiner Zusage wieder zu entschlagen suche. Wirklich knüpfte er sein Versprechen, sich Bern in Allem zu conformiren, an die Bedingung, dass die Toggenburger wieder zu gebührendem Gehorsam geführt würden [2]. Dass die genannten Plätze bewahrt

---

[1] Ueber den Vertrag s. Neutralitätsgeschäfte L., St. B.; Akten Eidgen. Grenzbesetzung St. Z. E. A. VI 2. S. 1063, 1071, 1090, 1123, 1124.

[2] Quant aux obligations que les ministres de l'empereur prétendent avoir à l'abbé par rapport à la conservation d'une certaine partie de la Souabe, il (Cobham) leur dit, qu'ils les avaient principalement aux deux cantons Zuric et Berne, qui ont été les premiers prêts à faire une alliance à cet égard, et qui ont eu mille peines à y faire entrer l'abbé. Schaub an Willading, Wien, 23. März 1715. Zellweger IV.

wurden, ist dem Umstande zu danken, dass Ludwig XIV. nicht für gut fand, die schweizerische Truppenentfaltung herauszufordern. Nachdem die Orte standhaft abgeschlagen hatten, einen der betreffenden Plätze in zeitweilige Verwahrung zu nehmen, wozu der franz. Gesandte sie gern verleitet hätte, bewilligte er geradezu die Sicherheit derselben, aber nur zeitweise und unter Bedingungen, welche den Werth der Erklärung sehr abschwächten. Er suchte nämlich diese Frage mit dem savoyischen Neutralitätsgeschäft zu vermischen und die Orte durch halbe Zusagen in jeder Angelegenheit zu beschwichtigen und zu trennen. Es wird nöthig sein, bei Behandlung der savoyischen Neutralität darauf zurückzukommen.

Es ist hier der Platz, kurz der beiden verbündeten Städte Rottweil und Mülhausen zu gedenken. Rottweil war schon im 30jährigen Kriege von den Franzosen als feindliche Stadt behandelt. Mehr als Verwendungsschreiben hatten die schweizerischen Bundesgenossen nicht mehr für den entfernten Platz. Der König antwortete darauf, er könne Rottweil nur als Reichsstadt betrachten und zwar als eine, die dem Kaiser als Truppenmagazin diene [1]). Dagegen der Stadt Mülhausen bewilligten Bern wie auch Zürich im Jahr 1709 einen Repräsentanten und 50 Mann, um allen „wider die Neutralität streitenden Zumuthungen bestermassen vorzubeugen" [2]).

Mailand, Savoyen, die Freigrafschaft und der Elsass waren Grenzländer, welche die Politik ihrer Regenten zum Theil in enge Beziehungen zur Schweiz gesetzt hatte. Aber der Elsass war schon seit dem westfälischen Frieden,

---

[1]) 2. April 1704. Akten Frankreich, St. Z.
[2]) Kriegsmanual XXXII, St. B. Ich erinnere daran, dass die Mülhausen bewilligten Truppen von den Orten unterhalten wurden, während Lindau natürlich die Volkshülfe selbst besolden musste.

die Freigrafschaft seit 1674 mit der französischen Haupt-
masse verschmolzen; von da an standen diese Länder in
keinem gesonderten Verhältniss mehr mit den Kantonen.
Frankreich war ein zusammenhängender Körper, während
die andern Mächte nur mit gewissen Gebietstheilen an die
Eidgenossenschaft stiessen, denen in ihrer Vereinzelung
ein engerer Anschluss an dieselbe lieb sein musste.

Mailand kam zunächst nur für die kath. Orte in Betracht, für diese aber durch die weitgehende Verbindlichkeit des Capitulats so sehr, dass gerade von diesem Punkte
aus die Neutralität am bedenklichsten gefährdet war. Vor
Beginn des span. Erbfolgekrieges sprach Schwyz einige
Male die Hoffnung aus, Mailand könne durch Vermittlung
des Papstes neutralisirt werden. Ein so zweifelhafter
Handel wurde aber gar nicht ernstlich an Hand genommen.
Auch daran scheint gedacht worden zu sein, dass Mailand
während des Krieges etwa den Eidgenossen übergeben
werden solle [1]). Aber gerade Mailand war von den Parteien
viel zu hitzig begehrt, als dass etwas Aehnliches hätte zu
Stande kommen können.

Eine gefährliche Ecke in der Schweiz war der Südwesten, Genf und die Waadt, von Frankreich und Savoyen
begrenzt. Hieher richtete Bern, wie schon bemerkt, beständig ein sorgliches Augenmerk. Ein besonderer Abschnitt
wird von diesen Dingen zu handeln haben.

Wollen wir Alles zusammenfassen, so ist ersichtlich,
dass die Eidgenossen dahin strebten, sich eine Ringmauer
zu bilden, an welcher der Krieg abprallen sollte. Diese
Bemühungen scheiterten im Nordosten an der grundsätzlichen Abgeneigtheit des Kaisers, welcher eine strengere
Zusammenfassung der Reichskräfte im Auge hatte; im

---

[1]) Instruktionsbuch Y, St. B.

Westen und Südwesten dagegen an Frankreich, welches sich einer Neutralisirung Savoyens entgegensetzte, welches die Neutralität der Freigrafschaft durchbrochen hatte, ja, nicht einmal Neuenburg die ewige schweizerische Neutralität zugestehen wollte.

Insofern hatte keine der beiden Mächte ein Recht, die andere der Rücksichtslosigkeit gegen die Schweiz zu zeihen, was sie dennoch mit besonderer Vorliebe thaten. Ein Theil der Schuld des Misslingens fällt zwar auch auf die Orte selbst, welche nicht nur sich gegenseitig in ihren Bestrebungen nicht unterstützten, sondern wohl sogar einander entgegenarbeiteten, und zwar geschah das nicht nur von Seite der katholischen gegen die reformirten, sondern die letzteren liessen sich auch unter sich zuweilen im Stich.

Während des spanischen Erbfolgekrieges wurde in Hinsicht der Neutralisirungsversuche durch gelungene Sicherung der Waldstädte, des Frickthals und des Bisthums Basel doch wenigstens ein thatsächlicher Erfolg gewonnen. Der bedeutendste war, dass Neuenburg seine Neutralität — zwar nur für die Dauer des Krieges — anerkannt sehen durfte. Die Neutralität der Eidgenossenschaft selbst wurde von den Orten ausgesprochen und von Oesterreich und Frankreich förmlich zu respektiren versprochen.

Capitel III.

Von den Mitteln, die Neutralität aufrecht zu erhalten.

Der Neutralitätstraktat war errichtet. Es muss nun untersucht werden, welche Mittel den Orten zu Gebote standen, um ihrer Neutralität die nöthige Achtung zu verschaffen. Der eidgenössische Grenzschutz beruhte auf dem Abschied von Wyl des Jahres 1647, welcher hervorgerufen wurde durch die Ereignisse des 30jährigen Krieges. Sämmtliche XIII Orte und Zugewandte nebst den III Bünden und Wallis hatten daran Theil. Die Länderkantone traten schon bald von dem Defensionswerke zurück; zur Zeit des spanischen Erbfolgekrieges waren in demselben begriffen Zürich, Bern, Luzern, ev. Glarus, Basel, Freiburg, Solothurn und Schaffhausen, von welchen sich noch ev. Glarus aber nicht definitiv — zurückzog unter der Angabe, es sei mit einem zu starken Contingent belastet. Schon in den Jahren 1691 und 1694 warfen einige Orte die Frage auf, ob man nicht durch eine genauere Fassung das Defensionale wieder beleben solle; einmal waren es Zürich, Bern, Luzern und Solothurn, das andere Mal die vier evangelischen Städte, welche die Angelegenheit untereinander besprachen. Im Juli 1701, beim Herannahen neuer Kriegsgefahr, wurde der Plan von Neuem ins Auge gefasst. Ein Projekt [1], betitelt „Schirm des Vaterlandes", wurde in den Abschied genommen. Es beginnt mit der Erklärung,

---

[1] E. A. VI 2, S. 2288, vergl. auch E. A. im St. Z.

„dass wir uns aufrichtig und ehrlich neutral und unparteiisch halten und keiner kriegführenden Partei wider die
andere über unser Territorium Pass noch Durchzug zu
nehmen oder darauf Posten zu fassen noch sich zu ver-
sammeln gestatten wollen". Als eine Erläuterung hiezu
könnten Bestimmungen aufgefasst werden, welche im Mai
und Juni 1703 zur Regelung des erlaubten Durchzuges
reisender Privatpersonen getroffen wurden [1]). Es sollten
gemäss dem endgültigen Reglement nur je 20 Personen
auf ein Mal durchgelassen werden, und zwar nach vorangegangener Visitation der Person und ihres Gepäcks. Die
Erlaubniss wurde in diesem Jahre stark ausgenutzt durch
Frankreich. Nicht alle Orte stimmten dem Reglement zu.
Uri und Schwyz meinten, man solle überhaupt keine
Reglements machen, sondern einfach keiner kriegführenden
Partei den Pass gestatten. Andere meinten, die Massregel
widerspreche der Neutralität durchaus nicht, da beide
Parteien daraus Nutzen zögen. Bern eiferte hitzig dagegen. Ohne Frage bediente sich Frankreich des Passes,
um der in Baiern stehenden Armee nicht nur Offiziere,
sondern auch Mannschaft zuzuführen, das wiederholte später
der Kaiser, was man ihm nun nicht wohl abschlagen
konnte, um dem Herzog von Savoyen kleine Verstärkungen
zukommen zu lassen. Obwohl Bern letzteres gern sah,
hatte es doch im Jahre 1703 dringend verlangt, dass der
Pass völlig abgeschafft werde, oder mindestens die Anzahl
der Durchziehenden beschränkt, „zumal gedingte und be-
soldete Personen für den Kriegsdienst unläugbar auch für
hostilia zu halten sind".

Aehnlich schrieb Grüth, indem er lebhafte Einwend-
ungen gegen die Passage erhob, die Eidgenossen hätten

---

[1]) E. A. und Akten Durchzüge und Einquartierungen, St. Z.

ja selbst für unbillig erkannt, Contrebande passiren zu lassen, um so weniger dürfe man es Kriegsleuten gestatten, ohne welche ja die Contrebande keinen Schaden thun könne. Die Durchzüge betrafen hauptsächlich Schaffhausen: während der Monate Mai und Juni des Jahres 1703 zogen in drei Abtheilungen 95 Offiziere mit 149 Dienern und 208 Pferden durch diesen Kanton [1]). Auch beklagte sich derselbe bitter über die zertretenen Saaten, wie er sich bei den Reichsunterthanen verhasst mache, wie die eignen Unterthanen gegen die Franzosen erbittert seien, so dass sogar für die Autorität der Obrigkeit zu fürchten sei. Zu gleicher Zeit und auch früher schon wurden aber auch deutsche Offiziere zu Stein über die Rheinbrücke [2]), durch den Thurgau, durch Schaffhausen gelassen. Schaffhausen fragte sogar in Zürich an, da die meisten Personen, die bewaffnet kämen, kaiserliche Unterthanen seien, ob es nicht in starke Verantwortung käme, wenn es allzu scharf procedire; ob es besser thäte, nach dem wahren Wort des Reglements fortzufahren oder „mit Bescheidenheit zu distinguiren". Es ist mir nicht bekannt, was Zürich geantwortet hat. Zur Zeit des französischen Durchpasses schärfte Zürich strenges Festhalten am Reglement ein. Die Züricher Geistlichkeit, vermuthlich unter Anleitung des Antistes Klingler, des heftigen Feindes der Franzosen, reichte sogar ein schriftliches Bedenken gegen den Pass ein.

---

[1]) s. ebenda.

[2]) Der Landvogt von Thurgau verwies es zwar der Stadt Stein; sie entgegnete aber, er möge sorgen, dass keine Völker mehr den Thurgau hinab kämen, „dann wollen auch wir unsererseits vigiliren, dass Keiner mehr ab dem Reichsboden über die Rheinbrücke gelassen werde, sondern sie mit Freundlichkeit wiederum zurück und auf den Reichsboden weisen und also eine wahre Neutralität halten".

Ich kehre zu dem Schirmprojekt zurück. Auf die
Neutralitätserklärung folgen Bestimmungen, dass die Mannschaft jedes Ortes in gutem und bereitem Zustande zu
halten sei. Bei Annäherung feindlicher Armeen werden
als erstes Schutzmittel Deputationen an die betreffenden
Generalitäten angegeben. Bleibt das erfolglos, so soll das
gefährdete Ort das Recht haben, eine Tagsatzung auszu-
schreiben oder die nächstgelegenen Defensionalorte um
Truppenhülfe zu mahnen. Die Nachricht herannahender
Gefahr sofort über die Eidgenossenschaft bekannt zu
machen, sollten die Hochwachten und Feuerzeichen dienen,
eine Einrichtung, die den venezianischen Gesandten zu
folgender idealisirender Beschreibung begeistert: „Bei den
geringsten verdächtigen Bewegungen an den Grenzen werden auf den Gipfeln der Berge Wachen in bestimmter
Entfernung von einander aufgestellt, welche, indem sie
sich am Tage durch Rauch und bei Nacht durch Feuer
Zeichen geben, in wenigen Stunden den Sturm durch das
ganze Land verkündet haben. In diesem Falle sammelt
jedes Ort und jedes Zugewandte sein Volk — ihr Contingent wissen sie schon zum Voraus — und schickt es,
ohne noch auf Weiteres zu warten, nach dem Orte,
welches, den Zeichen zufolge, in Gefahr ist, wohlbewaffnet
und mit Munition und Lebensmitteln auf einige Wochen
versehen, so dass man rechnen kann, dass binnen zwei
Tagen ein Heer von 40,000 Mann zu gemeinsamer Vertheidigung an der Grenze sein kann [1].“ Die Wachtfeuer
wurden mit grosser Pünktlichkeit eingeführt, sowie sich
Heere den Grenzen näherten; Luzern fand nicht selten,
dass die ref. Orte etwas übermässig damit eilten. In

---

[1] Dannenbuchi, Relazione del paese de' Svizzeri. 1708 Venezia.
S. 11 u. f.

einigen Orten wurden zwei, in Bern z. B. vier Mann bei
jeder Wachtstelle gehalten.

Später machte Basel den Vorschlag, es möchte, sowie
eine Partei das eidgenössische Gebiet betreten wolle, vermittelst eines Kanonenschusses ein Signal gegeben werden,
damit „das tentirende Theil in Vermerkung diesseitiger
Vigilanz davon abstände, und die Unsrigen zur Wachsamkeit angefeuert würden" [1]). Dieser Vorschlag wurde aber
mit einigem Spott zurückgewiesen; Bern meinte, wenn die
erforderliche Gewalt nicht dahinter sei, werde es der Eidgenossenschaft eher zur Disreputation gereichen.

Das Projekt bestand aus 48 Artikeln, von denen die
meisten Anordnungen über die Besetzung der Pässe, den
Kriegsrath, Versorgung der eidgen. Zuzüge mit Munition
und Lebensmitteln u. dergl. enthalten. Im Februar 1702
wurden noch mehrere Zusätze und Verbesserungen gemacht.
Die theilhabenden Orte versicherten den andern, es sei
nicht ihre Meinung, irgend ein Ort dazu zu verbinden,
noch ihnen etwas über die Bünde zuzumuthen. Wie vorsichtig man sein musste, zeigt sich daraus, dass der Berner
Kriegsrath für gut fand, dass dem neunten Artikel, welcher
von Aufmahnung des ersten Auszuges bei nahender Gefahr
handelt, erläuternd beigefügt werde, wenn künftig ein Ort
Musterungen anstelle und es den benachbarten Orten ver-
abredetermassen notificire, solches nicht anders als wohl-
meinentlich aufgenommen werden solle [2]).

Die ausgetretenen katholischen Orte versicherten ent-
schädigungsweise, im Fall der Noth für ein angegriffenes
Ort Gut und Blut einsetzen zu wollen.

---

[1]) 4. Sept. 1710. Akten Basel, St. Z.

[2]) Kriegsräthliches Gutachten über das Defensionale. Sept. 1702.
Teutsches Missivenbuch der Stadt Bern 36. St. B.

Die ständige Aussage der V Orte, wenn es sich um
den Grenzschutz handelte, war, eine geringe Truppenmacht
könne einem Kriegsheere, das mit Gewalt durchbrechen
wolle, doch nicht widerstehen, eine ebenbürtige Macht
aufzustellen sei selbstverständlich unmöglich wegen der
Kosten, also sei es unnütz, überhaupt Mannschaft abzu-
schicken [1]). Der entgegengesetzte Standpunkt war: wenn
ein Pass von Truppen besetzt ist, welche sich einer den
Durchmarsch begehrenden Partei, wenn auch erfolglos.
entgegensetzen, so kann der Durchbruch als actum hosti-
litatis angesehen und die ihn ausführende Macht als Feind
angesehen werden. Aus diesem Grunde, meinten die Vertreter dieser Ansicht, würden eidgenössische Truppen, und
seien es auch wenige, immer von den kriegführenden
Mächten respektirt werden [2]). Ist Niemand da, sich einer
Gebietsverletzung zu widersetzen, so kann die andere krieg-
führende Partei dem neutralen Stande mit Recht Conni-
virung vorwerfen.

Ganz ohne Bedeutung ist es, wenn der Burgermeister
Burkhardt von Basel, um den Mercy'schen Durchmarsch
von 1709 zu entschuldigen, zum französischen Gesandten
sagte, der Neutralitätstraktat von 1702 verpflichte die
Schweizer gar nicht zum Grenzschutz; wenn sie ihn früher
ausgeführt hätten, so sei es auf Kosten der Mächte geschehen [3]). Dies war nur ein unbedachter Versuch der
Rechtfertigung, die Meinung der Defensionalorte war es
gewiss nicht. Schloss doch die Erklärung, weder Durchmarsch noch Postenfassung gestatten zu wollen, selbstverständlich ein, dass man es in irgend einer Weise zu
verhindern trachten werde. Allerdings dazu konnten sich

---

[1]) E. A. VII 2, S. 32.
[2]) S. Eidgen. Abschiede. 9. Juli 1713, bei Zellweger VIII.
[3]) 30. August 1709, du Luc au roi. Zellweger V 1.

die Orte nicht entschliessen, während der ganzen Dauer
eines in der Nähe wüthenden Krieges die Grenzen zu besetzen; es geschah nur bei Anzeichen dringender Gefahr,
oder dann, bis die Neutralität von den kriegführenden
Parteien anerkannt war. Bei solcher Gelegenheit hatte
1689 Besoldung der Grenztruppen stattgefunden, aber anfänglich war dabei nur an Oesterreich gedacht, weil dieselben besonders auch die österr. Vorlande schützten, deren
Neutralität diese Macht nicht zugeben wollte. Durch die
Schuld der österreichischen Langsamkeit und auf das
Drängen der kath. Orte konnte sich dann Frankreich einmischen. Zürich widersetzte sich lebhaft, auch desshalb,
weil Oesterreich sich noch zurückhielt und ein Separat-
abkommen mit einer Partei neutralitätswidrig schien. Jene
meinten, wenn ein oder das andere Ort von fremden
Fürsten kein Geld nehmen wollte, so stehe das in seinem
Belieben; jedoch sei bekannt, dass in dergleichen Fällen
Fürsten und Herren und Eidgenossen von der einen Partei
Geld genommen haben und dennoch neutral geblieben
seien. Einige ev. Orte nahmen die französischen Gelder
nur als Abschlag auf rückständige Pensionen an, weil sie
das für „reputirlicher“ hielten. Im Grundsatz waren Zürich
und ganz vornehmlich Bern gegen jede Geldunterstützung
durch das Ausland eingenommen. Der Vertrag zum Schutze
der Bodenseestädte schob die Besoldung der 1000 Mann
dem Kaiser zu; sie sollte aus den Salzgeldern geschehen.
Mehrmals äusserte Bern sein Missfallen über diese Bestimmung; es sähe lieber, heisst es einmal, wenn diese
Völker auf eidgen. Sold stehen würden. Denn das sei
rathsamer und anständiger, „zumalen man immerdar in
mehrerem Stande der Neutralität verbleiben würde“ [1].

---

[1] 29. Mai 1703. Instruktionenbuch Y, St. B.

Den entgegengesetzten Standpunkt scheint Schwyz am meisten vertreten zu haben. Wenn etwas geschah für den Grenzschutz, wovon Oesterreich zugleich Vortheil zog, waren es auch nur Gesandtschaften oder Tagsatzungen, verlangte es, dass dieses die Kosten tragen solle. Einmal wurde ihm von den übrigen Orten bedeutet, es habe sich bisher nur um die Bewahrung des Vaterlandes gehandelt. Aehnlich erklärte Bern, als Schwyz im Jahre 1702 sich weigerte, Tagsatzungen zu besuchen, die im Interesse auswärtiger Angelegenheiten abgehalten würden, es geschehe denn auf Kosten der Fürsten, man komme zusammen, um zu berathen, was das Beste des Vaterlandes erfordere, nicht aber, was den Herren Ministern gefällig sein möge, also wäre nicht anständig, wenn es auf deren Kosten geschähe [1]).

Von solcher allzu grossen Sparsamkeit, welche die Hauptursache war, dass so wenig gemeineidgenössische Defensivanstalten vorgenommen werden konnten, war das reiche Bern am leichtesten im Stande, eine glückliche Ausnahme zu machen. Berns Truppenmacht wurde von Frankreich auf 60,000 Mann angeschlagen [2]). Der venezianische Gesandte, welcher immer übertreibt, schätzte sie auf 90,000 Mann, die Zürichs auf 30,000 Mann, die Luzerns auf 20,000 Mann [3]). Jedenfalls hätten diese Orte allein die Schweiz vor allen Uebergriffen des Auslandes schützen können, aber nicht nur, dass sie durchaus nicht geneigt waren, den übrigen Orten alle Anstrengungen abzunehmen, sondern es lag nicht einmal in ihrer Absicht, jede Verletzung zu verhindern. Kaum eine bedeutendere ist

[1]) März 1702, ebenda.
[2]) Ebenso E. A. VI 2, S. 681 (1697). Davon gebrauche es ²/₃ zur Bewachung seiner Städte und Pässe, ¹/₃ bleibe ihm zur Offensive.
[3]) Dannenbuchi, Relazione S. 241.

geschehen, ohne dass die mächtigsten Kantone geneigt
waren, ein Auge zuzudrücken, oder wenigstens ohne dass
sie sich zuvor ihrer Wachsamkeit begeben hätten. Im
Beginn des spanischen Erbfolgekrieges zeigte Bern, dass es
wohl verhindern konnte, was es verhindern wollte. Es ist
nicht zufällig, dass in dieser Periode die Neutralitätsverletzungen meist von den Alliirten ausgingen, welche von
Zürich und Bern begünstigt wurden. Hätten die kath. Orte
sich die Mühe genommen diesen vorzubeugen, wie jene
den französischen entgegentraten, so wäre ein vollkommenes
Gleichgewicht hergestellt worden.

Ein ganzer Auszug betrug nach der Zusammensetzung
des Schirmwerks, wie sie Anfang des 18. Jahrhunderts
sich gestaltet hatte, noch 8200 Mann, wovon Bern 2000,
Zürich 1400, Luzern 1200, den Abt von St. Gallen 1000
Mann betrafen. Für den zweiten und dritten Auszug sollte
die Zahl jedes Mal verdoppelt werden. Es wurde aber nie
ein ganzer Auszug an die Grenze geschickt und auch nicht
begehrt, sondern anfänglich etwa der zwanzigste Theil,
und bei andauernder Gefahr noch einmal die gleiche Anzahl u. s. f. [1]). Da das Hülfe verlangende Ort einen Theil
der Munition liefern und für billigen Proviant sorgen
musste, was z. B. für Basel in der That mit grossen
Schwierigkeiten verbunden war, war eine mässige Unterstützung viel mehr nach seinem Wunsche. Man muss aber
auch bedenken, dass eigentliche Angriffe eines feindlichen
Heeres auf eidgenössisches Gebiet oder sonstige Unternehmungen, die einen grösseren Truppenaufwand bean-
sprucht hätten, gar nicht zu befürchten waren. Kleinere
Territorialviolationen, die öfters auch gewiss unabsichtlich

---

[1]) Aufgemahnt wurden natürlich bedeutend mehr Truppen; in
Zürich z. B. während des Erbfolgekrieges 6000 Mann.

geschahen, wurden mit nur 10—50 Mann ausgeführt. Bedeutendere unternahm eine Macht nur, wenn sie, wie ich oben schon sagte, sicher war oder mindestens zu sein glaubte, dass ein Theil der Eidgenossenschaft sie nicht ungern sehen würde.

Die damaligen Schweizer konnten sich mit ziemlicher Gewissheit darauf verlassen, dass weder Oesterreich noch Frankreich geradezu einen Gewaltakt gegen sie vornehmen würde. Beide Mächte waren viel zu eifersüchtig auf einander, als dass die eine der andern auf solche Weise grösseren Einfluss in der Eidgenossenschaft verschafft hätte. Frankreich war viel zu viel an der Fortsetzung des Solddienstes gelegen, Oesterreich fürchtete viel zu sehr, dem feindlichen Nachbar noch mehr Söldner in die Arme zu treiben. Einige 100 Mann, eine von den Defensionalorten aufgestellte Schutzwache genügte vollkommen, um den Mächten zu verdeutlichen, dass es den Schweizern Ernst war. Man sollte billigerweise neben den Gebietsverletzungen, die wirklich stattfanden, auch derer gedenken, die verhindert wurden. Es ist freilich schwieriger, die letzteren nachzuweisen; doch ist z. B. in den ersten Jahren des Erbfolgekrieges ersichtlich, dass die Benutzung schweizerischen Bodens damals für Frankreich sehr vortheilhaft gewesen wäre [1]). Dass andererseits der 1708 von den Alliirten geplante Durchbruch ins Oberelsass vereitelt

---

[1]) Eine Nachricht aus Stein vom 24. August 1704 sagt: item sei vergangenen Freitag das Gerücht erschollen, als wenn der Kurfürst und Marsin ihren Marsch über Schaffhausen hätten nehmen wollen, wie sie denn ernsthaft nachgefragt, wie weit es dorthin sei, und zu dem End 300 Reiter den ganzen Tag parat gestanden, sie dorthin zu begleiten. Es sei ihnen aber der Compass wiederum verrückt worden, und haben sie von den Bewegungen der Herren Eidgenossen an den Grenzen Nachwind bekommen. Akten Kriegssachen an der Grenze, St. Z.

wurde, hat der französische Gesandte selbst in der Folge
mehrmals mit anerkennenden Worten erwähnt [1]).

Sicherlich hätte bedeutend mehr für den Grenzschutz
gethan werden können. Es wurde oft und lebhaft em-
pfunden, dass die offene, ohne natürlichen Schutz sich hin-
ziehende Baseler Grenze so schwer zu vertheidigen war.
Oefters verlangten die Generale beider kriegführenden
Parteien, dass eine Linie gezogen und mit Mannschaft
besetzt werde. Aber das wurde bedenklich und „über-
schrecklich köstlich" gefunden. In der äussersten Rath-
losigkeit der letzten Kriegsjahre kam man wieder darauf
zurück. Es kam so weit, dass Ingenieure nach Basel geschickt wurden, welche Projekte entwarfen. Sie schlugen
vor: entweder alle Verschanzungen längs Ergoltz, Birs
und Rhein zu repariren, oder zwei Linien zu ziehen, eine
von Augst bis Liestal, eine von der Birsbrücke bis St. Jakob,
oder eine doppelte Linie vom Rothenhaus bis an den
Warteberg zu ziehen, wobei dann aber der Rhein und das
Gebirge zu verwahren bleibe, und ein Stück Land sammt
der Stadt ausgeschlossen sei [2]). Diese Pläne wurden der
Reihe nach auf 10,000, 20,000 und 6000 Thaler veranschlagt.

Die Pläne wurden den Defensionalorten zur Begutachtung zugeschickt, de manière qu'à bien compter, fühlte

---

[1]) Ohne Frage werden in jetziger Zeit andere Ansprüche an eine
Grenzbesetzung gestellt. Im Kriege 1870/71 wurden 5 Divisionen
aufgeboten, im Ganzen 37,423 Mann. Im Januar und Februar 1871
kamen 19,439 Mann zur Verwendung. Im Juli und August 1870 war
Basel mit 8276 Mann besetzt. Welche Truppenmassen kämpften aber
auch damals nicht fern von der Schweiz! Die Bourbaki'sche sogenannte Ostarmee war 150,000 Mann stark; 85,000 Mann traten in
die Schweiz über. Vergl. Blumer, Erinnerungen an die Grenzbesetzung
1870/71, 1891.

[2]) Akten Defensionale, 12. August 1711, St. Z.

sich du Luc veranlasst zu bemerken, les résolutions seront prises en temps que le cardinal de Tournon arrivera de la Chine. Diese resignirte Prophezeiung erwies sich als richtig, denn es verlautete nichts mehr von der Unternehmung. Bern gab sein placet, wenn die übrigen Orte auch zustimmen würden. Es scheint aber, dass Bern, wenn es nicht gar die Ausführung hintertrieben hat, jedenfalls froh war, dass die übrigen Orte nicht zustimmten. Ich führe zum Beweise folgende Stelle aus einer kleinen Schrift von Heussler[1]) an: „Die XIII Orte ernannten zwei Delegirte, um diese Ingenieurs auf den Augenschein zu führen, und gaben ihnen den Auftrag, a parte und insgeheim denen von Zürich und Bern zu remonstriren, was für Inconvenienzen aus sothanen Linien uns entstehen würden, und aus was Ursachen solcher Vorschlag bereits hiebevor insgemein und fürnehmlich vom damaligen Deputirten von Bern, Herrn Obrist und Venner Frisching, verworfen und nicht practicabel befunden worden."

Wenn man nun nachforscht, was wohl Bern und Basel dazu habe bewegen können — denn es können doch unmöglich die grossen Kosten allein gewesen sein —, so darf man vielleicht einen Schluss ziehen aus einem früheren Fall in Bern, als es sich um Errichtung zweier Redouten auf der Grenze gegen Frankreich handelte. Es kam das dem Kriegsrath desshalb bedenklich vor und unterblieb auch, weil es erstens sehr theuer sei, und weil man zweitens Frankreich hierdurch Anlass geben würde, auch zu fortificiren, was man dann nicht hindern könne, wenn man selbst damit angefangen habe[2]). Da nun Basel sich im künftigen Friedensschluss

---

[1]) Heussler, Der Durchmarsch des General Mercy etc. etc. in den Basler Beiträgen II, 272.

[2]) s. Kriegsrathsmanual XXXII, St. B.

von Hüningen zu befreien hoffte, ist es nicht unmöglich, dass in diesem Falle eine ähnliche Vorsicht den Ausschlag gegeben habe.

Was einzelne Kantone in ihrem Gebiet zum Grenzschutz thaten, nimmt sich bedeutend vortheilhafter aus, als alle Unternehmungen, bei welchen gemeinsames Zusammenwirken vorausgesetzt war. In Zürich z. B. entfaltete sich im Sommer 1702 eine lebhafte militärische Thätigkeit [1]). Der Stand verfügte über ein 1699 aufgerichtetes Corps von 6000 Mann (5 Regimenter, jedes zu 6 Compagnien). Hauptleute wurden gewählt, Freicompagnien — 400 Mann — wurden auf dem Schützenplatz in den Waffen geübt. Unter Th. Werdmüller wurden zwei Compagnien nach der Stadt Stein geschickt, ebensoviel nach Eglisau. Nach Basel marschirten beinahe 200 Mann, zu gleicher Zeit hielt man sich bereit, um auch Schaffhausen sofort beispringen zu können. In Stein wurde, wo es nöthig schien, die Befestigung erneuert; Werdmüller war instruirt, wenn Durchzug begehrt würde, zu antworten, er habe Befehl, sich zu defendiren, und Frist zu begehren, um Instruktionen einzuholen, auch augenblicklich die Feuerzeichen anzünden zu lassen. Mühlhausen wurde ein Repräsentant gewährt, dem Abt von Rheinau, welcher die dortigen Pässe zu bewachen hatte, bereitete man sich mit 50 Mann zu Hülfe zu kommen, wenn er Sturm läuten würde. Fortwährend waren Kundschafter (Spech, Späher genannt) unterwegs, die mitunter aufregende Gerüchte heim brachten. Nach Stein wurde bald Pulver geschickt, bald Holz zu Palissaden. In den jenseits des Rheins liegenden Dörfern Rafz, Wyl etc. lagen 400 Mann; den Landleuten wurde angezeigt, sich wider den Einbruch einer feindlichen Gewalt zu sammeln. Ein

---

[1]) Das Folgende ist den Züricher Rathsmanualen entnommen.

besonders gefährdeter Ort war Dörflingen. Wir haben eine lebendige Beschreibung davon, wie die Einwohner kaum vom Flöchnen zurückgehalten werden können, wie der Landvogt Schneeberger von Andelfingen sich zu ihnen begibt und ihnen vorstellt, nicht das Mindeste von ihren Sachen zu verrücken, sondern als Schweizer die rechte Neutralität zu observiren, Jedermann mit Höflichkeit zu traktiren und ihre Wachen zu beobachten. Er erinnert sie auch daran, wie übel die bairischen Soldaten mit solchen umgehen, bei denen sie aus dem Reich geflüchtete Sachen finden, was sie auch wohl begreifen und fremde Sachen über Rhein thun. Sie bitten ihn dann angelegentlich, dass ihnen das „Fendriche Gleit" wiederum vertraut werde. Schneeberger unterstützt das Ansuchen bei der Obrigkeit und fügt hinzu, dass der Reichsadler davongenommen werden möchte, „da er in verwichenem Jahr", so schreibt er, „dem einen und andern nicht wohl in die Augen gefallen und geredet, die Schweizer seien ja freie neutrale Leut, was sie noch mit dem Reich zu thun und den Adler führten, müsse etwas Anderes dahinter stecken"[1]). Salomon Hirzel fand, als er die Rheinpässe visitirte, die Leute nun ganz beruhigt; sie verwahrten die Zugänge mit Schlagbäumen.

Im Beginn des folgenden Jahres wurden vier Abgeordnete (zwei Werdmüller und zwei Blaarer) nach Eglisau, Rafzerfeld, Kaiserstuhl, Ellikon, Rhynau, Diessenhofen und Stein geschickt, um den Defensionsstand in Augenschein zu nehmen[2]), zu sehen, was etwa zu verbessern und wo etwa ein „Werklein oder Redoute" aufzuwerfen sei. Man wollte wohl im Vorjahr ans Licht getretenen Schäden

---

[1]) 11. Mai 1703. Akten Durchzüge und Einquartierungen. St. Z.
[2]) Akten Eidgen. Grenzbesetzung und Rathsmanuale, ebenda.

nachhelfen. Am 28. März traten sie die Reise an. Sie
fuhren den Rhein hinunter und gaben überall Rathschläge
zu Verbesserungen. In Rafz und Wyl wurden Kirche und
Kirchhof zu Defensionsplätzen ausersehen. Einiges von
ihren Plänen wurde sogleich bewerkstelligt, Anderes sollte
„im Nothfall zur Nachricht dienen". Im Uebrigen wiederholten sich die militärischen Verfügungen des Jahres 1702,
mit dem Unterschiede, dass jetzt auch Lindau mit Truppen
unterstützt wurde.

Kleine Verletzungen eidgenössischen Gebietes fielen in
diesen ersten Kriegsjahren hie und da vor. Zu den thatsächlich vorgefallenen kamen wohl gar solche, die die
fremden Gesandten erfanden, um sich die Schuld, angefangen zu haben, gegenseitig zuzuwälzen. Die meisten
Störungen gingen von kaiserlicher Seite aus. Die im
Frickthal stationirten Soldaten unternahmen nicht selten
Raubzüge ins schweizerische Land, um Kaufleute zu plün-
dern oder Unterthanen des Königs abzufangen. Wie ver-
wildert die Zustände waren, beweist, dass der kaiserliche
Gesandte selbst Leute von Baden ausschickte, um ausser
Rheins Reisende auszuplündern und die Beute heimzu-
bringen, so dass die Stadt als ein Raubnest bezeichnet
wurde [1]. Die Heiducken Trautmannsdorffs machten die eidgenössischen Strassen unsicher. Derselbe nannte die Vorwürfe des französischen Botschafters höchstens „nichtiges
Geschwätz und leeres Geschrei"; anstatt der achtungsvollen
Entschuldigungen, die von französischer Seite nie aus-
blieben, drückte er seine Verwunderung aus, dass man
so viel „Wesen und Getümmel" um so unbedeutende Dinge
mache.

---

[1] E. A. VI 2, S. 1069.

Da die Klagen der Gesandten sich nicht nur gegen die Verletzungen richteten, durch welche ihre Partei Schaden erlitt, sondern auch gegen solche, welche nur in die eidgen. Staatshoheit eingriffen, machte die Tagsatzung eine Unterscheidung [1]), welche sie den Gesandten zur Beherzigung vorlegte. Danach gab es solche Violationen, wodurch die Schweiz allein, solche, wodurch zugleich eine der kriegführenden Parteien beschädigt wurde. Nur mit diesen sollten die Gesandten sich zu befassen das Recht haben. Zu den ersteren gehörten vorzüglich die auf dem eidgenössischen Theil des Bodensees ausgeübten. Es wurden dort öfters eidgenössische Kaufleute durch kaiserliche Jagdschiffe belästigt, und zwar verwandte man dazu, recht zum Hohne der Eidgenossen, jene Soldaten, welche sie zur Beschirmung der Waldstädte bewilligt hatten. Es kam dazu, dass aus Soldaten der Constanzer Garnison in Steinach, in fürstäbtischem Lande, eine Wache aufgestellt wurde. Alles dies schien den Bestand des Jurisdiktionsvertrages zu gefährden, ja, man fand, es habe den Anschein, als gehe der Kaiser darauf aus, in eidgenössischen Landen einen Besitzstand zu constatiren. Der Abt suchte diese Vorfälle, so weit sie ihn angingen, als unbedeutend darzustellen; ganz anders der luzernische Landvogt vom Thurgau [2]).

Ein Beispiel möge zeigen, wie man sich bei geringeren Gebietsverletzungen zu verhalten pflegte [3]). Am 10. April 1703 hatte ein Lieutenant vom badischen Regimente mit 14 Mann den Rhein passirt und war mit Benutzung eidgenössischen Territoriums ins Elsass gegangen, wo er das Dorf Buschweiler geplündert hatte. Er war mit einem

---

[1]) E. A. VI 2, S. 1054.
[2]) s. Akten Grenzverletzungen, St. Z.
[3]) Akten Deutsche Kaiser, St. Z.

Pass von General Arco versehen. Der französische Gesandte beklagte sich bei den Eidgenossen. Der Commandant von Rheinfelden, an den diese sich wandten, gestand den Vorfall zu und versprach, die Klage an Arco gelangen zu lassen. Er versicherte, seinerseits das eidgen. Territorium zu respektiren. Der General schrieb sofort selbst, dass das Geschehene ihm herzlich leid und von ihm nicht angeordnet sei. Der betreffende Lieutenant entschuldigte sich damit, dass er, des Landes unkundig, von einem Bauer geführt worden sei; sobald er den Fehler wahrgenommen, habe er die Mannschaft zur Verhütung von Ungelegenheiten zu zwei und drei durchpassiren lassen. Trotzdem, schrieb Arco, habe er ihn sofort zum Profossen führen und in Eisen schliessen lassen, überhaupt die ganze Partie in Arrest genommen. Was die Entschädigung betraf, welche die Eidgenossen für das geplünderte Dorf verlangten, so behaupteten die Soldaten, es sei ihnen alle Beute von den Feinden wieder abgenommen. Arco fügte die Versicherung bei, dem Neutralitätstraktat pünktlich nachleben zu wollen [1]).

Darauf wurde gehalten, dass keine Gebietsverletzung ungerügt vorbeigehe; indem man sich beklagte und Genugthuung verlangte, hatte man wenigstens die Ansprüche eines neutralen Standes in der Theorie aufrecht erhalten.

---

[1]) Vergl. Geffken a. a. O. S. 702. Die Verantwortung des Kriegführenden geht sowohl auf die Verletzung der neutralen Staatshoheit wie auf den materiell angerichteten Schaden. In entschuldbaren Fällen genügt für Ersteres eine Entschuldigung des unabsichtlichen Verletzens. Im Letzteren erfolgt die Genugthuung in feierlicher Form durch spezielle Anerkennung der neutralen Staatshoheit, namentlich aber durch Bestrafung des Schuldigen, s. 707. Die Genugthuung bezieht sich auf die moralische Schuld und auf Entschädigung für den erlittenen Nachtheil. Die erstere wird durch Anerkennung der Schuld und Aussprache des Bedauerns über den Vorfall geleistet.

Bei Gelegenheit z. B. einer Ueberschreitung der im Frickthal liegenden Kaiserlichen rieth Zürich, ein Auge zuzudrücken, da Klagen ja doch umsonst sei. Bern hingegen
verlangte, man müsse beim Gesandten Genugthuung for-
dern, „inmassen wir Euch selbst zu ermessen geben, wenn
man diese u. dergl. Aktionen mit Stillschweigen vorbeigehen liesse, was etwa dasselbe bei dem andern Theil für
Nachdenken erweckte und für eine Suite haben möchte" [1]).

Bei bedeutenderen Gebietsverletzungen ist es thatsächlich auch nicht anders gegangen als bei den gering-
fügigeren. Welches aber für solche Fälle die Grundsätze
des Handelns waren, verlohnt sich näher zu betrachten.

Zu dem Artikel des Schirmwerks über Nichtgestattung
des Durchmarsches wurden im Februar 1702 die Worte
hinzugefügt: „und im Fall wider Verhoffen es jemand mit
Gewalt zu thun sich unterstehen würde, Gewalt mit Gewalt
abzutreiben". Der Kriegsrath von Bern begutachtete darüber: dieser Punkt sei auch vortrefflich gut, wiewohl zu
besorgen, diejenigen Orte, so das Capitulat angenommen,
werden selbigem eine gefährliche Exception beifügen und
behaupten wollen, dass wenn der König von Spanien den
Durchzug in das Mailändische begehrte, ihm solcher will-
fahrt werden müsse.

Es scheint, dass unter den Orten lebhafte Streitigkeiten gewaltet haben, wie man den Punkt fassen, wozu
man sich verpflichten wolle. Willading sagte später
(oder soll gesagt haben), er habe durchsetzen wollen,
dass man den Verletzer eidgenössischen Bodens für einen
Feind des Vaterlandes erkläre [2]); er habe nämlich damals Uebertretungen von französischer Seite gefürchtet.

---

[1]) 9. Juni 1703. Teutsches Missivenbuch 36, St. B.
[2]) Antwort Willadings auf die Instruktion Besenvals. Zellweger V, 1.

Anstatt dessen aber habe man Gebietsverletzungen nur
als feindliche Handlungen (actes d'hostilité) ansehen und
bezeichnen wollen. Der Unterschied sei, dass der erstere
Ausdruck den neutralen Stand berechtige, dem Verletzer
den Krieg zu erklären, der zweite ihm gestatte, die Sache
durch Unterhandlungen abzuwickeln.

Ganz anders klingt, was Lamberty erzählt: es sei
vorgeschlagen, sich gegen diejenige Partei zu erklären,
welche sich der Schweiz nähern würde. Das hätte der
weise Kanton Bern verworfen mit dem Hinweis darauf,
damit verpflichte man sich ja, dem Kaiser Widerstand zu
leisten, wenn er eines Tages die Schweiz von Hüningen
zu befreien unternehmen würde [1].

Ueberhaupt, was für Reden auch gewechselt sein
mögen, sich in Krieg zu begeben, war die Meinung der
Orte nicht [2]; wenn auch 1709 in erster Leidenschaft der
Wille dazu an's Licht trat. Sicher ist, dass die Eidgenossen,
wenn sie einmal die Waffen gegen eine der Mächte erhoben hätten, in den grossen Kampf derselben noch dazu
mit eigner Spaltung hineingerissen wären. Unter diesen
Umständen hielten sie es für gedeihlicher, die Dinge an
sich herankommen zu lassen. Freimüthig gestanden sie
sich einmal, dass man jeden Angreifer abtreiben würde,
sei selbstverständlich, zu weiteren Erklärungen aber über
Einmischung oder Abtreibung finde man sich nicht veranlasst,
vielmehr sei das Verfahren nach den Umständen einzurichten,
gemäss dem Sprüchwort: Der Markt wird lehren kramen [3].

---

[1] Lamberty II, S. 41.

[2] Pinheiro-Fereira: kein Neutraler wird verpflichtet, sich in
einen Krieg zu verwickeln, um einer Macht den Durchzug zu verweigern, wenn sie ihn mit Gewalt durchsetzen will. — s. G. F. de
Martens II, S. 1308, in der Ausgabe von 1869, notes de Pinheiro-
Fereira. Dies sind jetzt nur noch vereinzelte Ansichten.

[3] E. A. VI 2, S. 269 (1689).

Dem eben besprochenen Artikel über die Betretung eidgen. Gebietes wurde im September 1702 noch ein anderer hinzugefügt, welcher lautete: „Wir haben auch einhellig beschlossen, dass, wenn Flüchtlinge von der Armee, wer es wäre, kommen würden, man alle abweisen und keinem Pass gestatten solle; auch keinen von geschlagenen flüchtigen Truppen, so deren an unsere Grenze kommen sollten, auf die andere zu ziehen, Pass geben." Auch dieser Artikel wurde vom Berner Kriegsrath mit einer Anmerkung versehen: „der dritte Punkt wolle nur die in einer Schlacht flüchtigen Soldaten, die zum Feinde überlaufen wollten, nicht aber zu ordinari Zeiten die Ausreisser angehen, als derenthalben es bei gewohntem Herkommen sein Verbleiben habe". In diesem Artikel sind zwei ganz verschiedene Dinge aneinandergereiht, nämlich das Verhalten zu Ausreissern, die dem Staate, welchem sie angehörten oder dienten, zu entgehen suchten und von diesem zurückverlangt wurden, und das Verhalten zu Flüchtlingen, welche von einer der kriegführenden Parteien, als ihren Gegnern, verfolgt wurden. Nur von den erstgenannten spricht die bernische Anmerkung; es ist nicht klar, ob sie damit die letzteren ganz von dem Artikel ausnehmen will.

Bei der damaligen Heerverfassung, wo das Desertiren von Söldnern häufig vorkam, war diese Frage von Wichtigkeit. Es bildete eine besondere Klage Frankreichs, dass die Schweiz sich in Hinsicht derselben nicht mehr so betrage wie früher, sondern das Ausreissen sogar begünstige. Im Jahre 1709 hatten die Eidgenossen einen lebhaften Streit mit dem General du Bourg, da sie durchaus nichts weiter zugeben wollten, als die Deserteure abzuweisen und Pferde und Montur eventuell zurückzugeben, während er verlangte, man solle jedes Mal zugleich nach Hüningen Bericht erstatten.

Das „gewohnte Herkommen" bestand darin, dass es
jeder Stand halten konnte, wie er wollte. Die durchschnittliche Meinung war, Auslieferung sei nicht üblich
und abzuschlagen. Der Bischof von Basel schlug sie ab,
da sie seiner neutralen Stellung zuwiderlaufe. Hingegen
wurde unentgeltliche Rückgabe der Pferde und Ausrüstung
von Deserteuren meistens geübt. Es kam auch in Frage,
ob die Ausgerissenen Schweizer Unterthanen oder vielmehr
Angehörige des sie zurückverlangenden Staates waren.
Basel und Solothurn z. B. erlaubten nachjagenden französischen Offizieren etwaige Ertappte, wenn es Franzosen
waren, mitzunehmen, weil sie wegen mitgenommener Montur
oder Pferde als Diebe anzusehen seien.

Der eigenen Ruhe wegen suchten die Orte meist Ausreisser über die Grenze zu schaffen. Es wurde aber auch
hin und wieder der Standpunkt der Humanität geltend
gemacht, wenn es etwa heisst, man könne die Soldaten
nicht wohl ausliefern, da sie meistens aus Mangel an
Lebensmitteln oder durch Hinterhaltung des Soldes zum
Ausreissen gezwungen würden, und man halte es für un-
verantwortlich, sie der Leib- und Lebensstrafe auszusetzen [1].

Flüchtlingen aus geschlagenen Armeen sollte also dem
Artikel gemäss der Pass verweigert werden. Allerdings
retteten sich z. B. nach der Schlacht bei Rumersheim 1709
Manche durch Basel'sches Gebiet, aber die Baseler gestanden dem französischen Gesandten so sehr das Recht zu,
sich darüber zu beklagen, dass sie sogar behaupteten, auf
die Soldaten geschossen zu haben.

Es findet sich im Berner Kriegsrathsmanual [2] unter
dem 12. Februar 1714 folgende interessante Notiz:

---

[1] E. A. VI 2, S. 52, 909.

[2] Kriegsrathsmanual XXXVI, St. B.

„Betreffend die Frage, ob die Flüchtlinge in das Land zu lassen sein wollen, finden wir, dass sie nach Ablage der Gewehre sammt ihren Effekten in das Land zu lassen seien. Diejenigen, die ihnen nachsetzen wollten, sollen auf den Grenzen so gut als möglich von fernerem Nachsetzen abgehalten werden, um so vielmehr, als der französische Gesandte das Wort gegeben hat, dass durch die königlichen Truppen das schweizerische Territorium nicht solle betreten werden." Dazu ist am Rande bemerkt: „Dieser Punkt ist vor R(äth) und B(urger) auszulassen befohlen worden."

Obgleich fahnenflüchtige Soldaten gewöhnlich als „Ausreisser" oder „Deserteure" und nicht als „Flüchtlinge" bezeichnet werden, ist es doch wahrscheinlicher, dass es sich hier um solche handelt. Uebrigens ist in jenem Artikel des Schirmwerks nicht ausgeschlossen, dass man Flüchtende aus geschlagenen Armeen im Lande behalten konnte; nur ihnen keinen Pass auf die andere Grenze zu geben, hatte man sich verpflichtet.

Eine Art der Gebietsverletzung, welche während des span. Erbfolgekrieges mit erschreckender Häufigkeit vorkam, war die Festnehmung oder gar Tödtung von Personen auf eidgenössischem Gebiet, durch welche sich entweder eine der kriegführenden Parteien benachtheiligt glaubte, oder vermittelst welcher sie einen Druck ausüben wollten. Beide Mächte bedienten sich mit Vorliebe dieser Repressalien. Da jede von beiden in den Orten Privatpersonen für sich zu gewinnen suchten und Bestechung nicht immer unwirksam bleiben konnte, fanden sich sogenannte Parteigänger, denen von der andern Macht nachgestellt wurde. Gleich im Anfang des Krieges wurde ein Bürger von St. Gallen, Schobinger, von den Kaiserlichen allerdings nicht auf eidgen. Boden, sondern in Constanz gehenkt.

Puysieux machte daraus eine grosse Angelegenheit und verlangte, dass St. Gallen Genugthuung fordre. Trautmannsdorff sagte, derselbe sei mit Recht hingerichtet, da er Soldaten von der Constanzer Garnison zu französischem Kriegsdienst habe verleiten wollen, und weil er die Correspondenz zwischen Franzosen und Baiern vermittelt habe. Bern wollte herausgefunden haben, dass Schobinger ein ungerathener junger Mensch gewesen sei, der sein Bürgerrecht in St. Gallen aufgegeben habe; desshalb brauche man sich seiner nicht anzunehmen [1]. Später häuften sich solche Fälle und einer zog den andern nach sich. Das Treiben der fremden Gesandten zeigte sich gerade hier als sehr verderblich.

Solche gegen Privatpersonen verübte Gewaltthaten hängen zum Theil mit der mehr oder minder starken Gewalt zusammen, welche die Regierung über ihre Unterthanen hat, wie in Folge dessen eine mehr oder minder grosse Verantwortung für ihr Thun und Lassen. Die Grenze, wo diese Verantwortung aufhört, ist auch nach modernen Ansichten unbestimmt [2] und richtet sich im Allgemeinen danach, ob die zu verbietenden Handlungen leichter oder schwerer zu überwachen sind. Hinwiederum ist auch die Repression der kriegführenden Parteien, durch welche sie sich selbst vor Schaden schützen wollen, unbestimmt begrenzt, und die neutrale Regierung darf sie unter Umständen als zu weitgehend zurückweisen [3].

---

[1] Instruktionsbuch Y a. a. O.

[2] s. Geffken a. a. O. S. 612.

[3] s. ebenda S. 613. So wies Bern die Versuche des franz. Gesandten, sich in Bezug auf die Auslieferung eines geflüchteten Camisarden selbst Recht zu verschaffen, ab. Er hätte sich sollen, wurde ihm geschrieben, an die Obrigkeit wenden, welche eventuell die Ausweisung desselben angeordnet haben würde, aber ihn gewaltsam fortzunehmen, gehe gegen die Verträge, ja, gegen die Neutralität selbst. Frankreichbuch H. H., St. B.

Bekanntlich mischte sich die Obrigkeit früher in eingehender Weise in das Leben der Privatpersonen ein und fühlte sich in Folge dessen für Handlungen derselben sehr verantwortlich. Dass es verboten war und bestraft wurde, Werbungen ohne obrigkeitliche Erlaubniss vorzunehmen, ist selbstverständlich. Der bedeutendste Fall in dieser Hinsicht kam, so viel die vorliegende Periode angeht, in Freiburg vor, als ein angesehener Bürger aus der Familie der Diesbach, aus dem französischen Kriegsdienst ausgetreten, im Auftrage des Prinzen Eugen für die Generalstaaten ein Regiment warb (1711), welches in Spanien zu dienen bestimmt war. Auf die Mahnung des französischen Gesandten verboten alle Orte ihren Unterthanen bei scharfen Strafen in das Regiment einzutreten; Freiburg bequemte sich nur ungern, erst mit Entziehung der Pensionen und Unterbrechung des Käsehandels bedroht, den Schuldigen aus dem Rathe auszustossen. Basel verbannte einen seiner Bürger, der in das Regiment eingetreten war, und erklärte ihn der Bürgerrechte verlustig [1].

Auch die Rekrutirungen für schon bestehende Regimenter standen unter strenger obrigkeitlicher Aufsicht. In Bern wurden 1706 mehrere Offiziere im Ganzen um 4620 Thaler für 287 Rekruten gebüsst, die sie ohne Erlaubniss der Regierung angeworben hatten [2]. Andrerseits konnte die Regierung zwar nicht durchaus verhindern, dass ihre Unterthanen in fremden Kriegsdienst sich begaben, doch liess sie es an Ermahnungen und Mandaten nicht fehlen. Wenn eins von den kath. Orten Zürich um seine Zustimmung zu Werbungen in gemeinsam regierten Herrschaften

---

[1] Hierüber s. besonders das Mémoire du Luc's von 1715.

[2] Ein Theil des Geldes sollte zur Erbauung eines neuen Spitals oder zur besseren Instandsetzung des Inselspitals benutzt werden. Hollandbuch A, St. B.

bat, so hatte es sich zur Regel gemacht, nicht darauf zu antworten, die Unterthanen aber davon abzumahnen. Dabei handelte es sich meist um französischen Kriegsdienst, allein dem Kaiser gegenüber verfuhr Zürich nicht anders. Auf das Gerücht, dass zur Schwabenernte gehende Landleute dort zum Kriegsdienst verlockt wurden, verordnete der Rath, dass der Antistes durch ein Circularschreiben die „guten, ehrlichen Leute" anweisen sollte, sich vorzusehen.

Der Verkehr des Einzelnen mit den fremden Gesandten und deren Agenten wurde scharf überwacht. Die rücksichtslose Energie, mit der viele Rathsgeschlechter sich für die eine oder andere Partei des Auslandes interessirten, trug oft dem Stande Vorwürfe und Ungelegenheiten ein. Der Staat, im Allgemeinen seinen Bürgern gegenüber minder geschlossen und mächtig als heute, musste im Einzelnen dafür oft scheinbar tyrannisch eingreifen. In Zürich scheint ein Rathsprokurator Orell mit der französischen Gesandtschaft in Beziehungen gestanden zu haben. Die Obrigkeit verbot ihm sein „verdächtiges Hin- und Wiederreisen zum franz. Gesandten und zur franz. Armee". Auch dem spanischen Gesandten und dem päpstlichen Nuntius hatte er Briefe befördert und die ausserordentlichen Tagsatzungen besucht. Alles dies wurde ihm verboten; er sollte sich künftig der gewöhnlichen Post bedienen und nicht ohne Erlaubniss verreisen. Verdächtig scheinende Briefe behielt sich die Regierung zu öffnen vor[1].

Als im Jahre 1707 die Neuenburger Erbfolge geregelt wurde und der Ausgang noch unbekannt war, aber bedrohlich zu werden schien, forderte die Berner Regierung

---

[1] Rathsmanual 1703 und 1706. In der Zellweger'schen Sammlung findet sich noch vom 13. April 1712 ein Brief des spanischen Gesandten Beretti Landi an den „französischen Agenten Orell", welches vermuthlich derselbe sein wird.

ihren Vertreter Steiger in Neuenburg auf, sämmtliche
Herren vom grossen Rathe, die sich dort aufhalten sollten,
im Auftrage der Obrigkeit sofort aus der Stadt nach Hause
zu weisen. Dieselben scheinen einen solchen Befehl übel
genug aufgenommen zu haben, denn Steiger antwortete:
„Es ist nicht nöthig gewesen, die zwei oder drei Herren
des grossen Raths, so theils in Geschäften, theils Curiosität
halber hier gewesen, wegen schleuniger Rückkehr zu com-
miniren, wie denn sie ohne das heute Morgen verreisen
wollen .... Sonsten haben dieselbigen bei Eröffnung Ew.
Gnaden Befehls vermeint, dass die Glieder einer Republik
nicht so weit eingeschränkt werden könnten, dass sie nicht
frei sein sollten, an dergleichen und andere Orte zu gehen.“

Eine Begebenheit, die sich an Berns Inschirmnahme
der Waldstädte 1702 schloss, führte zu eingreifenden
Zwisten, Klage und Untersuchung. Als es nämlich noch
unentschieden war, ob Bern ganz allein den Schutz übernehmen würde, äusserte Trautmannsdorff, ihm sei die dies-
bezügliche Zusage von hohen Personen von Bern — nicht vom
Stande selbst, erklärte er auf Nachfrage — gegeben worden,
nun finde er sich betrogen und wisse nicht, wie er sich vor dem
Kaiser dieser Unwahrheit entschuldigen solle. Nun wurde der
Correspondenz nachgespürt; Briefsendungen des Grafen an
Sinner, Willading, Steiger von Lausanne, St. Saphorin
wurden in Erfahrung gebracht. Der Postangestellte zu
Brugg sagte aus, dass so viele Schreiben des Grafen an
Privatpersonen durchpassirt seien, dass er sich der Namen
der Adressaten gar nicht mehr zu entsinnen wisse [1]). Diese

---

[1]) Klag gefährlicher Correspondenzen, so unterlassen sind, weil
ich zu Brugg auf meinem Posten stunden etc. etc., s. Collectio diplomatica XXVIII, Stadtbibliothek B. — Vergl. auch die Biographie
Sinners in der Sammlung bernischer Biographien, Heft 10.

Klage ist ohne Zweifel der Ausdruck von Gegnerschaften unter den Berner Rathsherren.

In einem Falle hatten die schweizerischen Regierungen besonders Mühe, ihre Autorität durchzusetzen: den Offizieren gegenüber, die in fremdem Kriegsdienst standen. Selbst diejenigen, die ihrem Vaterland anhänglich und beständig eng verbunden blieben, fühlten sich von dem Fürsten, der sie besolden und befördern sollte, mindestens ebenso abhängig wie von ihrer natürlichen Obrigkeit. Ein eindringliches Beispiel dazu liefert eine Aeusserung des kaiserl. Generalfeldmarschalls Bürkli, eines geborenen Zürichers, welcher einer gewissen Theilnahme an dem Durchbruch des Generals Mercy beschuldigt wurde. Derselbe schrieb an seinen Schwager Hans Kaspar Escher nach vorhergegangener Zurückweisung der Anklage: „Und auch dies vorbeizugehen, so darf noch kann man mich nicht als Eidgenossen, sondern man muss mich als einen wirklichen kaiserl. General, der wegen seiner Diensten und Functionen einzig und allein M. allergnädigsten Herrn dem Kaiser engagirt, und diesfalls weder der lobl. Eidgenossenschaft noch dem lobl. Kanton Zürich mit Pflichten beigethan, ansehn. Dessen Schuldigkeit erfordert, in allen Occasionen seines Principalen Bestes zu befördern. Solchem nach verhalte nicht, dass, wenn mir der Befehl gegeben worden wäre, diese Völker durch das Baslerische zu führen, ich selbiges ohne Widerrede hätte thun müssen" [1]).

Klarer kann die Gefährlichkeit dieser zwiespältigen Stellungen sich nicht ausdrücken. Man kann sich denken, wie viel schwieriger es für die Regierungen noch war, jene Offiziere zu beeinflussen, welche in grösserer Entfernung von ihrem Vaterlande, etwa dem Glanze des

---

[1]) Akten Deutsche Kaiser, St. Z.

französischen Hofes nah, verweilten. Es waren denn auch die
Ueberschreitungen der Schranken, welche dem Dienst durch
die Bünde gesteckt waren, Transgressionen genannt, ein
mit grösster Regelmässigkeit an den Tagsatzungen wieder-
kehrendes Geschäft, eine Ursache beständigen Haders unter
den Orten, unleidlicher Vorwürfe seitens der fremden, besonders des kaiserlichen Gesandten. Der vornehmlichste
Klag- und Streitpunkt waren die Niederlande, welche der
Kaiser als ihm zugehörig betrachtet wissen wollte. Einige
Orte — kath. Glarus, Freiburg und Solothurn — wollten
das nicht anerkennen und beriefen sich hauptsächlich
darauf, dass der Dienst in den Niederlanden von jeher
üblich gewesen sei. Am richtigsten, wenigsten am auf-
richtigsten war es wohl, wenn die kath. Orte geradezu
sagten, man könne überhaupt nicht so streng sein, sonst
würde man den französischen Dienst ganz unnütz machen,
und sie suchten nun einmal ihr Glück im Kriege, wie
andere Orte im Handel. Nicht nur dass die erwähnten
drei Orte sich in Hinsicht auf die Niederlande freie Hand
behielten, Freiburg und kath. Glarus stellten sogar die
Theorie auf, jedes Ort könne die Transgressionen abstellen,
wenn es wolle, sei aber keineswegs dazu verpflichtet [1]).
Sie, nebst Solothurn, liessen sich denn auch nie bewegen,
der dem Grafen Lodron (Mai 1690) gegebenen Erklärung
beizutreten, dass die Transgressionen gegen Oesterreich
und das römische Reich abgestellt werden sollten. Zürich
bekämpfte die Transgressionen unermüdlich vom morali-
schen Standpunkte aus, und damit nicht Eidgenossen gegen
Eidgenossen kämpften. Aus dem Missfallen, welches in
Holland über das Züricher Defensivbataillon zu Tage trat,
kann man schliessen, dass auf die Beobachtung dieser

---

[1]) E. A. VI 2, S. 442 (1692).

Beschränkung des Dienstes streng geachtet wurde [1]). Mit allen eindringlichen Reden erreichte Zürich zwar so gut wie nichts, und Trautmannsdorff zeigte, wie wenig er die eidgenössische Verfassung kannte oder kennen wollte, wenn er darauf beharrte, dass die widerstrebenden Orte von den gutgesinnten zur Abschaffung der Transgressionen gezwungen werden müssten. Der Kaiser verpflichtet sich sogar im Beginn des span. Erbfolgekrieges, auf die ihm schon bewilligten zwei Regimenter zu verzichten, wenn zuvor die Völker aus Frankreich wirklich nach Hause berufen sein würden [2]). Etwas, woran im Ernste gar nicht gedacht werden konnte.

Frankreich war nun keineswegs ganz verschont von Transgressionen, nur klagte es nicht so häufig, theils weil es sich der eignen Schuld bewusst war, theils weil es sich die Vorwürfe aufsparen wollte, um sie gelegentlich etwaigen Klagen der Schweizer entgegen zu halten [3]). Es traten sowohl Schweizer Truppen, die im Dienste des Herzogs von Savoyen waren, in das Dauphiné ein, wie auch die Berner Truppen, welche ja fast alle Feldzüge der Generalstaaten gegen Frankreich mitmachten, nicht zurückgelassen wurden, wenn französischer Boden betreten werden sollte. Es ist zwar anzunehmen, dass die Berner Obrigkeit es

---

[1]) „Jamais on ne parle du bataillon défensif de Zuric qu'avec un mépris indisible." St. Saphorin à Willading. Livre II, a. a. O.

[2]) Juli 1702. Memorial von Trautmannsdorff.

[3]) „Je n'ai pas cru devoir me plaindre de ce qu'ils se trouvent parmi les prisonniers (nach der Schlacht bei Rumersheim) des Suisses du régiment d'Erlach. C'est une infraction, à la vérité, que ces troupes ont faite; mais vous savez, Monsieur, que nous ne sommes pas exempt de reproches, et cette démarche nous autorisera, si à l'avenir nous voulions faire passer le Rhin aux Suisses." Aus einem Briefe du Luc's vom 5. September 1709. In einem andern Briefe sagt er, dass er sich nicht darüber beklagen wolle, crainte de réveiller le chat qui dort, bei Zellweger V, 1.

ganz ehrlich meinte, wenn sie ihren Offizieren zu transgrediren verbot, „damit nit indignation, Straf und Ungnad
auf Dich' zeuchest" [1]). Aber um ihren Willen durchzusetzen,
hätte sie, wie die kath. Orte von sich gesagt hatten, den
Dienst überhaupt unnütz machen müssen. Holland empörte
sich gewaltig, als Bern sich im Beginn des Feldzuges von
1710 dafür verwandte, dass seine Truppen nicht in den
Ländern dienen müssen, die Frankreich um 1663 in Besitz
hatte. Heinsius gab zu, dass die Forderung der Capitulation
gemäss sei, behauptete aber, es sei von Bern aus die Versicherung gegeben, die Klausel müsse nur aus Rücksicht
gegen Frankreich eingerückt werden, solle jedoch nicht
zur Ausführung kommen. Niemals werde er einen solchen
Befehl geben, der die Truppen ganz werthlos machen
würde. Vollends wurde er zornig, als er vernahm, dass
die Berner Regierung bereits von sich aus ihren Offizieren
strengen Befehl gegeben hatte, nicht zu transgrediren.
Du Luc schrieb, als er davon hörte, einen liebenswürdigen
Danksagebrief an Bern. Zu früh; denn unterdessen hatte
der Kanton dem hartnäckigen Protest der Generalstaaten
nachgegeben und den Befehl an die Offiziere „bis auf
Weiteres" zurückgezogen [2]).

Es ist billig daran zu erinnern, dass doch manche
Offiziere, auch abgesehen von dem bekannten Berner
Dachselhofer, den Dienst aufgaben, um der empfangenen

---

[1]) 21. October 1702, Schreiben an Oberst Mai. s. Teutsches Missivenbuch Die Stadt Bern, 36. St. B.

[2]) Livre II a. a. O. — Der Danksagebrief du Luc's ist vom
11. Juni. Am 29. April schrieb du Luc an Torcy: Les Bernois ont
écrit aux officiers qu'ils ont au service du Hollandais d'entrer sans
difficulté dans le royaume. Man sieht, wie unzuverlässig du Luc zuweilen ist; erstens hat Bern einen solchen Befehl überhaupt nicht
gegeben und zweitens bemühte es sich gerade zu der Zeit ernstlich,
das Entgegengesetzte zu erreichen.

obrigkeitlichen Instruktion Genüge zu leisten. Ich nenne nur Sacconai, der den französischen Kriegsdienst verlassen musste, weil er sich 1688 weigerte, den Rhein zu überschreiten; derselbe, welcher 1708 die Neuenburg gewährten Hülfstruppen von Bern befehligte. Ebenso wurde 1690 J. H. Lochmann vom Könige entlassen, weil er nicht gegen das Reich und Holland dienen wollte. 1703 weigerte sich Pierre de Grenut von Genf den Rhein zu überschreiten. Andererseits verliess F. F. Keidt den Herzog von Savoyen, um nicht über den Var hinausgehen zu müssen [1]).

Gegen Ende des Krieges, nach erfolgter Umgestaltung der Parteiverhältnisse, projektirten einige Orte unter der Führung von Luzern ein Schreiben an den König, um ihn zu bitten, dass er die zur Belagerung von Landau verwendeten Truppen zurückrufe [2]). Aber Bern willigte nicht in die Absendung und die kath. Orte wurden durch du Luc umgestimmt. Bald konnte derselbe Gesandte frohlocken, dass künftighin, wenigstens von Seite der kath. Orte, von den „sogenannten" Transgressionen nicht mehr könne geredet werden, da auf den Rath von Schwyz in den Bund von 1715 der Artikel aufgenommen sei, die Truppen sollten „nach dem Beispiel der Vorfahren" dienen; diese aber hätten ohne Schwierigkeit überall gedient [3]).

Es erübrigt noch, Einiges darüber zu sagen, in welcher Weise die Neutralität auf dem Gebiete des Handels zur Durchführung kam. In der alten Eidgenossenschaft, wo die Neutralität recht eigentlich ein Fortbestehen der freundschaftlichen Beziehungen zu den kriegführenden Mächten

---

[1]) Nach Girard, Histoire abrégée des officiers suisses, S. 312 I, S. 54, 114 II, S. 20 III.

[2]) Bei Zellweger II.

[3]) Mémoire du Luc's von 1715 a. a. O.

war, erfuhren Handel und Verkehr im Kriege grundsätzlich keine Unterbrechung, wie es sich übrigens auch von selbst versteht. Allerdings fanden nicht selten Ausnahmen statt, welche theils in wirklicher Noth eines Kriegführenden begründet sein mochten; theils bedienten sich beide Mächte mit Vorliebe der Verkehrshemmungen, um Etwas durchzusetzen oder zu bestrafen. Solche Verkehrssperren verfügte während des spanischen Erbfolgekrieges der Kaiser gegen die kath. Orte, die das Capitulat mit Philipp V. fortsetzten; Mailand, als es in dessen Händen war, vorübergehend gegen Zürich, um die Anerkennung des Gesandten Beretti Landi durchzusetzen; Frankreich peinigte Basel jahrelang durch eine Getreidesperre.

Die im Erbverein begründete Zollbefreiung erlitt während des Krieges auch mancherlei Angriffe; wollte der Kaiser sie doch einmal für einige Jahre ganz aufheben. So häufig aber Auflagen stattfanden, so wurde doch immer durch Vorschützung äusserster Noth zugestanden, dass es eine Unregelmässigkeit war, die nur vorübergehender Natur sein dürfe.

Für den Handel war im Jahre 1691 mit dem Kaiser Folgendes vereinbart: den Waaren müssen obrigkeitliche Scheine — Attestationen — beigegeben werden von Seiten der Eidgenossen, dass die auszuführenden Waaren inländisches Fabrikat sind, dass die eingeführten nicht ausser der Eidgenossenschaft verwandt werden sollen [1]. Dazu kam später noch die Bestimmung: Contrebandewaaren, d. h. solche, die unmittelbar zum Kriege dienlich sind, sollen den Orten mit Ausnahme der an das feindliche Land grenzenden (Basel, Freiburg, Solothurn und Genf) gegen

---

[1] Für den Handel mit Frankreich waren während der Gesandtschaft Amelot's Attestationen festgesetzt.

obrigkeitliche Scheine, dass sie zum Verbrauch in dem
betreffenden Orte selbst bestimmt sind, verabfolgt werden.
Als aber der Kaiser nach Ausbruch des spanischen Erbfolgekrieges noch neben den Attestationen einen Eid auf
die darin enthaltenen Punkte von den Kaufleuten forderte,
weigerten sie sich dessen, und eine Konferenz in Rorschach
fand statt [1]), zu der sich Abgeordnete von Zürich, Bern,
Basel, Schaffhausen und St. Gallen einfanden. Die Folge
war, dass — wenigstens in Zürich — die ganze Kauf-
mannschaft vereidigt wurde, diesen Krieg hindurch in allen
„ausser Landes kauf- und verkaufenden, beschickend- und
verschickenden Waaren" keine Gefahr und Untreue zu
gebrauchen, bei den Attestationen alles ehrlich anzugeben,
damit man bei unvermutheter Eröffnung keine Gefahr
laufe [2]). An der Rorschacher Konferenz verlangten auch
die Schweizer Kaufleute von der österr. Regierung ein
spezifizirtes Verzeichniss aller Waaren, die als Contrebande
gelten sollten, „damit ein ehrlicher Mann wisse, wie er
sich zu verhalten habe" [3]). Hostilwaaren, die von keiner
Attestation begleitet waren, wurden von der österr. Regierung, nach vorangegangener Bekanntmachung des Be-
schlusses, konfiszirt.

Viel Meinungsverschiedenheit herrscht jetzt noch über
die sogenannten zweifelhaften Artikel, von Grotius res
ancipitis usus quae in bello et extra bellum habent usum,
von den Eidgenossen „Waaren, die nicht pure hostilia sind"
genannt. Dahin werden z. B. Pferde gerechnet, ein Artikel,
der in der Schweiz von Wichtigkeit war, weil die Franzosen Pferde in grosser Menge von dort bezogen. Dagegen

---

[1]) Am 20. August 1703. E. A. VI 2, S. 1095.
[2]) 13. September 1703, Rathsmanual.
[3]) Geffken a. a. O. S. 694: Eine erschöpfende begriffliche Defini-
tion der Contrebande ist noch nicht aufgestellt.

wandte der Kaiser auch nichts ein, vielmehr erklärte Trautmannsdorff ausdrücklich, es fiele ihm nicht ein, den Eidgenossen im Pferdeverkauf etwas vorschreiben zu wollen, möchten nun die Käufer Spanier, Franzosen, Juden oder Heiden sein. Nur den Fürkauf, nämlich dass eidgen. Händler österreichische oder Reichsunterthanen verleiteten, ihnen heimlich Pferde zu verkaufen, sollten die Orte nicht dulden. Zürich entschloss sich nun, auch weil man ja die Pferde im Nothfall selbst brauchen müsse, den Handel mit denselben im Grossen zu verbieten. Keiner solle fortan mehr als sechs Pferde im Stalle haben, es sei denn, dass er sie zu seinem Gewerbe durchaus nöthig habe.

Es scheint fast, dass diese Verordnung viel umgangen wurde, wenn man wenigstens urtheilen will nach einer handschriftlichen Randbemerkung in einer kleinen Druckschrift [1]), die, vom alliirtenfreundlichen Standpunkt aus geschrieben, zu Gunsten der Reformirten anführt, dass sie durch strenge Gesetze den Verkauf von Munition und von Pferden verboten hätten. Diese Bemerkung lautet: „Es war mir herzlich leid, da ich wieder anhero in die Schweiz kommen und verstanden, dass man den Franzosen zulass (eben auch in den ref. Cantons), so viel Pferd zu kaufen, als sie nur wollen, und hat man mich nicht letz informirt, so wäre es den Franzosen unmöglich gewesen, so geschwind wieder eine genugsame Cavallerie in das Feld zu bringen, wenn nicht so viel tausend Pferd hin und wieder in der Schweiz nach Belieben aufgekauft hätten. Welches in der Wahrheit von den hohen Alliirten, insonderheit

---

[1]) Advice from Switzerland etc. etc. by a gentleman of honour to a person of quality. London 1705. Die Handschrift scheint die des Zürichers Werndly zu sein welcher wohl auch Verfasser des Advice ist.

aber von England, nicht wohl kann aufgenommen werden;
und wie wird der ref. Schweizer dieses vor Gott oder
vor den hohen Alliirten verantworten? Ist das nicht ein
Elend? Heisst das nicht dem französischen Tyrannen den
Arm stärken? Sind denn gar keine Mittel mehr vorhanden,
diesem verzweifelten Elend vorzubauen?"

Was Lebensmittel betrifft, so konnte der Transit von
Getreide z. B. „von Neutralität wegen, auf dem Fuss wie
bisher gegen männiglich practicirt werden", wie Bern sich
einmal ausdrückte, nicht gehindert werden. Doch wurde
dieser Kanton nicht mit Unrecht beschuldigt, dass er in
seinem Gebiete Kornmagazine zur Unterstützung der savoyischen Truppen errichte. Dies war natürlich durchaus
unstatthaft und wurde auch dafür angesehen.

Capitel IV.

Das Mailänder Capitulat.

Mit Spanien waren neben den V Orten Freiburg,
Appenzell 1.-Rh. und der Abt von St. Gallen verbündet.
Mehr als an irgend einer andern Verbindung war den
katholischen Orten an derjenigen mit Mailand gelegen;
einmal wegen der Vortheile im Handel, die sich täglich
geltend machten, wegen der Pensionen, die mit dem Bunde
verknüpft waren, dann wegen der bei einem Religionskrieg
etwa zu erwartenden Hülfe. Der Besitzer Mailands sollte
im Nothfall Bundesgenosse werden gegen die ev. Eidgenossen; es folgte daraus, dass diese nicht Mittheilnehmer
am Capitulat werden durften. Gerade dieser letztere Punkt
beeinflusste die Handlungsweise der verbündeten Orte
ausserordentlich. So lange die Theilungspläne Aussicht auf
Verwirklichung hatten, gaben sie sich der Hoffnung hin,
Mailand werde in den Besitz des Herzogs von Lothringen
kommen. So bald dies geschehen sei, wollten sie sich ohne
Zeitverlust mit ihm in Verbindung setzen, um das Capitulat
mit ihm aufzurichten. Dann dürfe man keine Mühe sparen,
um die ref. Orte, welche sich vielleicht würden zudrängen
wollen, vom Bunde fern zu halten, oder, falls sie ihn
ganz abthun oder für sich ungefährlich machen wollten,
ihnen zu widerstehen. Gottlob sei das lothringische Haus
gut katholisch, und die Soldaten von der widrigen
Religion würden in Italien verabscheut, da sei zu hoffen,
dass man die kath. Orte den evangelischen vorziehen
würde. Freilich sei die Frage, ob sie allein im Stande

wären, Mailand zu schützen; im Hinblick darauf müsse
man vielleicht, wenn auch ungern, die ev. Orte zuziehen [1]).

Nun aber sollte die spanische Erbfolge eine ganz
andere Entwicklung nehmen. Als das Testament Karls II.
von Ludwig XIV. angenommen war, beschlossen die
verbündeten Orte, wie es strenger Neutralität gemäss
sei, das Capitulat als suspendirt zu betrachten, bis der
Erbe der Monarchie bez. des Herzogthums Mailand bekannt
und anerkannt sei; dann aber habe es, seinem Inhalt gemäss, noch fünf Jahre nach dem Tode des letzten Herr-
schers in Kraft zu bleiben. Sie hofften, indem sie so handelten, die endgültige Lösung der Verwickelung werde so
bald erfolgen, dass sie eine entschiedene Erklärung vermeiden könnten, ohne unter der Suspension allzu sehr zu
leiden.

Noch im Jahre 1700 bewarben sich sowohl der Kaiser
wie Philipp von Anjou um die Fortsetzung des Bundes;
Beide versprachen und drohten dasselbe. Trotzdem die
Orte öfters aussprachen, dass ihnen nicht zustehe, im
Streite der Mächte Schiedsrichter zu sein, suchten beide
Bewerber, besonders Oesterreich, sie durch weitläufige
staatsrechtliche Abhandlungen von der Gültigkeit ihrer
Ansprüche zu überzeugen. Frankreich würde — denn
Frankreich und Spanien seien jetzt eins — auf das salische
Gesetz sich stützend, die wälschen Vogteien wieder an
sich ziehen, so warnte Trautmannsdorff. Ja, wenn es sogar
die alten Grenzen aus dem Julius Cäsar suchen würde,
wie es dann der Eidgenossenschaft ergehen möchte?

Casati, der noch von Karl II. accreditirte spanische
Gesandte, hatte für seinen neuen Herrn bald bessere

---

[1]) 19. November 1700. Ehrenausschuss von Luzern. Akten Mailand-
Spanien. St. L. Vergl. E. A. VI 2, S. 892, 893.

Gründe in's Feld zu führen, nämlich dass er in Spanien anerkannter Herrscher war. Hierauf sich stützend trug er vor, dass, wenn ein Fürst die Herrschaft wirklich angetreten habe, es Pflicht der unparteiischen Staaten sei, ihn anzuerkennen, anstatt den Rechten nachzuforschen, auf die seine Herrschaft sich stütze.

Aber noch war damit über Mailand nicht entschieden. Während des Jahres 1701 wussten sich die Orte mit dem Referendum, mit allgemeinen Versicherungen nach jeder Seite zu helfen. So wie so waren sie mit dem Herzog von Anjou unzufrieden, welcher einen Volksaufbruch so gut von den reformirten wie von den verbündeten Orten verlangte, und die Furcht schien nicht unberechtigt, es möchte sogar auf eine Ausdehnung des Bundes auf jene abgesehen sein. Ueberhaupt kann man, bei Luzern wenigstens, damals durchaus keine blind überstürzende Hinneigung zu Frankreich wahrnehmen. Den Länderkantonen gegenüber beobachtete es oft, z. B. in Hinsicht auf das Defensional, eine vaterländische Haltung. Als Unterwalden im Januar 1703 sein Siegel vom Schirmwesen zurückforderte, schrieb ihm Luzern mit unverhohlenem Missfallen, es könne natürlich thun, was ihm beliebe, aber in diesen gefährlichen Kriegsläuften sei Einigkeit die einzige Rettung, deren beständige Erhaltung Luzern hiemit empfohlen haben wolle. Noch auffallender ist, was Luzern im Frühling 1701 an seine Tagsatzungsboten in Baden schrieb [1]). Es seien eine Anzahl Pferde, auch Leute dabei, durch Luzern nach Uri in das Mailändische geführt, vermuthlich ein Durchmarsch französischer Soldaten, was die äusseren Mächte leicht als Neutralitätsverletzung ansehn könnten. Nun hätten zwar die Pferde nicht nach Luzern kommen können, ohne vorher

---

[1]) Acta den span. Successionskrieg betreffend. St. L.

auch andere Kantone zu berühren, denn sie kämen vom
Elsass und aus Burgund. Die Gesandten möchten vorsichtig,
damit die Orte, welche etwa über die Nachforschung beleidigt wären, nichts davon merkten, sich mit Bern und
Basel unterreden und dann erst eventuell die Sache vor
der Tagsatzung in pleno anbringen.

Nach Aussagen du Luc's war Luzern weit mehr
spanisch als französisch, oder richtiger gesagt, es neigte
sich demjenigen Fürsten am meisten zu, der Mailand inne
hatte. So kam es, dass zu Ende des span. Erbfolgekrieges,
als Frankreich keinerlei Zusammenhang mit Mailand mehr
hatte, die antifranzösische Richtung in Luzern beinahe die
Oberhand gewinnen konnte. Andrerseits im Anfang des
Krieges, als derselbe in Betreff Mailands zu Gunsten
Frankreichs entschieden war, sehen wir sofort die Haltung
der verbündeten Orte erschüttert. Mochte Trautmannsdorff
noch so spitzfindig definiren, der Herzog von Anjou habe
nur civilem, der Kaiser aber naturalem possessionem, die
Thatsache, dass jener das Herzogthum wirklich in Besitz
hatte, liess sich nicht wegbeweisen. Damit hatte er es in
der Hand, den Orten so zu nützen wie zu schaden, der
Kaiser konnte nur von Schwaben und Tyrol aus mit Hinterhaltung der Früchte und des Salzes drohen, was alles zu
ersetzen Frankreich sich anheischig machte und auch wirklich in's Werk setzte. Anfänglich waren des Kaisers
Forderungen weitgehender gewesen, da er sich den Zugang
zu Mailand eröffnen wollte, während Frankreich nur Sperrung der Pässe verlangte; später liess der Kaiser nach,
verzichtete auf die Fortsetzung des Bundes und beanspruchte nur noch — und dies konnte er mit grösserem
Rechte — dass er suspendirt bleibe bis zur Entscheidung.

Die ref. Orte legten anfangs, so lange es die katholischen auch thaten, grosse Mässigung an den Tag; sie

mutheten ihren Miteidgenossen keineswegs zu, das Capitulat
aufzugeben, dessen Wichtigkeit sie anerkannten, nur riethen
sie ihnen, noch zuzuwarten und besonders den Volksaufbruch hinzuzögern.

Im Februar 1702 waren die kaiserlichen Waffen in
Italien noch glücklich gewesen. Aber seit dieser Zeit,
nachdem Villeroy durch den fähigen Vendôme ersetzt war,
wurde Prinz Eugen mehr und mehr zurückgedrängt.

Im März trat in Luzern noch einmal ein Ausschuss
zusammen, welcher in einsichtsvoller und erschöpfender
Weise über das Capitulat sowohl wie über die kaiserliche
Volkswerbung verhandelte [1]). Um letztere zu begünstigen,
wurde über Frankreich und Spanien folgende Bemerkung
gemacht: „Und gleich wie diese beiden Kronen, ehe und
bevor sie zusammenschmolzen, in diesen Landen einander
das Gegengewicht gehalten, also sei dem eidgenössischen
Wohlstand zuträglich, dass, nachdem sie sich vereinigt,
Jemand anders anjetzo die Sachen in dem equilibrio halten
möge, und man also sich nicht genöthigt finde, von dieser
oder jener arbitrium allein zu dependiren.“ Es fand sich,
dass damals Gründe und Gegengründe einander noch die
Waage hielten, so dass der Beschluss gefasst wurde, in
keinem von beiden Geschäften etwas Abschliessendes vorzunehmen. Aber an dies Resultat schliesst sich wieder die
bedenkliche Einwendung, dass man zur Eingehung des
Capitulats doch auch den Augenblick nicht verpassen solle,
wo man der Orte bedürfe.

Im gleichen Monat ging das Gratulationsschreiben an
König Philipp ab. Im April hatte Zug sich für das Capitulat gewinnen lassen und empfing als Lohn die Ab-
zahlung dreier Pensionen. Im Juni fand eine Conferenz

---

[1]) 18. März 1702. Akten Eidgen. Neutralität. St. L.

der verbündeten Orte statt, wo sie sich erstens die Frage
vorlegten, ob Pflicht und Convenienz durchaus erheischten,
das Capitulat fortzusetzen? und als diese mit „ja" beant-
wortet war, die weitere Frage, mit wem es fortzusetzen sei?
Dies verstand sich nach der Lage der Dinge von selbst und
die Reihenfolge in der Fragestellung bewies zur Genüge,
wie die versammelten Orte gesinnt waren. Schwere Bedenken bereitete ihnen nur der mit dem Capitulat verbundene Volksaufbruch zum Schutze Mailands, welchen
der Kaiser, wie sie besorgten, nicht ungerächt würde hingehen lassen. Handelssperre, Abschlagung der Früchte und
des Salzes, Steigerung der Zölle, Lösung der Pfandschaften,
wohl gar den Verlust der ennetbirgischen Vogteien, weil
sie als Reichslehen an das Reich genommen würden, könne
das nach sich ziehen. Sie wünschten, Philipp möge sich
mit der blossen Anerkennung begnügen. So bequem es
ihnen sicher gewesen wäre, die Handelsvortheile weiter
zu geniessen, ohne auf der andern Seite die Geneigtheit
des Kaisers einzubüssen, so konnten sie darauf doch im
Ernst nicht rechnen, da die Truppen gerade das waren,
worauf es Ludwig XIV. und seinem Enkel ankam.

Ein Ort nach dem andern überreichte Casati seine
zustimmende Erklärung. Am 21. Juni beschlossen Schultheiss und Räth der Stadt Luzern, dass sie das Capitulat
die im Bund bestimmten fünf Jahre zu halten für anständig und nothwendig befunden und desshalb mit Philipp,
als damaligen Besitzer des mailändischen Staates, conti-
nuiren wollten. Der Beschluss sollte aber erst nach der
Jahrrechnung ausgeliefert werden.

Freiburg, Appenzell I.-Rh. und der Abt von St. Gallen
hatten sich die ganze Zeit hindurch ablehnend verhalten.
Der franz. Gesandte legte das dem Kanton Freiburg als
Habgier aus, indem es nämlich gehofft habe, sich vermittelst

seines Widerstandes noch theurer erkaufen zu lassen. Man
muss aber in Betracht ziehen, dass das Capitulat für Freiburg nicht so wichtig war wie für die Orte, die im Besitz
der ennetbirgischen Vogteien waren und nur mit Mailand
handelten. Appenzell, dem Kaiser benachbart, fürchtete
dessen Repressalien. Flehentlich hatte es die übrigen Orte
gebeten, nicht durch Eingehung des Capitulats eine Ver-
kehrssperre von seiner Seite herauszufordern. Den Abt
finden wir während dieses Zeitraumes immer dem Kaiser
zugethan. Das Rechenexempel ergab für ihn die umge-
kehrte Lösung der andern Orte: der Vor- und Nachtheil,
den er vom Kaiser empfangen konnte, überwog denjenigen,
welchen Frankreich-Spanien ihm zuzufügen im Stande war.
Ging er der Pensionen und Schuldforderungen an Mailand
verlustig, so hätte der Kaiser ihn andern Falles seiner im
Reich liegenden Güter berauben können. Er selbst sagte,
er habe mit Preisgebung einer Forderung von 100,000 Gld.
sich des Capitulats entschlagen; für diese Einbusse habe
er sich durch den Traktat, den er um dieselbe Zeit mit
dem Kaiser abschloss, wieder zu erholen gesucht. In einem
Beibrief zu demselben vom 16. August [1]) versprach der
Abt ausdrücklich, das Capitulat mit Niemand fortzusetzen
als mit dem Kaiser oder einem vom Kaiser belehnten
Fürsten; für den Fall, dass dem Abt desswegen von andern Orten Kränkungen widerfahren sollten, versprach der
Kaiser, ihn mit thätlicher Hülfe zu schirmen.

Auf der Julitagsatzung 1702 kam das Bundesgeschäft
zur Entscheidung. Trautmannsdorff begehrte heftig Neutralität, er drohte, die Erbeinung aufzukündigen. Von den
ref. Orten verlangte er, sie sollten die schuldigen Orte
von einem so verhängnissvollen Schritt zurückhalten. Die

---

[1]) Bei Zellweger IV.

Reformirten waren nicht weniger entrüstet. Willading und Grafenried, die Berner Abgeordneten, berichteten nach Hause [1]): „Schwyz, Uri und Unterwalden haben das Capitulat angenommen, Luzern wird nachfolgen. Sie sagen zwar, die Volkswerbung sei noch nicht parat, allein ihre Intention ist leicht zu erkennen. Uri hat eine raisonable Meinung und will kein Volk geben, Freiburg nimmt's ad referendum, St. Gallen rümpft die Achseln und will auch referiren. Ein Ort nach dem andern, ausser St. Gallen, wird sich accommodiren, es wäre denn, dass dem Kaiser ein Streich in Italien gelingen sollte. Das Geld ist den Leuten allzu lieb, und der Hass wider die Religion und die mit dem Kaiser verbündeten ev. Orte zu gross, als dass ihr Vorhaben könnte gehemmt werden.“

Von der gleichen Tagsatzung stammt wahrscheinlich ein anderer, undatirter Brief, in dem es heisst: „les factions espagnoles et françaises restant jointes ensemble gâtent tout et renversent toute la raison qu'il y pourrait encore avoir dans les cantons catholiques.“

Bern wünschte eine Gesandtschaft an die kath. Orte, um sie umzustimmen. Es kündigte ihnen an, wenn die Fruchtzufuhr aus dem Reiche gesperrt würde, befinde man sich in der Unmöglichkeit, dem entstehenden Mangel abzuhelfen, da man für sich selbst sorgen müsse. Auf eine Gesandtschaft wollten sich die andern ev. Orte nicht einlassen. Dagegen berief Zürich eine Tagsatzung, an welcher von den V Orten nur Uri erschien.

Die verbündeten Orte beriefen sich hauptsächlich darauf, dass sie ja das Capitulat nicht erneuerten, nur fortsetzten. Der Kaiser aber gab seiner Entrüstung entschiedenen

---

[1]) 15. Juli 1702. Deutschlandbuch G. St. B.; vergl. E. A. VI 2, S. 1000.

Ausdruck, indem er am 9. September durch Trautmannsdorff erklären liess, durch Eingehung des Capitulats mit
dem Herzog von Anjou hätten sich die Orte zur Ver-
treibung der kaiserl. Armee aus Italien verbindlich gemacht. Das könne mit der Erbeinung nicht bestehen,
und er sehe sich desshalb gezwungen, sie aufzukündigen:
die Hemmung des freien Handels und die Sperrung des
Getreides werde sofort erfolgen, und nach Verlauf von
10 Tagen würden alle eidgen. Waaren im Reich als Contrebande angehalten werden. Weil aber die Unschuldigen
nicht für die Schuld der Andern büssen sollten, sei der
Kaiser bereit, mit den Orten, welche das Verfahren der
Andern missbilligten, behufs Aufrichtung einer wahren
Neutralität eine neue, besondere Allianz einzugehen[1]).

Da in dieser Zeit die kriegführenden Heere an der
Schweizer Grenze lagen, gingen allerlei Gerüchte über die
feindlichen Absichten des Kaisers. Von den Offizieren
wurde verbreitet, mit den ref. Orten würde ein engeres
Verständniss eingerichtet werden. Gleichzeitig mit Abschaffung des katholischen Regimentes erwartete man neue
Werbungen in den ref. Orten[2]). Aber diese waren dazu
gar nicht geneigt. Auch Bern sprach sich dagegen aus:

---

[1]) Der venezianische Gesandte gibt über diesen Vorfall folgenden
anekdotenhaften Bericht: Trautmannsdorff sei zur Audienz gekommen, den Erbeinungsvertrag in der Hand und habe den Eidgenossen
15 Tage Bedenkzeit gegeben, ob sie den Vertrag zurücknehmen
wollten oder nicht. Am folgenden Tage habe man ihn wieder vor-
gelassen und ihm gesagt, man habe sich bereits in einem Tage entschlossen und zwar, ihn zurückzunehmen; man lasse ihm nun drei
Tage Zeit, darüber nachzudenken, ob es ihm wirklich Ernst sei. Der
Gesandte habe geantwortet, dass er es dem Kaiser berichten wolle,
und hernach sei nie mehr die Rede davon gewesen. s. Dannebuchi,
Relazione S. 81 ff.

[2]) 25. August 1702. Schreiben Bürkli's an Zürich. Akten Oesterreich, St. Z.

es sei besser, die Erbeinung wieder in alten Stand zu
setzen. Noch hoffte man, die Katholischen wenigstens von
der Truppenwerbung für Spanien zurückzuhalten. Dem
kaiserl. Gesandten wurde vorgestellt, dass es, in Folge
der Unabhängigkeit eines jeden Standes, den Reformirten
unmöglich sei, auf die Handlungen ihrer Miteidgenossen
ausschlaggebend einzuwirken. Er versprach nun, mit den
unschuldigen Orten sollte, damit sie während der gegenwärtigen Zurzacher Messe nicht leiden müssten, bis das
neue Verständniss hergestellt sei, inzwischen der freie
Handel fortdauern [1]).

Ueberhaupt aber war jener rasche Schritt der Erb-
einungsaufkündigung nur mehr eine Drohung gewesen.
Sämmtliche Spanien verbündete Orte reichten die Erklärung ein, Neutralität beobachten und keiner Macht Durchpass gestatten zu wollen: das Capitulat verletze die Erbeinung keineswegs.

Dabei blieb es. Trautmannsdorff verlangte zwar nun,
dass die Erbeinung einem Schiedsgericht unterworfen werde,
aber auch daraus wurde nichts. Er lieferte sogar die Erklärung behufs Nichtbetretung des eidgen. Gebietes aus.
Den Volksaufbruch hielt Luzern wirklich noch eine Weile
zurück, unter dem Vorwande, wegen der Nähe der kriegführenden Armeen dürfe das Land nicht allzusehr von
Soldaten entblösst werden. Ende des Jahres, nachdem
dieser Grund weggefallen war, gingen die Truppen ab.

So war dieses Ereigniss noch glimpflich genug abgelaufen. Aber das Misstrauen und die Entfremdung, die
stets zwischen den beiden Eidgenossenschaften geherrscht
hatten, waren bedenklich verstärkt. In den ref. Orten
wurde Manches geredet über einen vermuthlichen Anschluss

---

[1]) 13. September 1702. Akten Deutsche Kaiser, ebenda.

der kath. Orte an den vom Reiche abgefallenen bairischen Kurfürsten. Im Jahre 1704 beklagte sich Luzern gegen Zürich und Bern, dass ihre Unterthanen ausstreuten, es habe mit demselben und mit Tallard, dem französischen Feldherrn, heimliche Anzettelungen gegen die Reformirten gemacht, die betreffende Correspondenz sei nach der Schlacht bei Höchstädt in der eroberten bairischen und französischen Kanzlei gefunden. Bern antwortete, wohl nicht ohne Spott, solche Reden seien allerdings gefallen, es habe sie aber nur für unbegründetes Geschwätz des ungeschickten Pöbels gehalten und hoffe, Luzern werde in einem umgekehrten Falle es ebenso machen. Zürich erhob statt aller Antwort die Gegenklage, in den kath. Orten gehe die Rede, dass die Reformirten sich mit Marlborough gegen die Katholischen verbündet hätten. In Wädenschweil haben ein Pfaffe und drei Bauern einen Züricher angefallen mit den Worten: Du bist auch ein solcher fauler Ketzer, die uns überfallen wollen [1])!

Neben vielem Andern, was den Riss vertiefte, war ja auch das vorliegende Geschäft noch nicht beendet, da nach Ablauf der fünf Jahre der Kampf um das dann endgültig abgelaufene Capitulat sich erneuern musste. Die verbündeten Orte hatten anfänglich selbst eine Unterscheidung gemacht, indem sie, um sich zu rechtfertigen, anführten, dass sie den Bund nur fortsetzten, nicht erneuerten; sie mussten also gewärtig sein, dass die Entrüstung der Gegner jetzt noch stärker über sie hereinbrechen würde.

Das Erwünschteste für sie wäre gewesen, wenn die äusseren Mächte bis zu dem Zeitpunkt, wo das Capitulat erneuert werden musste, ihren Streit entschieden hätten. Es ist anzunehmen, dass an dem

---

[1]) Akten Eidgen. Neutralität. St. L.

ausserordentlichen Eifer, mit dem Luzern an der Herstellung eines allgemeinen Friedens arbeitete, diese Betrachtung grossen Antheil hatte.. Noch hatte Philipp Mailand inne, aber das zunehmende Waffenglück der Alliirten liessen Diejenigen, deren Schicksal an jenen geknüpft war, wünschen, es möchte ein Ende gemacht werden, bevor er von noch ungünstigerem Standpunkt aus paktiren müsste. Die Bemühungen um eine Friedensvermittlung gingen fortwährend neben den Unterhandlungen über das Capitulat her, fast das ganze Jahr 1705 hindurch. Zürich und Bern widersetzten sich hartnäckig einem Unternehmen, das ohnehin keine Aussicht auf Erfolg hatte. Ende des Jahres liess Luzern das aussichtslose Mediationsgeschäft fallen, und gleichzeitig war man über die Bundeserneuerung handelseinig geworden. Von vornherein hatte der Ausgang nicht zweifelhaft sein können: die Bundeserneuerung war nach einem Ausdruck des spanischen Gesandten nichts Anderes als der jüngere Bruder der Bundesfortsetzung. Die Verhandlungen bieten durchaus nichts Neues; der Gesandte suchte die Geldforderungen der verbündeten Orte möglichst herunter zu schrauben, indem er mit seltener Offenheit alle erhobenen Ansprüche als höchst gerecht anerkannte und nur durch Anrufung ihrer Grossmuth die Gläubiger etwas zu erweichen gedachte. Diese glaubten um so mehr nachgeben zu müssen, als es gelte, den Verdacht, sie handelten nur aus Gewinnsucht, zurückzuweisen. Uebrigens gaben sie keineswegs den Standpunkt der Neutralität auf. Sie weigerten sich, Philipp als rechtmässigen König von Spanien ausdrücklich anzuerkennen, was dessen Gesandter verlangte, denn nur als Besitzer des mailändischen Staates wollten sie ihn ansehen und mit ihm verkehren. Uri wünschte, ihr Beschluss, keiner Partei Durchzug gestatten zu wollen, möchte mit in das Bundesinstrument aufgenommen werden, und wenn das auch nicht geschehen konnte, so behielten sie sich doch neben den älteren Bünden und Vorkommnissen auch früher gegebene Erklärungen vor, wobei sie an diejenige dachten, welche sie dem kaiserlichen Gesandten über Nichtgestattung von Durchzügen ausgestellt hatten.

Den reichlichen Anklagen gegenüber rechtfertigten sich die verbündeten Orte folgendermassen: Die Neutralität könne keineswegs gegen sie angeführt werden, denn in der am 22. Juli 1701 dem kaiserl. Botschafter eingehändigten Neutralitätserklärung hätten sie das Capitulat reservirt [1]. Ferner untersage der Kaiser ja selbst ratione possessoris und in Rücksicht auf seine angrenzenden Lande ein Bündniss mit den Türken, welche er, ein katholischer Fürst, als rechtmässige Inhaber ihres Landes doch nicht ansehen könne. Vielmehr gerade das würde heissen die Neutralität brechen, wenn sie einen andern Herzog von Mailand suchen würden, als den, den die Mailänder als solchen anerkennten.

Die ref. Orte konnten ihren Standpunkt strenger Unparteilichkeit nicht ohne Schwierigkeiten behaupten. Dem Gesandten Casati, der noch von Karl II. accreditirt war,

---

[1] „Wie nun neben der profitirten Neutralität die Beobachtung der geschworenen Vereinigungen. Bünd und Traktaten in lobl. Eidgenossenschaft jederweilen, und auch in den vergangenen Kriegen, mit Namen aber eben dieses in obgedachter Erklärung ausdrücklich vorbehaltenen Mail. Bundes unwidersprochen bestanden, ja, dessen Continuation für Ihre kaiserl. Majestät und dem durchlauchtigsten Erzhause oft wiederholtermassen mit wahrhaftig grossen und ganz genehmen Erbietungen verlanget, also dass das Eine neben dem Andern bestehen möge, ganz gründlich erkennt worden, so hat man zu hoffen, dass die lobl. Orte ihrer zu der Neutralitätsbeobachtung gegebenen Erklärung halber diesorts in Ungleichem nicht werden verdenkt werden." Antwort, welche theils lobl. kath. mit Mailand verbundene Orte etc. etc.

hatte man Audienz ertheilt, dabei aber Trautmannsdorff die gewünschte Erklärung ausgestellt, dass dieser Schritt Niemandem zum Präjudiz werden sollte. Als nun aber im Jahre 1703 Philipp von Anjou einen neuen Gesandten, den Markgrafen Beretti-Landi in die Schweiz schickte, einen noch dazu vom Kaiser geächteten Italiener, wurde die Lage peinlicher. Das Accreditivschreiben Philipp's nur zu erbrechen, nahm Zürich Bedenken, und die Beantwortung wurde den verbündeten Orten überlassen. Dem Gesandten mit allen Formalitäten, wie sie Casati zugestanden waren, an der Tagsatzung Audienz zu ertheilen, weigerte sich der Vorort vollends. Beretti-Landi drohte mit einer mailändischen Handelssperre, die denn auch wirklich im Sommer 1705 gegen Zürich verhängt wurde. Die Waaren der Züricher Kaufleute wurden in Mailand hinterhalten, Zürich seinerseits legte Beschlag auf alle Mailänder Waaren. Indessen wurde die Sperre, wie es scheint durch Vermittlung des Landammann Zurlauben, bald wieder aufgehoben [1]).

Die fruchtlosen Warnungen und Vorstellungen der ref. Orte, welche sie Anfang 1706 dringend vorbrachten, drehten sich immer wieder um dieselben, oftgenannten Punkte. Die verbündeten Orte entgegneten, in Bezug auf die Neutralität hätten sie gehörige Präkaution angewandt, womit sie wahrscheinlich jenen oben erwähnten Vorbehalt meinten. Als dies nicht verfing, nahmen sie eine stolz ablehnende Haltung an: sie seien über ihr Thun und Lassen

---

[1]) Die Stadt Waldshut forderte von Zürich in barscher Weise für einen angeblichen Unterthan die Relaxirung dort sequestrirter Mailänder Waaren. Mit Recht durfte Zürich an den Baron v. Grüth schreiben, man habe sich eines so unhöflichen Benehmens um so weniger versehen, als man eben wegen Nichtanerkennung Philipp's von Anjou mit der mailändischen Sperre beschwert sei, s. Rathsmanual 1705.

keine Rechenschaft schuldig, wollten fürder keine Antwort
mehr geben, noch viel weniger sich in einen Disput einlassen.

Uebrigens wurde die ganze Angelegenheit mehr mit
Hinblick auf die innere als auf die äussere Politik behandelt. Die Reformirten hatten das Capitulat von jeher
mit ungünstigen Blicken, als besonders gegen sich gerichtet,
angesehen und verlangten bei dieser Gelegenheit eine ver-
bürgende Erklärung, dass es ihnen nie zum Schaden gereichen solle [1]). Hierauf antworteten die verbündeten Orte
mit allgemeinen, nichtssagenden Worten, wodurch die
Reformirten nur noch misstrauischer wurden. Andrerseits
erregte es den Argwohn der Katholischen auf's Höchste,
dass Bern damals wegen des Münsterthalergeschäftes gegen
den Bischof von Basel rüstete; sie beschlossen, „nach Anleitung des goldenen Bundes alle Nothdurft abzureden“.
Beide Theile sahen sich nach Bundesgenossen um. Bern
und Zürich drangen auf Verbindungen mit äusseren Mächten, damit man von den Katholischen nicht in Vereinzelung
überrascht werde [2]). Während diese mit Mailand wegen
des Capitulats, unterhandelten jene beiden Orte mit Venedig
über die Erneuerung des Bundes, welche der französische
Gesandte vergebens zu durchkreuzen suchte. Beides kam

---

[1]) 20. März 1706. Die luzernischen Deputirten berichten von der
Tagsatzung: Dies ist der ausführliche und gut halbstündige Vortrag
Herrn Burgermeister Escher's gewesen, welcher argute aus den letz-
ten Abschieden 1701 und 1702, was ihm gedient herausgeklaubt, und
sonderlich hoch und mit einem starken emphasi angezogen, dass das
Mailänder Bündniss immediate wider sie sei.“ s. Akten Mailand-
Spanien. St. L. Vgl. E. A. VI 2, S. 1302.

[2]) „Sollen den kath. Orten vorstellen, das Capitulat sei gegen
die ev. Orte gerichtet, und wenn dies nicht geändert werde, müssen
sich die ev. Orte auch bei andern Potenzen nach tröstlicher Hülfe
umsehn.“ s. Instruktionen für den Burgermeister Escher. Juli 1706.

im Jahre 1706 zum Abschluss. Im darauf folgenden Jahre trat Zürich auch mit den III Bünden, die damals ganz auf die Seite der Alliirten neigten, in enge Verbindung.

Der Kaiser, nunmehr Joseph I., mahnte die betreffenden Orte in einem besondern Schreiben, nicht um „schnöden Gewinn" die Neutralität aufzugeben. Den andern Kantonen gegenüber stellte er, wie auch früher schon geschehen war, den Grundsatz auf, das ganze eidg. corpus habe die Neutralität versprochen, und das ganze müsse sie halten; sonst würden ja alle gemeinsam gefassten Tagsatzungsbeschlüsse und damit das ganze eidgen. System hinfällig werden; Niemand würde mehr Lust haben, mit den Eidgenossen gemeinsam zu verhandeln. Er dachte aber wohl nicht im Ernst daran, es mit der ganzen Schweiz zu verderben. Es war einleuchtend, dass nicht einigen Orten Zwangsmittel gegen die andern zu Gebote standen. Am 5. Februar 1706 theilte der Bischof von Passau, als Geheimrath des Kaisers, allen Kurfürsten, Fürsten und Ständen des Reiches mit, dass der Kaiser die Handelssperre gegen die kath. Orte erlassen habe und ihnen alle aus dem Erbverein fliessenden Vortheile entziehen werde. Das Benehmen der kath. Orte sei zufolge der Reichskriegsdeklaration von offenbarer Hostilität; er fordere alle auf, das Commercium mit ihnen zu sperren und ihre Güter zu arretiren, dagegen den unschuldigen Orten allen guten Willen zu bezeigen.

Trotz dieser Massregel wurde das Capitulat am 12. August von den V Orten ausser Schwyz beschworen [1]. Dieser Kanton hatte an Beretti-Landi geschrieben, es könne ohne gute Correspondenz mit Mailand kraft des Capitulats nicht sein und wolle es aufrichtig halten; aber die

---

[1] E. A. VI 2, S. 1334.

Besieglung und Beschwörung sei nur eine Formalität und
könne unterbleiben [1]). In Folge dessen wurde Schwyz als
einziges von den V Orten durch die oberösterr. Regierung
zur Erneuerung des Salztraktates, der gerade in diesem
Jahre abgelaufen war, eingeladen. Freiburg, welches sich bis
zuletzt vom Capitulat ferngehalten hatte, weil es die Ein-
stimmigkeit aller verbündeten Orte zur Bedingung machte,
instruirte seine Gesandten plötzlich, den Bund nachträglich
doch noch zu beschwören.

Am 7. September, nicht ein Monat nach der Bundes-
feier, wurde die Schlacht von Turin geschlagen, welche
dem Kaiser Italien zurückeroberte: Ironie des Schicksals
vom einen, gerechte Strafe vom andern Standpunkte aus.
Trautmannsdorff verfasste eine Denkschrift, welche von
Siegesstolz strotzte und, obwohl nur an die nicht im Capitulat begriffenen Orte gerichtet, doch eigens für diese
bestimmt schien. Sie schloss ab mit den Worten: „Mir
aber bleibt hierbei allein der aufrichtig gesinnte Herzens-
wunsch übrig, so viele Merkmale meiner eingangs anerbotenen Willfährigkeit zur Erweisung allmöglich Ge-
fallens aufstellen zu können, als der französische Herr
Botschafter Trauerworte in seiner Leichenpredigt über die
todesverblichenen, von seinem König sich schon einge-
bildete fünfte Monarchie bei letztgehaltener Tagsatzung
gemacht."

Die verbündeten Orte mussten nun dulden, was sie
zuvor freiwillig nicht gewollt hatten: der Verbindung mit
Mailand beraubt zu sein. Zürich, Bern, Basel und Schaffhausen liessen sich zwar zu einem Schreiben an den Prinzen
Eugen herbei [2]), damit er als Verwalter des Herzogthums

---

[1]) 10. August 1706. Akten Mailand-Spanien. St. L.

[2]) 27. October 1706. Rathsmanual, St. Z.

die Fruchtsperre aufheben möchte, aber sie wussten wohl
von vornherein, dass es keine Wirkung haben würde.
Bern wurde sogar von den Gegnern beschuldigt, die kaiserlichen Minister in dieser Sache zu Ungunsten der Capitulats-
orte beeinflusst zu haben [1]).

Luzern hatte schon im Sommer 1706 die Friedensvermittlung wieder aufgenommen. Da Zürich und Bern
unerbittlich blieben, gingen ohne ihre Theilnahme am
6. September Schreiben an den König von Frankreich
und an den Kaiser ab. Die Correspondenz mit dem Letzteren geschah durch Vermittlung des Herzogs von Lothringen, „weilen der Weg zu dem kaiserl. Hof uns nit so
leicht". Ludwig XIV. adressirte seine Antwort an die
ganze Eidgenossenschaft, um anzudeuten, wie Puysieux
erläuterte, dass die Mediation von dieser ausgehen müsse,
wenn sie Erfolg haben sollte. Auch verlief die Sache im
Sande trotz aller Anstrengungen und Verwendungen, an
denen es Luzern nicht fehlen liess.

Die grösste Besorgniss der kath. Orte mag gewesen
sein, dass die Reformirten den Augenblick benützen und
in ein mit Oesterreich neu zu errichtendes Capitulat gleichfalls eintreten würden. Unbegründet war die Vermuthung
nicht, St. Saphorin wirkte sogar lebhaft dafür. Bern aber
fand allerdings gut, wenn das Capitulat gemeinsam gemacht würde, wollte aber nicht von der Sache anfangen,
sondern nur Acht geben, dass nicht etwa die reformirten
von den kath. Orten ausgeschlossen würden [2]).

_____

[1]) Réflexions sur le renouvellement du capitulat de Milan.
Genève 1706.

[2]) 5. Mai 1707. Protokoll der Berner Friedenskommission. Vergl.
auch Memorial dem geh. Rath von Bern überreicht von St. Saphorin,
14. Dezember 1710. Er habe die Meinung, das Capitulat von Mailand

Trautmannsdorff und andere kaiserliche Emissäre arbeiteten in den V Orten für die Erneuerung des Capitulats mit Oesterreich; es scheint, dass viele Personen gewonnen wurden. Die materielle Bedrängniss in den Orten war wirklich so gross, dass du Luc sich nicht genug über ihr uneigennütziges Ausharren wundern konnte[1]) und die entschiedene Meinung aussprach, alle Vorliebe für Frankreich könne nicht gegen ihr natürliches Gebundensein an Mailand aufkommen. Es kam dazu, dass die V Orte sich in den letzten Jahren überhaupt mehr zu Oesterreich neigten, wie sie denn mit Trautmannsdorff, der ihnen im Beginn des Krieges die Erbeinung aufgekündigt hatte, im innigsten Verkehr standen.

Es ist eine eigenthümliche Erscheinung, dass Oesterreich einen Theil der Eidgenossenschaft nicht als neutral anerkannte, welcher aber seinerseits darauf beharrte, neutral zu sein und am allermeisten entrüstet war, als Oesterreich später (1709) die Neutralität verletzte. Auch wurden alle Neutralitätsgeschäfte mit der gesammten

---

müsse der ganzen Schweiz gemeinsam gemacht werden. Er habe den kaiserl. Ministern auseinandergesetzt, dass Oesterreich sich sonst die ref. Orte entfremden würde, und dass die kath. Orte allein Mailand gegen etwaige Angreifer nicht schützen könnten. Prinz Eugen, Mansfeld, Sinzendorff und Schlick hätten ihm beigestimmt. Trautmannsdorff sei 1707 nach Italien gegangen, um dafür zu wirken, dass das Capitulat nur mit den kath. Orten erneuert werde.

[1]) La perte du Milanez et le refus que les Impériaux ont fait depuis d'y recevoir les bestiaux des cantons catholiques et de leur permettre d'en tirer les grains et les sels qui leur sont absolument nécessaires, n'a point ébranlé leur constance, et ils ont jusqu'à présent refusé de reconnaître le titre de roi d'Espagne en la personne de l'empereur. Instruction pour le Marquis d'Avaray. 1. Oktober 1716. Zellweger I. Vergl. auch die Correspondenz du Luc's bei Zellweger V, 1. — Im Jahre 1719 u. f. waren es dann die kath. Orte, welche beim Kaiser Schritte thaten zur Erneuerung des Capitulats.

Eidgenossenschaft verhandelt. Nachdem durch einen Vertrag vom 13. März 1707 die französisch-spanischen Truppen Italien geräumt hatten und über Mailand endgültig entschieden war, war die ganze Angelegenheit bedeutungslos geworden.

Capitel V.

Die ersten Kriegsjahre.

Am 15. Mai 1702 erklärten die Alliirten den Krieg. Die Bewegungen der französischen Rheinarmee in diesem wie in den zwei folgenden Jahren bezweckten zunächst Vereinigung mit dem Kurfürsten von Baiern, und da die nördlichen Schwarzwaldpässe durch die Stolenhofener Linien, welche sich durch das Badische bis zum Rhein zogen, gedeckt waren, so sahen sich die Franzosen gezwungen, ihren Zweck womöglich mit Benutzung der österreichischen Erblande — wenn auch nicht gerade der Waldstädte — zu erreichen. Auf diese Weise eröffnete sich der Kriegsschauplatz hart an der schweizerischen Grenze.

Die Lage Basels war um so bedenklicher, als der Neutralitätsvertrag noch nicht abgeschlossen war: dazu kam, dass der Kaiser gerade in dieser Zeit die Erbeinung aufgekündigt hatte. Kundschafter brachten die Nachricht, dass man in Schwaben ernstlich glaube, es sei kaiserlicherseits auf die Eidgenossenschaft abgesehen. Das Schirmwerk indessen war vollendet, als Basel im September um einen Zuschuss von 200, bald darauf noch um 400 Mann ersuchte. Die Tagsatzung beschloss, im Ganzen 1000 Mann nach Basel zu schicken, wovon 400 nach Augst verlegt werden sollten[1]. Zu gleicher Zeit bat Schaffhausen um

---

[1] Besetzt wurden die Pässe bei Augst, an der Birs und der Wiesenbrücke. s. E. A. VI 2, S. 1032.

getreues Aufsehen, verlangten Trautmannsdorff und St. Saphorin mit höchster Dringlichkeit die Beschirmung der
Waldstädte. Während die übrigen Orte auf der Tagsatzung
berathschlagten, wie sie es mit dem treuen Aufsehen, dem
Abschiede von 1688, der realen Hülfe u. s. w. halten
wollten, schickte Bern den Samuel Frisching mit 6000
Mann an die Grenze. Er war beauftragt, die ganze Macht
in die Waldstädte zu werfen, wenn die Gefahr es erfordere.
Mit dieser Lösung des gordischen Knotens waren die andern Eidgenossen nicht nur nicht einverstanden, sondern
legten sogar „Geschrei und Widerwillen" an den Tag.
Selbst die Defensionalorte erklärten, dass sie höchstens
Rheinfelden, Laufenburg und das Frickthal schirmen wollten, von des Kaisers Erblanden sei niemals Rede gewesen,
sonderlich nicht in eigenen Kosten, auch seien sie selbst
in grosser Gefahr und könne ein Stand kaum sich selber
beschirmen[1]. Frisching selbst scheint keineswegs begeistert
für dies missliebige Unternehmen gewesen zu sein. Ebenso-
wenig fand es in Bern allgemeine Billigung. St. Saphorin
schrieb sich das Verdienst zu, den Stand dazu bewogen
zu haben; Willading, sein Beschützer, war jedenfalls eifrig
thätig, neben ihm der Schultheiss Sinner und die Steiger.
Die Gegenpartei zweifelte, ob es ohne Nachtheil geschehen
könne, dass Berns Truppen kaiserlichen Boden beträten.
Ein Theil des Kriegsrathes sprach sich dahin aus, Bern
sei nicht verpflichtet, aber auch gar nicht im Stande, allein
von sich aus die Waldstädte vor französischer Einnahme
zu schützen. Dabei würden die Soldaten aufgerieben werden
und elendiglich zu Grunde gehen. Werde Bern seine ganze
Heeresmacht aufbieten, so könne es vielleicht auf Erfolg
rechnen, würde aber Stadt und Land in Ruin setzen.

---

[1] Neutralitätsgeschäfte L., St. B.

„Und sei nicht ohne Exempel, dass man dergleichen von übermächtigen Potenzen angestellte Durchzüge mit Stillschweigen vorbeigehen lassen, wie denn voriges Jahr Venedig, eine weit mächtigere Republik als hiesiger Staat, ein Gleiches widerfahren und in politischer Prudenz geduldig übernommen habe." Wenn nicht andere Orte konkurriren wollten, solle Bern von dem Unternehmen ablassen.

Die andern Kriegsräthe aber meinten, Ehre und Reputation erfordere, dass man suche, den Durchzug zu verhindern oder durch Hineinwerfen der Miliz die Waldstädte möglichst defendire. Es sei einem freien Stande anständiger, dass seine Truppen dem Kriegsloos unterworfen würden, um die Freiheit und Vormauer der Grenze des Vaterlandes defendiren zu helfen, als dass sie wider gemachte Hoffnung auf eignen Grenzen, da keine Gefahr ist, trostloserweise zuschauen, wie die Grenzplätze zu höchster Gefahr der vaterländischen Freiheit in andre Hände übergehen[1]. — Diese Meinung war es, die obsiegte. Es wurde Frisching mitgetheilt, dass die Regierung auf ihrem Entschluss beharre, die Waldstädte selbst dann zu beschützen, wenn kein anderes Ort dazu beitragen wolle.

Allerdings betonte Bern, dass es nicht etwa in Folge der Erbeinung handle, und verlangte, dass der Kaiser auch das Seinige zur Erhaltung seiner Lande thue, besonders die schlechten Defensionsanstalten in den Waldstädten verbessere.

Der Konflikt mit Frankreich wurde vermieden; im November konnten die Truppen zurückgezogen werden. Immerhin war der Aufwand sicher nicht gering gewesen[2].

---

[1] Neutralitäts-Geschäfte L. Kriegsrath und Standeskommission. 2. Oktober 1702. St. B.

[2] „Nous avons perdu plus de 71,000 écus pour les troupes que nous avons employées pour veiller à la défense des villes forestières." St. Saphorin an den Prinzen von Salm. 7. November 1708.

10

Auch wusste der kaiserliche Gesandte seiner Dankbarkeit nicht genug Ausdruck zu geben. Der Kaiser werde. so schrieb er, seine siegreichen Waffen contra quoscumque, die Bern angreifen oder beschädigen möchten, zu Hülfe schicken. Die Folge zeigte, wie wenig solche Versprechungen verlässlich waren. Derselbe Trautmannsdorff meinte später mürrisch, Bern habe ja doch nur im eigenen Interesse, nicht auf Grund der Erbeinung gehandelt.

Ueberhaupt bezeugten die Kaiserlichen mit den getroffenen Anstalten zum Grenzschutz keine Zufriedenheit. Prinz Ludwig von Baden verlangte, dass Basel auf dem linken Rheinufer eine Linie ziehe und diese mit Mannschaft gehörig besetze, sonst werde er selbst es thun. Auf 3000 bis 4000 Mann wünschte er die Grenzbesetzung verstärkt zu sehen [1]). General Graf v. Fürstenberg stellte an Bern das Ansinnen, anstatt mit 6000 mit 20—30,000 Mann auf die Grenze zu rücken. Bern hielt für gut, ihm wie auch Trautmannsdorff andeuten zu lassen, sie hätten seine Erklärungen viel zu stark aufgenommen; solchen Forderungen könne man nicht nachkommen ohne völlige Umstossung der Neutralität [2]).

Man sieht den Gedankengang: kriegerische oder überhaupt feindliche Massregeln sollten als erlaubt gelten, so lange sie nicht das überschritten, was zum Schutze des eigenen Landes als genügend erschien. Diese Grenze liess sich mehr oder minder weit ausdehnen, und das erstere that Bern; denn selbst an Frankreichs Demüthigung mitzuarbeiten, gestattete es sich unter dem Vorwande, dass die allzu grosse Macht eines benachbarten Staates die eigene

---

[1]) 5. Oktober 1702. H. v. Erlach an Frisching. Neutralitätsgeschäfte L. St. B.

[2]) 4. Oktober 1702. Teutsches Missivenbuch 36, St. B.

Freiheit bedrohe. Aehnlich wurde auch von Andern dem
neutralen Staate ein besonderes Interesse an der „Balance
der benachbarten Potenzen" und eine Pflicht, an ihrer
Erhaltung mitzuwirken, zugeschrieben.

Wenn nun die getroffenen feindlichen Anstalten zum
eigenen Schutze nicht durchaus nöthig schienen, so
war Parteilichkeit an Stelle berechtigter Nothwehr getreten. Und eine Parteilichkeit beging Bern durch seinen
Auszug zum Schirm der Waldstädte nicht nur in den
Augen Frankreichs und der übrigen Eidgenossen, sondern
sogar in denen Frisching's selber, welcher immer und immer
wieder zu bedenken gab, dass man den kaiserlichen Boden
nicht betreten dürfe.

Mitte November wurden, da sich die Gefahr verzogen
hatte, sämmtliche Truppen von Basel zurückberufen; es
waren im Ganzen 2000 eidgenössische Soldaten dort gewesen. Ein Panegyricus [1]), an der Baseler Universität in
lateinischer Sprache gehalten, verherrlicht diese vaterländische Leistung. Da wird erst die Angst und der
Schrecken geschildert, der die Stadt ergriff bei Annäherung
der feindlichen Heere; die Verwirrung der Einwohner, die
Verödung der Universität. Dann aber kommt die bereitwillige Hülfe der Eidgenossen, die um so dankenswerther
ist, als sie in eignen Kosten gebracht wird. Die treffliche
Beschaffenheit der Soldaten, ihre gute Zucht und Sitten-
reinheit wird gepriesen. So sehr nehmen sie die Einwohner
für sich ein, dass bei ihrem Abschiede Trauer bis zu
Thränen in der ganzen Stadt verbreitet ist. Der Kriegsrath wird mit Worten Seneca's gefeiert: Omnium somnos
vestra vigilia, omnium otium vester labor, omnium delicias
vestra industria, omnium vacationem vestra occupatio

---

[1]) J. J. Battierii, Ovationes duae etc. etc.

defendit. In grosser Rührung wundert sich Basel, dass die Helvetier einer Stadt noch nicht müde geworden sind, die ihnen so viel Mühe verursacht.

Bei aller rhetorischen Uebertreibung, die in einer oratio, welche sich panegyrica nennt, wohl erlaubt ist, darf man doch annehmen, dass die gemeinsame Anstrengung zum Schutze des Vaterlandes dem eidgenössischen Gemeingefühl einen Aufschwung gab, an dem nur die Länderkantone, nicht im Defensional begriffen, durch ihre äussere Politik so wie so gesondert, gar keinen Antheil hatten. Wie gross die Spannung war und was man für möglich hielt, geht daraus hervor, dass ein Gerücht sich verbreiten konnte, wie das folgende: die kath. Orte hätten mit 10,000 Mann zu den Baiern stossen wollen, sie seien zu dem Zwecke von einigen Prälaten und Klöstern mit Geld versehen und hätten eine namhafte Kriegskasse errichtet.. „Gott aber sei Dank, der die Rathschläge Ahitophels zu nichte gemacht hat“, fügt der Berichterstatter hinzu.

Neutralitätsverletzungen wurden nicht vermieden. Fünf kaiserliche Schiffe hatten die Aufgabe, den Brückenbau der Franzosen bei Hüningen zu stören; sie fuhren in der Nacht des 1. Oktober von Rheinfelden aus zwischen Gross- und Kleinbasel mit Steinen beladen unter der Rheinbrücke durch. Zur Ausführung kam es nicht, aber Villars unterliess doch nicht, wie er mit Vergnügen erzählt, sich bei den Schweizern zu beklagen. Basel traf Vorkehrungen, dass Solches nicht wieder vorkommen könne.

Grössere Aufregung verursachte die Postenfassung Villars' auf der Insel Werd. Diese sogenannte Schusterinsel lag von Norden nach Süden langgestreckt der Festung Hüningen gegenüber und war jetzt mit derselben durch eine Schiffbrücke verbunden. Die Südecke gehörte Basel und hatte die Richtung auf das Basel'sche Dorf Kleinhüningen,

welches ungefähr in der Mitte zwischen Hüningen und
der Stadt Basel lag, - in einer durch den Einfluss des
von Osten kommenden Flüsschens Wiese in den Rhein
gebildeten Ecke. Ueber diesen Nebenfluss führte bei Kleinhüningen die sogenannte Wiesenbrücke. Als nun französische Truppen die Südecke der Schusterinsel besetzten,
glaubte man in Basel einen Durchmarsch durch Kleinhüningen und über diese Brücke befürchten zu müssen und
so besetzte man mit eigner Mannschaft und eidgenössischen
Zuzügern das Dorf, die Brücke, die Stadt Kleinbasel und
Augst [1]). Drei Kriegsräthe und zwei geh. Räthe von Basel
wurden an Villars abgeschickt mit der Aufforderung. er
möge die Truppen zurückziehen, sonst werde der Land-
sturm durch die ganze Eidgenossenschaft aufgeboten werden.
Nach Villars' eigener Aussage [2]) traten sie sehr entschieden
auf: ils parlaient même hautement et faisaient entendre
qu'ils se déclareraient contre le premier qui entreprendrait
de les traverser. Neben Klagen über Basels parteiische
Gesinnung für die Kaiserlichen, antwortete er der Deputation, der Platz, wo seine Truppen ständen, sei nur klein
und ausserdem streitig, wem er gehöre. Nämlich Villars
beanspruchte auch den Besitz der Südecke für Frankreich
mit der Begründung, dass alle dem Elsass gegenüberliegen-
den Rheininseln dem Könige als Landgrafen dieser Provinz
zuständen. In seinen Memoiren nennt Villars die Insel
immer l'île du Marquisat. Die Baseler stützten sich hauptsächlich darauf, dass im Jahre 1693 der König auf ihren
Protest hin davon abgestanden sei, dort ein Schanzwerk
aufzuführen. Dies verhält sich allerdings so, aber der

---

[1]) „Nous avons été hier toute la nuit sous les armes, et on a
fait entrer dans la ville 400 de ceux qui étaient en quartier aux
environs." 14. Oktober. Basel, Watteville à Frisching.

[2]) Mémoire du Mal. Villars. Edition Vogüé, 1887, II, S. 33.

französische Gesandte fügte der Erklärung, dass auf der fraglichen Ecke nichts gebaut werden solle, hinzu, die Insel gehöre bestimmt dem Könige [1]).

Wichtiger war, ob die Franzosen gerade die in Frage stehende Ecke benutzen konnten oder wollten, um von dort aus die Feinde anzugreifen. Dass dies beabsichtigt sei, bestritten sowohl Villars wie Puysieux [2]). Indessen erzählt Villars in seinen Memoiren, sein anfänglicher Plan sei gewesen, über die nichtverschanzte Baseler Grenze zu gehen, die Wiese zu überschreiten und dann von dort aus auf vortheilhaftem Terrain die Stellungen der Feinde anzugreifen. Der König, den Villars darüber befragte, antwortete: „Ohne grossen Nutzen wäre es nicht angemessen, sich mit einem Kanton zu überwerfen; wenn Sie über ihr Gebiet gehen müssen, sollen Sie es an Entschuldigungen und Höflichkeiten jeder Art nicht fehlen lassen" (Villars au roi, 9 oct., Chamillart à Villars, 14 oct.). Die unerwartete Einnahme von Neuburg durch die Franzosen am 14. Oktober verschob die Lage der Dinge etwas. Am gleichen Abend kam die Deputation von Basel. Er habe keine bestimmte Antwort gegeben, erzählt Villars, die Unterhaltung habe bis Mitternacht gedauert. Jedenfalls fand keine Gebietsverletzung statt; er selbst berichtet an seinen König, dass er die Schlacht gewonnen habe, „sans avoir mis le pied sur les terres de Bâle" [3]).

Der kaiserliche Gesandte erhob ein grosses Geschrei darüber, dass französische Truppen auf dem baselschen

---

[1]) Ochs, Geschichte von Basel VII, S. 392.

[2]) s. den Brief Puysieux' vom 27. Januar 1703, auch bei Lamberty, Mémoires pour servir à l'histoire du XVIIIème siècle. II, S. 611 u. f.

[3]) Villars a. a. O., S. 33. Vergl. Basler Taschenbuch 1856: Die Schlacht von Friedlingen, von Hans Wieland, mit Situationsplan.

Theil der Insel gestanden hatten. Der französische Gesandte versicherte, der Vorfall sei gebührend bestraft
worden. Ausserdem wurde dem kaiserlichen Gesandten
eine Erklärung ausgestellt, dass die Franzosen keineswegs
die Absicht gehabt hätten, die Kaiserlichen von Werd aus
anzugreifen. Damit gab sich derselbe zufrieden ¹).

Zürich und Bern zeigten bei dieser Gelegenheit eine
Wachsamkeit und eine Gereiztheit, die sich allerdings nur
daraus erklären lässt, dass Frankreich die verletzende
Partei war. Zürich hatte seinen Tagsatzungsboten aufgetragen, zu erklären, dass, wenn so etwas noch einmal
vorkäme, man fest entschlossen sei, entweder den Land-
sturm ergehen zu lassen, um Gewalt mit Gewalt abzutreiben,
oder aber der andern Partei gegen die also handelnde mit
einer Anzahl eidgenössischer Mannschaft hülflich beizu-
springen ²). Bern liess am 16. Oktober, nachdem die
Schlacht für die Franzosen siegreich ausgefallen war, sein
eigenes Füsilierregiment unter Bonstetten auf die baselsche
Grenze rücken.

Mochten aber Villars' anfängliche Pläne bekannt geworden sein, mochte die Besorgniss Basels für das gefürchtete Ereigniss selbst angesehen werden, kurz, es verbreitete sich nach der Schlacht das Gerücht, Villars sei
über baselsche Botmässigkeit gegangen, um den Kaiserlichen in die Flanke zu fallen. Luzern drang besonders
eifrig darauf, dass eine Schilderung des wahren Sach-
verhaltes veröffentlicht werde. Noch nach Jahren kamen
die Deutschen gern auf diese angebliche Neutralitätsverletzung zurück, wurden aber jedesmal von den Eidgenossen
eines Bessern belehrt.

¹) E. A. VI 2, S. 1138.

²) Instruktionen für den Burgermeister Escher. Stadtbibliothek Z.

Die Beunruhigung der schweizerischen Grenzen erneuerte sich im folgenden Jahre, da wiederum Villars sich mit dem Kurfürsten von Baiern vereinigen sollte, um hernach Oesterreich, vielleicht sogar durch einen Vorstoss auf Wien, anzugreifen [1]).

Bern erinnerte schon im Februar 1703 an Alles, was zu thun sei zum Schutze des Vaterlandes: von gesammteidgenössischer Seite müsse eine Wache zu Augst bestellt werden, bei grösserer Gefahr müsse ein Kriegsrath nach Basel geschickt werden, aber, um Frankreich keine Ursache zu Misstrauen zu geben, dessgleichen auch nach Constanz. Man solle darauf dringen, dass der Kaiser das Defensionswerk in Constanz und den Waldstädten in guten Stand setzen lasse. Auch die Erweiterung des Landesschirms brachten die Berner Gesandten an der Tagsatzung wieder in Anregung, natürlich ohne Erfolg. Es wurde wirklich eine Wache von je zwei Mann aus jedem Defensionalorte nach Basel verordnet.

Die Sorgfalt der Orte richtete sich hauptsächlich auf die Bodenseegegend, welcher sich Villars nach seiner Vereinigung mit dem Kurfürsten bei Riedlingen an der Donau im Mai näherte. In einem Falle, wo, wie im Vorjahre, die französische Armee den Schwarzwald umgehen musste, drang sie von Westen her auf Oesterreich los, und Basel war bedroht; jetzt, da Villars durch die Nachlässigkeit des Markgrafen von Baden die Schwarzwaldpässe hatte benutzen können, erschien er im Norden der Eidgenossenschaft, so dass weniger ein Durchmarsch als ein direkter Angriff auf die Nachbarschaft zu befürchten war.

Villars war instruirt, die Schweiz so weit zu schonen, wie es mit dem eigenen Vortheil vereinbar und den Bünden

---

[1]) C. v. Noorden a. a. O. I., S. 435.

gemäss sei [1]). Demgemäss erwiderte Puysieux der Deputation, welche ihm ein gemeineidgenössisches Schreiben
mit der Bitte überbrachte, die Städte und Orte am Rhein
und Bodensee zu verschonen, der König habe die besten
Absichten, könne aber nichts gewähren, was seinen militärischen Plänen zuwiderlaufe. Villars selbst sagte der
Gesandtschaft, die ihm in Mösskirch begegnete, wohin er
mittlerweile schon vorgedrungen war, er müsse einen
Posten am Bodensee oder in der Nähe haben, um die
Briefe aus Frankreich, die in der Schweiz angehalten würden, sicher zu erhalten. Wollten aber die Schweizer, mit
Bewilligung von Kaiser und Reich, sich verpflichten, ihm
die Briefe zuzustellen entweder über Schaffhausen nach
Ulm oder über St. Gallen nach Memmingen, so würde er
einer solchen Station nicht benöthigen. Dies Alles theilte
er der Eidgenossenschaft auch schriftlich mit, indem er
sie zu gleicher Zeit seiner aufrichtigen Freundschaft versicherte. Nur die Feinde des Königs hätten denselben zu
fürchten, nicht seine Freunde. Kurz darauf stand in einer
Genfer Zeitung unter der Aufschrift: Nouvelles extra-
ordinaires de Paris, le 29ème mai, folgende Notiz: on ap-
prend que les députés ont été charmés de cette lettre.
mais que ceux des protestants fâchés ou plutôt honteux
de cette modération, n'ont pu s'empêcher de dire tout
haut: „que deviendra donc l'empereur, si nous laissions
les Français se saisir des postes qu'ils voudrons prendre?"
à quoi les catholiques ont répondu: „qu'il devienne ce
qu'il pourra, car après la lettre de Mr. le Villars nous
n'aurons rien à craindre- [2]).

---

[1]) „Ménager les Suisses autant qu'il convient au bien de mon service
et aux alliances que j'ai avec eux." 14. Mai 1703. Le roi à Villars.
Mémoires militaires relatives à la succession d'Espagne III, S. 601 u. f.

[2]) Neutralitätsgeschäft L., St. B.

So erzürnt auch Zürich und Bern über diese „bösen Ausstreuungen" waren, so ist doch die beiderseitige Stimmung damit nicht übel bezeichnet. Zürich, Bern und der Abt von St. Gallen nahmen bald darauf an dem Vertrage Theil, in welchem sie sich zum Schutz der Bodenseestädte verpflichteten [1]).

Wegen der Briefvermittlung wurde mit dem Bischof von Constanz und dem Herzog von Württemberg langwierig und fruchtlos unterhandelt. Unterdessen berieth man, was man thun wolle, wenn diese Verhandlungen sich zerschlügen. Der Hauptpunkt der meisten Vorschläge war, dass Kaiser und Reich die Kosten einer eventuellen Besetzung der ausser Rheins gelegenen Städte tragen sollten. Zürich hoffte mit dem Defensionale und dem Abschiede von 1688, laut welchem im Thurgau acht Compagnien zum Schutze von Constanz bereit sein sollten, etwas auszurichten. Aber Uri, Unterwalden und Zug erklärten, dass sie von den acht Compagnien niemals etwas hätten wissen wollen, und auch Luzern trat, wenn auch nicht in Worten, doch durch sein Handeln von der Verabredung zurück [2]). Entrüstet berichtete Sinner von der Tagsatzung nach Hause über dies Benehmen der kath. Orte, „so dass sich wenig auf diese Leute zu verlassen sei" und man etwas Anderes ersinnen müsse. — Man berathe noch immer fort, schrieb er am 30. Mai, und unterdessen sei zu besorgen, dass die französische promptitude der deutschen lenteur zuvorkomme. In diese thatenlose Unschlüssigkeit hinein klingen die Instruktionen der Berner Tagsatzungsboten äusserst erfrischend. Wenn alle Orte einsehen, heisst es da, dass aus der Circumvallation der Verlust der Freiheit erfolgen werde, so folge der unläugbare Schluss, dass man die Gefahr nicht nur bekennen, sondern auch mit allen Kräften

---

[1]) s. Capitel II, S. 83.
[2]) Ebenda, S. 80.

zu hintertreiben suchen solle, und zwar zur rechten Zeit.
„Dahero weil bekannt, dass in lobl. Eidgenossenschaft
Volk auf Fuss zu bringen Zeit erfordert wird, und wenn
es schon zusammengebracht, dasselbe ungeübt und auf den
Nothfall untauglicher ist, und bekanntermassen sonsten
alles langsam hergeht . . . ., wir bei so bewandten Dingen
heilsam, ja nothwendig erachten, wenn nach Andeutung
etwa hiervoriger Geschichten und Abschieden, sonderlich
von anno 1647, von lobl. Eidgenossenschaft oder denen
mehreren und wohlintentionirten Orten derselben ein an-
sehnliches corpus von Mannschaft auf Fuss gestellt und
an den gefährlichsten Grenzen zu cantonniren verlegt würde."

Gleichzeitig eiferte Bern gegen den gerade damals
stattfindenden Durchpass der französischen Offiziere, welcher zu allerhand bedenklichen Gerüchten Veranlassung
gab. Ueberhaupt glaubte man Ernstliches fürchten zu
müssen. Ein eingelaufener Brief vom 2. Juni erzählt von
zwei französischen Ingenieuren, die zu Ravensburg Alles
in Augenschein genommen hätten, vermuthlich um zu
fortificiren: „hätten Stecken in's Erdreich gesteckt, um
zu sehen, ob es Flüeh oder tief Erdreich wäre. In Lindau
hätten sie gefragt, wie tief der See sei, in Bregenz alles
observirt und abgemessen und gefragt, wie weit es in's
Schweizerland sei. Weiter gefragt, was das für weisse
Berge seien im Schweizerland? (ist ihnen geantwortet, es
seien keine Berge, sondern die Bleichenen von St. Gallen)
wie tief der Rhein sei und ob man nicht hindurch reiten
könne? ob man im Schweizerland starke Wachen und
Schanzen habe? ob man die Berge und Felsen allda mit
Picklen nicht durchbrechen könne? In Summa alles abgemessen und mit Perspektiven hinübergeschaut" [1].

---

[1] Neutralitäts-Geschäfte L., St. B.

Zürich und Bern entschlossen sich schliesslich zur
That und schickten der hülfeflehenden Stadt Lindau jedes
180 Mann (ohne die Offiziere) zur Unterstützung. Die Entrüstung der Franzosen hierüber war nicht grösser als die
der kath. Orte. Die Lindauer Deputirten gestanden selbst,
dass sie sich, als alleiniger evangelischer Stand unter allen
am Bodensee gelegenen, vor der Katholischen Augen in
Baden wegen solcher Defensionsaffaire nicht hätten präsentiren mögen [1]).

Mit Frankreichs Widerspruch wuchs nur Berns Ent-
schlossenheit; man fange an, von Seiten Frankreichs der
eidgenössischen Freiheit nachzutreten, indem man die
Massregeln, die zur eigenen Sicherheit genommen würden,
nach dem Beispiel aller andern freien Stände, als Offension
ausdeute. Als die bernischen Tagsatzungsboten von einem
französischen Abgeordneten gefragt wurden, ob es wahr
sei, dass die aufgestellten Truppen an den Bodensee geschickt werden sollten, antworteten sie, sie wüssten davon
nichts, wohl aber, dass sie zu Dienst und Schirm des
Vaterlandes und der Grenzen aufgestellt seien.

Nach unendlichem Schreiben ergab sich, dass die
Briefvermittlung am Widerstand von Kaiser und Reich
scheitern werde. Der König machte einen andern Vorschlag: Villars sollte sich eines Postens bemächtigen und
denselben den Eidgenossen übergeben. Das aber war nun
vollends gegen die Grundsätze der Schweizer, vornehmlich
Berns, da man sich dadurch ausser den Stand der Neutralität setze und anderer Leute Gut annähme. Vielmehr
solle man den Entschluss fassen, die betreffenden Orte zu
vertheidigen, wenn Frankreich das höre, werde es so leicht
nicht wagen, dieselben anzugreifen. Bern wenigstens war

---

[1]) Heider und Wegelein an Bern. Deutschlandbuch Y, St. B.

„vest und herzhaft entschlossen, dieselben quocumque modo zu defendiren". Eine solche Erklärung von gemeineidgenössischer Seite war, wie sich von selbst versteht, nicht zu erlangen.

Der Versuch, den Briefverkehr durch Bünden zu bewerkstelligen, scheiterte, da die baierischen Truppen die bündnerische Grenze nicht erreichten, obschon man das angenommen hatte. Die ausschreibenden Fürsten des schwäbischen Kreises setzten sich zum Zweck der Neutralisirung desselben mit Zürich und Bern in Verbindung; aber um des Kaisers willen glaubten diese dazu die Hand nicht bieten zu dürfen. Nun kamen die Eidgenossen auf den Gedanken, wenigstens einen Distrikt von zwei Meilen an der eidgenössischen Grenze entlang in Sicherheit setzen zu lassen. Hierin willigte der König sowohl am Ende dieses wie im Laufe des folgenden Jahres.

Im Jahre 1703 entfernte erst der Winter die Gefahr von der eidgenössischen Nachbarschaft. In Lindau blieben die Hülfstruppen bis zum November 1704 nach mehrfachem Wechsel der Compagnien. Während der ganzen Zeit hatte ziemlich schlechtes Einverständniss zwischen Lindau und den beiden Schweizerstädten geherrscht, indem einerseits Lindau den Sold zu verkürzen strebte, andererseits die eidgenössischen Soldaten sich weigerten, vor andern Personen als dem Burgermeister und dem Commandanten der Stadt das Gewehr zu präsentiren. Zürich wollte nachgeben, Bern aber fand, dass seine Völker im Rechte seien und verbot ihnen, dergleichen Neuerungen einzugehen [1]).

Die Schweizer hatten erreicht, dass die Festsetzung der Franzosen in diesen Gegenden nicht erfolgte. Puysieux verlangte Dankbarkeit dafür, dass der König diesen Plan

---

[1]) Deutschlandbuch Y. St. B.

aus lauter Gefälligkeit aufgegeben habe, den er, wenn er gewollt hätte, wohl auch trotz der Eidgenossen hätte ausführen können. Bern aber war der Ansicht, das sei nicht Gefälligkeit, sondern Furcht gewesen; nicht einzig und allein, so drückte es sich aus, der Gutheit sei Solches beizumessen und blosserdingen für eine Gnad und Benevolentz zu achten, vielmehr sei die Verschonung daher gekommen, dass die Eidgenossen im Hinblick auf diese Grenzorte starke resolutiones gefasst, so dass der König seinem Interesse nicht gemäss gefunden habe, sich mit ihnen zu überwerfen. Der französische Gesandte blieb zwar dabei, der Vertrag zum Schutze der Bodenseestädte sei nicht zur Ausführung gekommen, weil die drei Theilhabenden angesichts der königlichen Erklärung, ausser Rheins betroffene eidgenössische Völker als Feinde zu behandeln, nicht gewagt hätten, ihre Contingente abmarschiren zu lassen [1]. Aber abgesehen von dem, was thatsächlich für Lindau geschah, befand sich von Ende Juni bis Anfang Juli General Diesbach von Bern in Zürich mit Vollmacht, bei drohender Gefahr 6000 Mann in die Bodenseestädte zu werfen. Der Abt von St. Gallen allerdings machte wegen des Toggenburgergeschäftes Schwierigkeiten, und Zürich verlangte für den Fall, dass er zurücktrete, der Kosten halber eine neue Vertheilung, blieb aber im Uebrigen fest bei seiner Zusage. So durften allerdings Zürich und besonders Bern für sich in Anspruch nehmen, dem Reiche diese Plätze, den Eidgenossen diese Nachbarschaft erhalten zu haben [2].

---

[1] Analyse du Mémoire etc., 1698—1708. Zellweger 11.

[2] „Le concert de votre louable canton (Zuric) avec celui de Berne pour la défense de vos frontières du côté de l'Allemagne les a jusqu'ici conservées. Msr. le m^{al} de Villars a rodé autour, ils les a convoité, mais voyant que ces deux puissants cantons étaient résolus à ne les pas abandonner, il n'a rien osé entreprendre contre elles." 26. Januar 1704. Mellarede à Zuric. Akten Savoyen. St. Z.

Während die Orte durch Puysieux' Erklärungen vom
21. Dezember 1703 und vom 16. Januar 1704 in Betreff
der Rhein- und Bodenseegegend leidlich gesichert waren,
mussten sie im Frühling 1704 wieder in Besorgniss wegen
der eigenen Grenzen sein. Diesmal hatte Tallard die Aufgabe, sich mit dem Kurfürsten zu vereinigen, und das
Gerücht ging, er beabsichtige, die südlichen Schwarzwald-
abhänge zu umgehen und durch den Kanton Basel und
die österreichischen Waldstädte nach der Donau vorzu-
brechen [1]). Von Seiten der Alliirten wurden die Eidgenossen
mehrfach gewarnt; die Defensionalorte hielten ihre Zuzüge
in Bereitschaft, Besenval von Solothurn wurde als Repräsentant nach Basel geschickt. Nach älteren französischen
Berichten hat Courtebonne, ein Lieutenant aus Tallard's
Armee, Basel und Schaffhausen überreden wollen, ihm den
Durchmarsch zu gewähren; sie möchten ein Auge zu-
drücken und nachher so viel Lärm schlagen, wie sie Lust
hätten [2]).

Nach einer Auffassung (La Guille) habe ihn die entschiedene Haltung der Schweizer bewogen, von seinem
Unternehmen abzulassen; nach andern (so Larrey) sei das
Ganze nur eine Kriegslist gewesen, um die Aufmerksamkeit
der Alliirten abzulenken. In Schweizer Quellen finde ich
von diesem Ansinnen überhaupt nichts; einer Deputation,
die von Basel aus an den Marquis von Courtebonne abging,
versicherte er, dass die Eidgenossen von ihm und Tallard
nicht das Geringste zu befürchten hätten [3]). Die Tagsatzung
fasste den Beschluss, Neutralität zu halten, keiner Macht
Durchpass zu gestatten und Gewalt mit Gewalt abzutreiben.

---

[1]) C. v. Noorden.
[2]) Larrey, Histoire de France VIII, p. 341 u. f. La Guille, Histoire
d'Alsace II, p. 318.
[3]) E. A. VI 2, S. 1146 (Mai 1704).

Diese Vorgänge fallen in die Mitte des Mai. Die Franzosen verliessen die Schweizer Grenzen bald und vereinigten sich am 18. Mai mit den Baiern bei Villingen.

Wie auch Einzelnes sich verhalten haben mag, so ist doch die Wachsamkeit der Defensionalorte ohne Frage Ursache gewesen, dass die französischen Generale sich der Schweiz und ihrer nächsten Umgebung nicht für ihre Operationen zu bedienen wagten, so vortheilhaft das auch oft für sie gewesen wäre. Die Alliirten hatten den Vortheil davon: ein zufälliges Zusammentreffen ihrer Interessen mit denen der Schweizer, behaupteten Zürich und Bern damals. Es sollte sich aber im Laufe des Krieges noch zeigen, dass diese Orte nicht die Erhaltung der Grenzländer überhaupt im status quo bezweckten, dass sie sich vielmehr als Wächter über das Gleichgewicht der Nachbarländer fühlten, was ihnen freilich als gutes Recht der Neutralen erschien.

Capitel VI.

Versuch, Savoyen zu neutralisiren.

Der Herzog von Savoyen war der traditionelle Feind der westlichen Schweiz, vornehmlich Berns. Aber dem anwachsenden Frankreich gegenüber befreundeten sich Alle, die sich bedroht fühlten; sowie der Herzog dem System der Alliirten beitrat, wurde er der natürliche Verbündete der reformirten Eidgenossen. Eins besonders führten die Freunde der Alliirten an: der Herzog richte sein Augenmerk hauptsächlich auf Italien; sich zum Schiedsrichter in den dortigen Händeln zu machen, sei sein grosser Plan; mit Oesterreich vereint, könne er ganz Italien unterwerfen und wenn das geschehen sei, könne er bald Oesterreich, bald Frankreich gegen einander ausspielen. Diese Richtung auf Italien ziehe ihn von der Schweiz ab und sei für dieselbe ein glücklicher Umstand [1]).

Es war damit im Ganzen die Politik der Herzöge richtig bezeichnet, wenn sie auch frühere Richtungen noch nicht völlig aufgegeben hatten. Noch immer hofften Feinde Berns Savoyen durch das Lockmittel der Waadt auf diesen Kanton hetzen zu können.

Es ist natürlich, dass der Herzog von Savoyen jedesmal, wenn er eine Schwenkung nach den Alliirten machte, sich die Gemüther der ihm verbündeten kath. Orte (nur Solothurn war nicht im Bunde) entfremdete. Wie beim

---

[1]) Mémoire, dem geh. Rath von Bern übermacht, a. a. O.

Mailänder Capitulat und mehr noch lebten dieselben in
der Besorgniss, das savoyische Bündniss möchte allgemein
werden; ja, dann schon, wenn der Herzog mit den Reformirten ebenso freundliche Beziehungen unterhielt, wie
mit ihnen selbst, verlor es für sie seine wesentliche Bedeutung.

Die Gefahr schien sich im Jahr 1690 verwirklichen
zu sollen. Der Herzog, von Frankreich abgefallen, wünschte
mit den ref. Orten in ein Bündniss einzutreten, mit dem
gegenseitigen Gewinn, dass sie ihm Truppen stellen und
sein Land in Schutz nehmen sollten, er ein Duldungsdekret
für die Waldenser erlassen und förmlich auf die Waadt
verzichten würde [1]). Dies kam aber so wenig zu Stande,
wie der Schutz oder die Neutralisirung Savoyens überhaupt: die Orte beschränkten sich zuletzt auf das Aner-
bieten, ein Intercessionsschreiben für den Herzog an
Ludwig XIV. zu erlassen, was er als zu erniedrigend für
sich zurückwies.

Schon im Beginn des spanischen Erbfolgekrieges hatte
Victor Amadeus mit Kaiser Leopold in Unterhandlung
gestanden wegen des Anschlusses an die grosse Allianz.
Nach mehrfachen Schwankungen kam es dadurch zur
Entscheidung, dass Frankreich die Unsicherheit nicht länger dulden wollte und Victor Amadeus zwang, sich öffentlich zu erklären. Der Kaiser weigerte sich freilich, den
von seinem Botschafter in Savoyen mit dem Herzog ab-
gefassten Vertrag vom 8. November 1703 zu ratifiziren,
weil er danach dem Herzog Stücke von Mailand und
Mantua abtreten sollte, aber England übernahm die Bürgschaft dafür. Victor Amadeus war nun auch darin den
ref. Orten vergleichbar, dass er mehr den Seemächten als

---

[1]) E. A. 1690 VI 2, S. 351.

dem Kaiser selbst verbunden war. Vorzüglich machte England die Sache Savoyens ganz zur eigenen.

Direkter Schutz konnte dem Herzog am besten von der Eidgenossenschaft aus gewährt werden. Denn im Westen von Frankreich eingeschlossen, in Italien von den siegreichen Franzosen bedrängt, konnte er nur durch die Schweiz Zuzug bekommen. Grosse Schwierigkeiten mussten erst überwunden werden, ehe die Kaiserlichen von Italien her Entsatz bieten konnten. Von der Schweiz nun kam besonders Bern als Grenzland in Betracht; alle für Savoyen bestimmten Hülfstruppen mussten durch die Waadt gehen.

Die Stimmung zwischen dem Herzog und den kath. Orten war im Beginn des 18. Jahrhunderts, auch von der allgemeinen Combination abgesehen, die denkbar gereizteste. Es handelte sich um rückständige Pensionen, um eine neue Capitulation, besonders aber um ein Privileg der eidgen. Offiziere. Dieselben hatten früher eine Art schwarze Stöcke tragen dürfen und wehrten sich nun auf das Heftigste gegen die neuen von Brasilienholz, welche der Herzog eingeführt hatte. Die Erbitterung war so gross, dass die Orte von Aufhebung des Bundes sprachen [1]).

Offiziell setzte sich der piemontesische Gesandte Mellarede zuerst mit den durch Allianz mit dem Herzog verbundenen Orten in Verbindung und forderte von ihnen zwei Dinge: erstens Einverleibung Savoyens in die Eidgenossenschaft [2]) oder Neutralisirung dieses Landes, zweitens einen Volksaufbruch von 6000 Mann. Letzteres wurde

---

[1]) s. E. A. 1698—1703.

[2]) „Le duc consent, que ses états de Savoye soient agrégés et unis à ce louable corps, qu'ils en soient un membre inséparable, et qu'ils concourent à l'avenir comme les autres à tout ce qui peut regarder la sûreté, le repos et la tranquilleté du l. C, H." 23. Oktober 1703. Mémoire de Mellarede, Akten Savoyen. St. Z.

als im Bunde begründet anerkannt; werde doch der Herzog
wirklich aus seinem eigenen Lande verdrängt. Von einer
Inkorporation Savoyens wollten die Orte nichts wissen;
hätten doch auch die Altvordern von dergleichen nichts
gehalten, vielmehr das Herzogthum Burgund Frankreich
und die Freigrafschaft Oesterreich überlassen. Anstatt
dessen habe man danach gestrebt, die Nachbarschaft zu
neutralisiren. Dafür wolle man sich auch jetzt verwenden. Wünschenswerth aber sei die Neutralität aller
Lande des Herzogs, sowohl diesseits wie jenseits der
Alpen.

Puysieux und Beretti-Landi bekämpften die Anträge
Mellarede's. Unter welchen Vorwänden dies zu thun sei,
war schwierig genug, denn obgleich von beiden Seiten
reichliche Beschuldigungen fielen, der Gegner sei Ursache
des Bruches gewesen, so weigerten sich die neutralen
Eidgenossen doch von vornherein, hierüber zu richten.
Die Gesandten begnügten sich desshalb mit der Mahnung,
Frankreich und Spanien nicht zu erzürnen.

Mit besserem Grunde konnte Puysieux von den nichtverbündeten Orten verlangen, dass sie dem Herzog keine
Werbung gestatteten. Ehe noch der Herzog den Vertrag mit
dem Kaiser unterzeichnet hatte, schon im Oktober, herrschte
im Kanton Bern heimliche Bewegung, von Werbern und
Agenten des Herzogs, mehr noch von allerlei unruhigen
Elementen, welche die Waffen zu ergreifen wünschten, verursacht. Es waren dies sowohl Ende des 17. Jahrhunderts dort
angesammelte Refugiés, wie auch besonders erst kürzlich
geflüchtete Camisarden, sogenannte Cevenots, letztere
freilich schaarten sich erst später, nachdem jede Hoffnung, den Krieg im Süden Frankreichs zu erneuern,
für den Augenblick erloschen war, unter die Fahnen
des Herzogs. In Bern waren im Jahre 1696 nicht

weniger als 6104 definitiv angesiedelt, davon 4000 in der Waadt [1]).

Die Camisarden spielten in den Berechnungen der Alliirten eine nicht unbedeutende Rolle. Es war eine Lieblingsidee Wilhelm's III. gewesen, in Verbindung mit dem Herzog von Savoyen in das südliche Frankreich einzufallen, die aufständischen Provinzen zu unterstützen und Frankreich so durch sich selber zu bekämpfen. Schomberg arbeitete im Jahre 1689 einen Plan aus, wie das Unternehmen in's Werk zu setzen sei [2]). Von den zahlreichen Refugiés, welche sich in England, Holland und der Schweiz aufhielten, wurde das Projekt eifrig gefördert. Der Aufstand des Jahres 1689 war aber unterdrückt worden. Zugleich mit dem Beginn des span. Erbfolgekrieges lebte er jedoch neu auf, und es entspann sich ein für Frankreich höchst gefährlicher Krieg, den die Alliirten sogleich auszunützen gedachten. Kaum war der Herzog von Savoyen für sie gewonnen, so suchten sie auch die evangelischen Schweizer an sich zu ziehen, zunächst Bern, dessen Gebiet als Brücke zwischen Frankreich und Savoyen dienen konnte. Der holländische Gesandte Valkenier war damit in folgenden Ausdrücken beauftragt: „Ueberdies soll ermelter envoyé Valkenier mit Concert wie oben (des savoyischen Gesandten Mellarede und des englischen Stanyan) vernehmen und ausforschen, ob die lobl. Kantons nicht geneigt wären, sich zum sucours des Herzogs von Savoy mit Ihre kaiserl. Majestät, der Cron England und Ihren Hochmögenden in eine Allianz zu begeben, wozu denn Ihre Hochmögenden hiemit sich geneigt erklären. Nicht weniger, dass Herr Valkenier mit obgenanntem englischem ministro

---

[1]) Weiss. Histoire des Refugiés protestants de France, II, S. 206.

[2]) Noorden a. a. O. I, S. 431. Lamberty a. a. O. III, S. 238 u. f.

sollte überlegen, ob bei dieser Gelegenheit die Religions-
verwandten in den Cevennes nicht unterstützt und deren
Aufstand grösser gemacht werden könne und selbige so
viel möglich solle helfen befördern" [1]).

Dieses Schreiben scheint Valkenier dem Schultheissen
Sinner anvertraut zu haben, welcher erst nach zwei Jahren
für gut fand, es dem geheimen Rathe vorzulegen. „Welches
aber ein solcher stechender Igel sei befunden worden, dass
darüber mehr geschwiegen und abgelehnt als gerathen
werden solle; massen dies Memoriale lediglich an seinen
Ort zu legen beschlossen worden" [2]).

So weit zu gehen, waren nicht einmal die eifrigsten
Franzosenhasser in Bern gesonnen. Den Flüchtlingen Zu-
flucht, dem Herzog Durchpass für Zuzüge und etwa heimliche Werbungen zu gewähren, liess sich auch wohl neben
bestehender Neutralität möglich machen. Schon im September 1703 begannen die Klagen des franz. Gesandten
über unerlaubte Vorgänge in der Waadt [3]). Er schickte
Namen und Personalbeschreibungen von Offizieren —
flüchtigen Camisarden —, welche er der Werbung beschuldigte. Die Regierung beschloss aufzupassen und erliess Weisungen an die Amtmänner in den wälschen Vogteien — Sigismund Steiger von Lausanne, Bondeli von
Aubonne, v. Watteville von Morsee —, etwaige Werbungen
zu verhindern. Die beiden Erstgenannten waren bekannt
als Freunde der Alliirten; Steiger besonders wurde von
Puysieux verdächtigt. Man wollte gewiss wissen, dass
Mellarede in ganz Bern mit massgebenden Personen Verbindungen angeknüpft habe.

---

[1]) Extract aus dem Schreiben der Generalstaaten an Valkenier,
5. November 1703. Hollandbuch A. St. B.

[2]) Geheimes Manual der Stadt Bern. 28. November 1705. St. B.

[3]) Frankreichbücher H. H. St. B.

Mellarede brachte sein Anliegen im Dezember vor
die Tagsatzung. Er suchte dadurch Eindruck zu machen,
dass er die Vermuthung aussprach, Ludwig XIV. gehe
darauf aus, sich Savoyens für immer zu bemächtigen. Im
Anschluss an die Entwaffnung der savoyischen Truppen durch Vendôme, womit der Bruch zwischen den
beiden Staaten herbeigeführt war, wies er darauf hin, dass
der König ebenso gut einmal die in seinem Solde stehenden Schweizer entwaffnen könne. Das harmloseste Mittel
die Eidgenossenschaft zu schützen, sei die Neutralisirung
Savoyens. Diese zu Stande zu bringen, war, wie sich alle
Orte vernehmen liessen, Wunsch und Absicht derselben.

Bern schrieb an Puysieux in kräftiger Sprache, es
habe wohl das Recht, dem Herzog von Savoyen ein Regiment zu bewilligen und würde dadurch keineswegs die
Neutralität verletzen, ziehe aber doch vor, ihm die Neutralität zu verschaffen. Wolle der König darauf nicht eingehen, so müsse er sich auf andere Schritte von Seiten
Berns gefasst machen [1].

Berns lebhafte Theilnahme hatte zur Ursache fast
weniger noch die Furcht vor Einschliessung als die Besorgniss um Genf. Genf nämlich verhehlte den ganzen
Krieg hindurch seine Vorliebe für Frankreich durchaus
nicht. Wenn, was häufig geschah, Klagen von kaiserlicher
Seite über Genf einliefen, suchte Bern zu vermitteln. Den
besten Willen hatte Bern, die Nachbarrepublik im Nothfall
mit Heeresmacht zu schützen, aber höchst peinlich und
beschwerlich war es, dass dieselbe nicht das mindeste
Verlangen nach diesem Schutze zeigte. Eine nach Berns
Urtheil allzu grosse Sorglosigkeit liess den Gedanken an
ernstliche Gefahr dort nicht aufkommen. Bern hatte die

---

[1] 18. Jan. 1704. Bern an Puysieux. St. B.

Ueberzeugung, der König habe im Sinn, Savoyen zu er-
obern und dazu sei ihm Genf sehr dienlich. Schon im
letzten Krieg sei etwas Aehnliches geplant. Die Papisten
sähen Genf als Mutterstadt der Ketzerei an und würden
nicht ruhen, bis sie es in ihrer Gewalt hätten. Aber die
französischen Gesandten seien in Genf allzu beliebt. Wie
nun das delikate Geschäft betreiben? Genf geradezu zur
Wachsamkeit zu mahnen, scheute man sich, weil es das
übel aufnehmen könnte. Am liebsten hätte man gesehen,
wenn Genf an die Tagsatzung gelangte und Zürich und
Bern um Repräsentanten bäte. Unter der Hand dahin zu
wirken, wurde der Commandant v. Mülinen nach Genf
geschickt. Er sollte mit aller Vorsicht die bedrohte Stadt
an das Beispiel von Ulm und Strassburg erinnern und sie
womöglich zur Aufnahme einiger bernischer Truppen bewegen [1]).

Inzwischen hatten die französischen Waffen rasche
Fortschritte gemacht. Bern und Freiburg schickten je
einen Gesandten an La Feuillade, den commandirenden
General der französischen Truppen, um ihn zu bitten, mit
ferneren Eroberungen inne zu halten, bis über die Neutralitätsfrage entschieden sei. Derselbe zeigte keine Lust
dazu; er entschuldigte sich mit mangelnder Instruktion.
Die kath. Orte hatten sich zu gleichem Zwecke beim Gesandten verwendet. Je weniger diese Schritte fruchteten,
desto mehr lag daran, die gewünschte Neutralisirung so
rasch wie möglich herzustellen. Die bedeutendste Schwierigkeit lag darin, dass der König nur die Neutralität sämmtlicher Lande des Herzogs zugeben wollte, dieser nur die
Savoyens. Er dachte nicht daran, sich in Italien unschädlich zu machen, wo er sich auszubreiten hoffte.

[1]) Memorial 5. Nov. 1703 im Kriegsrathsmanual XXX, St. B.

Bern war das einzige von den Orten, welches handelte.
Zunächst suchte es Freiburg zu gemeinsamem Wirken zu
bewegen. Der alt Seckelmeister v. Muralt stellte als Abgeordneter in einer Rede die schlimme Lage Berns vor,
wenn Savoyen an Frankreich fiele, „also dass ihm zu seiner
Zeit in sein Eingeweide mag gegriffen und ein tödtlicher
Stich versetzt werden". Der Plan war, dass man erst
Alles aufbieten würde, um Savoyen zu neutralisiren, ge-
linge das nicht, dem Herzog mit Truppen beizustehen,
nämlich so — dies war die Fassung —, dass einige Orte
sich verpflichten würden, ihm ganz Savoyen zu erhalten.
Freiburg war einverstanden, rieth aber, das Geschäft nicht
an die Tagsatzung, sondern gleich an den Brunnquell, die
Obrigkeiten, zu bringen. Es sei bekannt, wie es zu Baden
hergehe, da ändere sich das Wetter gar bald und man
mache trotz der präzisesten Instruktionen nichts aus.
Hierin einig, trachten nun beide Orte danach, Zürich und
Luzern zu gewinnen und somit einige wenige, aber die
bedeutendsten Kantone zu thatkräftigem Handeln zusammen-
zuschliessen. Mitte Januar 1704 war dies in Freiburg verabredet.

Zürich war, wie immer, so auch in diesem Falle vorsichtiger und zurückhaltender als Bern. Allerdings fühlte
es sich verpflichtet, Bern so weit zu unterstützen, wie
dieses in Betreff der Bodenseegegend mit Zürich Hand in
Hand ging. Aber so sehr es auch wünschte, Savoyen zu
schirmen, wollte es sich zu einem Volksaufbruch doch
durchaus nicht verstehen. Einzig mit einer eidgenössischen
Besatzung in Savoyen wollte es sich allenfalls einverstanden erklären, aber nur dann, wenn dieselbe im Solde der
kriegführenden Mächte oder der Landschaft Savoyen stehe,
und erst nachdem letztere neutral erklärt sei. Mellarede
selbst war in Zürich, ohne etwas auszurichten. Am

26. Januar war eine Abordnung von Freiburg und Bern dort. Vergebens suchten Willading und v. Murait durch grelle Schilderung des bevorstehenden Unheils zu wirken: sowie die Schweiz von Frankreich eingeschlossen wäre, würden in Genf, Lausanne und Basel die Bischöfe wieder eingesetzt werden, Neuenburg werde verloren gehen. und Bern könne in einer Nacht überrumpelt werden. Käme dann noch die Korruption des Geldes und das katholische Religionsinteresse dazu, so werde nur noch ein kümmerlicher umbra libertatis übrig bleiben [1]).

Ohne französisch gesinnt zu sein, wollte Zürich es doch mit Frankreich nicht verderben [2]). Puysieux liess es auch nicht an warnenden Zuschriften fehlen und zeigte sich entgegenkommend in Allem, was die Sicherheit der nordöstlichen Nachbarschaft betraf. Indem er versprach, dass die Städte an Rhein und Bodensee von Basel bis Bregenz geschont werden sollten unter der Bedingung, dass die ev. Orte dem Herzog von Savoyen weder öffentliche noch geheime Werbungen gestatteten, suchte er Zürich und Bern zu entzweien und zu isoliren. Er drohte sogar, der König werde, wenn Zürich dem Herzog Truppen gestatten sollte, sein Versprechen behufs Neutralität der Waldstädte, Constanz' und des Frickthals zurückziehen.

Der einzige Erfolg war, dass die vier Orte ein Schreiben an Puysieux erliessen. Als Antwort veranlasste derselbe die Berufung einer Tagsatzung [3]). Sein Plan war,

---

[1]) s. Akten Bern, St. Z.

[2]) „Je vous assure aussi que beaucoup de gens ici, qui cependant ne sont pas trop amis de la France, ont trouvé la demande de Messieurs les députés de Berne et leur procédé non seulement extraordinaire, mais extravagant et capable d'attirer la ruine à toute la Suisse.“ Lettre écrite de Zuric. 4 janv. 1704. Collectio diplomatica XXVIII a. a. O.

[3]) E. A. VI 2, S. 1129.

die Schweizer so lange mit Unterhandlungen hinzuziehen,
bis Savoyen von französischen Waffen völlig erobert sei.
Um zu diesem Zweck zu gelangen, stellte er sich, wenn
immer er konnte, als ob er die Tagsatzungsboten miss-
verstehe, so dass er zu immer neuen Anfragen an den König
Vorwand hatte. Nachdem er zuerst die Neutralität sämmtlicher Lande des Herzogs vorgeschlagen hatte, anerbot er
an der eben erwähnten Tagsatzung, im Februar, Neutralität
für die an die Eidgenossenschaft grenzenden Provinzen
Chablais und Faucigny. Er gab vor, geglaubt zu haben,
die Orte wünschten nichts weiter, als Neutralisirung eines
Distriktes am Genfersee, wie im Osten am Bodensee. Das
wurde abgelehnt, weil in diesen Provinzen kein haltbarer
Platz sei; sie seien desshalb nur schwer und mit grossen
Kosten zu bewachen, und Frankreich könne sie den Eidgenossen leicht wieder entreissen. Das Angebot des Gesandten, ihnen die Festung Montmeillan noch dazu zu
geben, konnte kaum ernst genommen werden, da dieselbe
zur Zeit noch in den Händen des Herzogs war und erst
mit Gewalt von ihm hätte erobert werden müssen.

Nachdem dies nun Alles dahingefallen war, gab
Puysieux vor, er müsse zuerst wissen, ob man Abtretung
des Herzogthums zu Handen des Herzogs selbst wünsche,
oder Freigebung an dessen Unterthanen ohne Besatzung,
oder ob die Eidgenossen es selbst in Verwahrung nehmen
wollten. In den ersten beiden Fällen würde der König
eine Garantie von ihnen verlangen. Jedenfalls müsse er
sich den Pass durch Savoyen vorbehalten, um den Unterhalt seiner Armee in Piemont zu bewerkstelligen, denn
der Seeweg, auf den die Schweizer verwiesen, sei zu unsicher.

Bern durchschaute die Absichten des Gesandten wohl
und wollte zuvor wissen, ob der König die Neutralität

überhaupt zugeben würde, dann über die einzelnen Bestimmungen unterhandeln. Jener beharrte darauf, dass erst
die Orte sich über die angegebenen Punkte erklären müssten. Ergebnisslos verlief die Februartagsatzung, die be-
rühmt ist durch die Rede des Burgermeisters Escher von
Zürich, worin er dem französischen Gesandten verwies,
ein bundesgemässes oder freundnachbarliches Bezeigen seines
Königs gegen die Eidgenossenschaft mit dem Worte
„Gnade" zu bezeichnen. In seiner Instruktion stand, wenn
der Gesandte etwa davon sprechen sollte, wie der König
Geneigtheit zum Neutralitätstraktat an den Tag gelegt
habe, der Kaiser dagegen Widerstand, so solle er ihm
bedeuten, dass den Eidgenossen nicht so viel an der Neutralität gelegen sei, wie an der Sicherheit der benachbarten
Lande und dem eidgenössischen Ruhestand, der davon zu
verhoffen sei.

Von der nächsten Tagsatzung hielten sich Puysieux
und die kath. Orte fern. Mellarede legte ein Neutralitäts-
projekt vor, nach welchem die anwesenden Orte einen
Entwurf mit folgenden Hauptpunkten ausarbeiteten [1]): König
und Herzog sollen aus den savoyischen Landen diesseits
des Gebirges alle ihre Truppen zurückziehen; die genannten Lande nicht angreifen und mit Durchmärschen verschonen. Die Eidgenossen sollen dessen Garant sein (diesen
Punkt lehnte Zürich ab) und zu dem Zweck eine gewisse
Truppenmacht (1500—2000 Mann) nach Savoyen verlegen.
In Montmeillan soll eine Besatzung liegen, die zu einem
Theil aus Savoyarden, zu zwei Theilen aus Schweizern
bestehen soll. Der Herzog soll den Commandanten und
den Gouverneur ernennen, welche aber militärische Verfügungen nur mit Einwilligung eines eidgenössischen

---

[1]) E. A. VI 2, S. 1136, 1137, und Akten Neutralität. St. Z.

Repräsentanten treffen dürfen. Die Besatzung soll auf den Neutralitätstraktat vereidigt werden.

Dieser Plan straffer Neutralität verfehlte nicht, Anstoss zu erregen. Die V Orte, welche sich am 14. Mai versammelten, um ihn zu begutachten, hielten ihr Missfallen nicht zurück. Der nie fehlende Gedankengang stellte sich ein: Sei die Neutralität von allen Theilen ernsthaft gemeint, so sei jede Besatzung unnöthig; müsse man auf Gewalt gefasst sein, so sei die vorgeschlagene zu gering. Grundsatz der Altvordern sei gewesen, sich in solchen Fällen der vollen Zustimmung der betheiligten Mächte zu versichern [1]. Wollte man aber von der Maxime derselben abgehen, so müsse der Dienst so eingerichtet werden, dass die katholischen neben den ref. Orten gleichen Rang behaupten könnten.

Puysieux ging auf den Entwurf gar nicht ein. Statt aller Antwort verkündete er die Versicherung des Königs, bei bevorstehendem Friedensschluss Savoyen seiner Krone nicht einzuverleiben. Auf mehreres Drängen fügte er hinzu, dies sei des Königs letztes Wort; vielleicht wäre die Neutralität zu Stande gekommen, wenn auf der letzten Tagsatzung alle Orte anwesend gewesen wären. Das war ein rechter Erisapfel in die Eidgenossenschaft geworfen. Die ref. Orte rückten es den V Orten vor, diese entgegneten, man hätte ihre Anwesenheit nicht gewünscht, Bern und Freiburg hätten die Sache nicht als so dringlich dargestellt.

Mellarede hielt nun den Zeitpunkt für gekommen, wo er nur noch mit den Orten, nicht mehr mit Frankreich

---

[1] Man sieht, wie die Orte auf die Altvordern zurückführen, was in jetziger Zeit gerade ihnen im Gegensatz zu den Vorfahren zur Last gelegt wird.

zu thun hatte. Seine „unschuldigen Vorschläge" betrafen einen Volksaufbruch sowohl von Seiten der verbündeten wie der ev. Orte.

Förderer und Gegner der Werbung hatten in den verbündeten Orten eifrig für ihre Sache gewirkt. Eine Schrift mit dem Titel: Question où l'on demande, si les cantons catholiques alliés de S. A. R. de Savoye sont obligés dans la conjuncture présente à donner à ce prince les secours qu'il demande en vertu de l'alliance qu'il a avec eux? beantwortete die Frage mit Nein. Es erschien eine Réponse, deren Verfasser sich hauptsächlich darauf stützte, dass die Verbündeten dem Inhalt des Bundes gemäss zur Truppenhülfe verpflichtet seien und nicht zu fragen hätten, warum der Krieg entstanden sei.

Einige der Verbündeten hatten bereits Truppen zugesagt, voran natürlich der Abt von St. Gallen, der sich bitter beklagte, dass die Toggenburger den Werbeoffizieren nicht folgen wollten. Die V Orte aber kehrten sich vollends von der Sache des Herzogs ab, als dieser sein Gesuch um Truppen auch an die Evangelischen gerichtet hatte. Denn klar sei im Bunde bedungen, dass die Unkatholischen in keinem Bündniss mit dem Herzog stehen sollten, folglich könne man dazu nicht helfen, dass sie ihm Volk gäben.

Aller Unwille äusserte sich gegen Bern, das dieses Neutralitätsgeschäft mit so ausserordentlichem Ungestüm betrieb. Bern stelle oft und heftig die Behauptung auf, die Eidgenossen hätten als Staatsgrundsatz angenommen, in drei Fällen Gewalt mit Gewalt abzutreiben: 1. wenn ein Ort oder alle feindlich angegriffen würden; 2. wenn eine fremde Armee auf eidgenössischem Boden Posten fassen wollte; 3. wenn die Eidgenossenschaft von einer Macht umzingelt würde. Aber nur die beiden ersten Fälle seien stichhaltige Gründe. Höchst auffallend sei das enge

Verständniss mit England und Holland und das noch
engere mit dem Herzog von Savoyen. Auf diese Weise
sei es zweifelhaft, ob das Bündniss mit demselben, das
doch einzig zum Schutze der alleinseligmachenden Religion
eingegangen sei, den Orten noch etwas nütze, falls es mit
den Unkatholischen zum Bruche komme. Der Herzog
scheine ja in diese mehr Vertrauen zu setzen als in seine
Verbündeten.

Man muss auch daran denken, dass es überhaupt
nicht im Interesse der kath. Orte lag, den Herzog, welcher
auch in Italien in Betracht kam, irgendwie zu verstärken.
Denn Fortschritte der Alliirten in Italien gefährdeten den
Besitz des Herzogthums Mailand für Philipp von Anjou,
mit welchem die Orte das Capitulat fortgesetzt hatten.

Der Versicherung des Königs, Savoyen nicht behalten
zu wollen, wurde von Bern kein Glauben geschenkt. Durch
vielfache Willkürhandlungen in vergangener Zeit hatte
Ludwig XIV. das Zutrauen in seine Worte verscherzt.
Man meinte, heimliche Abkaufung und viele andere politische Kniffe könnten dahinter versteckt sein. Auf der
evangelischen Konferenz während der ausserordentlichen
Maitagsatzung setzten die Berner Abgeordneten durch.
dass sie von den andern ref. Orten beauftragt wurden.
mit Mellarede wegen einer Truppencapitulation in Be-
rathung zu treten. In derselben war ein Volksaufbruch
von 3—4000 Mann in Aussicht genommen[1]). Der Herzog
wollte sich dagegen verpflichten, Savoyen niemals abzu-
treten und unter der Garantie Englands und Hollands für
inalienable zu erklären; die genannten Mächte sollten sich
auch für die Einschliessung der Eidgenossen in den allgemeinen Frieden verwenden. Die übrigen Orte nahmen den

---

[1]) s. Akten Savoyen, St. Z. E. A. VI 2, S. 1156.

Entwurf ad referendum, beraubten aber Bern an der Julitagsatzung aller Hoffnung auf ihre Mitwirkung. Sie stellten
auf der evangelischen Konferenz eindringlich vor, dass die
bewilligten Truppen leicht mit den französischen in Kampf
gerathen könnten und dadurch die Eidgenossenschaft in
den Krieg verwickeln würden. Basel und Schaffhausen
entschuldigten sich noch besonders mit eigener Gefahr.
Es sei doch schliesslich besser, die Neutralisirung eines
Grenzdistriktes von Savoyen, nämlich der Provinzen Chablais, Faucigny, Genevois und Savoie, worauf Frankreich
eingehen würde, anzunehmen. Bern, welches nicht nur die
Eidgenossenschaft schützen, sondern zugleich Frankreich
einschränken wollte, stand jetzt ganz allein. Freiburg
hatte sich seinen Glaubensgenossen mehr genähert und
wollte sich um die Neutralität nur noch bemühen, wenn
sie mit Einwilligung beider kriegführenden Mächte erhältlich sei [1].

Puysieux schrieb das Verdienst, den Berner Volksaufbruch hintertrieben zu haben, sich zu. Er gebrauchte
nämlich die List, den Kanton im Namen des Königs um
ein Regiment zu bitten, wohl wissend, dass derselbe nicht
darauf eingehen würde. Bern konnte aber füglich nicht
einem nichtverbündeten Fürsten bewilligen, was es dem
verbündeten abgeschlagen hatte. Auch gerieth die Regierung in nicht geringe Besorgniss, wie sie das Geschäft
erledigen könne, ohne in „Verstrickung" zu gerathen [2].
Unter dem Vorwande der Unsicherheit der eignen Grenzen
schlug sie das Gesuch ab. Da aber dieser Briefwechsel in
den Monat April fällt und Bern im Juli noch auf einem
Volksaufbruch bestand, so scheint es sich vielmehr durch

---

[1] E. A. VI 2, S. 1179.
[2] Frankreichbücher H. H., St. B.

die abgeneigte Haltung der andern Orte haben bestimmen lassen. Allein, gegen den Willen derselben, wagte es doch wohl nicht einen so folgenreichen Schritt zu thun.

Im Geheimen aber setzten sich die Wühlereien für den Herzog im Kanton Bern fort. Es ist auch nicht zu bezweifeln, dass eine nicht unerhebliche Anzahl Rekruten zur Verstärkung des Corps Stahremberg in Piemont durch die Schweiz kamen. Dem französischen Gesandten fielen mehrere Routen, von kaiserlichen Commissionären ausgestellt, in die Hand, welche als Weg für die Soldaten angaben: Wallenstadt, Zürich, Lenzburg, Aarburg, Bern, Avenches, Moudon, Vevey; von da in's Wallis. Der die Rekruten anführende Cornet war angewiesen, falls die Schweizer Schwierigkeiten machten, die Waffen einzupacken und auf die Pferde zu laden und auf Anfrage zu sagen, die Pferde gehörten dem Herzog von Savoyen, man wisse nicht, wozu sie bestimmt seien [1]). Der Landvogt von Sargans wurde nun zwar angewiesen, das im vergangenen Jahre gemachte Durchpassreglement zu beobachten; die Reformirten erinnerten sich aber nicht ungern, dass man damals auch den Franzosen Unregelmässigkeiten hatte hingehen lassen. Mehr Widerstand fand der Herzog im Wallis, dessen Anhänglichkeit an Frankreich nach der Aussage du Luc's von einem Franzosen nicht hätte übertroffen werden können [2]). Es wurden dort für Savoyen bestimmte Waffen festgehalten, wesswegen der Herzog sich lebhaft beklagte, da solche für Frankreich ruhig passiren durften. Ein solches Betragen sei der Neutralität zuwider; die Schweizer, welche ja auch neutral seien,

---

[1]) 13. August 1704. Akten Frankreich, St. Z.

[2]) Mémoire pour la Suisse etc. 1715, a. a. O. Vergl. auch Instruction pour le Marquis d'Avaray a. a. O.

liessen die Durchfuhr der Waffen zu. Dies Beispiel war
zwar übel gewählt, beruhte aber auf Thatsachen. Bern
hielt nicht einmal für der Mühe werth, die Vorwürfe des
französischen Gesandten zu widerlegen, sondern erwiderte
mit Gleichmuth, die Waffen hätten unmöglich bernisches
Gebiet berühren können, ohne vorher durch andere Orte
gekommen zu sein. Der Kanton mochte sich, da er vergebens Alles versucht hatte, um die Neutralität zu Stande
zu bringen, gewissermassen berechtigt fühlen, den Herzog
wenigstens durch wohlwollende Passivität zu schützen.

Die Berner Regierung liess es allerdings nicht an
Werbeverboten, Warnungen, Ausweisungen fehlen. Die
Bewegung der vor dem französischen Fanatismus flüchtigen
Elemente nahm immer zu. Von den Oraniern hatte allerdings der grössere Theil Mitte 1704 die Schweiz verlassen,
reichlich von Bern und Zürich unterstützt. Puysieux hatte
sehr übel vermerkt, dass sich einer ihrer Anführer, Etienne
Fricoit, in Zürich aufgehalten hatte, um von dort aus mit
dem Herzog von Savoyen zu unterhandeln, in dessen Dienst
Viele von ihnen gegen das Versprechen freier Religions-
übung treten wollten. Dagegen begann vom Herbst 1704
an ein immer reichlicheres Zuströmen der Camisarden. Zu
spät, im April 1704, wurde endlich im Haag beschlossen,
den Aufstand in den Cevennen durch ein Corps von
5000 Mann unter Belcastel zu unterstützen. Um diese
Zeit war es dem verständigen Walten Villars' bereits ge-
lungen, denselben zu dämpfen. Cavalier selbst, der junge
Führer der Empörer, unterwarf sich, und zahlreiche Camisarden machten von der Erlaubniss auszuwandern Ge-
brauch und begaben sich in die Schweiz, um dort ihren
Kampf gegen Ludwig XIV. auf die eine oder die andere
Art fortzusetzen, entweder im Dienste Savoyens oder durch
neue Anschürung des Aufstandes. Es fehlte freilich wohl

auch nicht an Solchen, welche in der Absicht kamen, sich ruhig zu verhalten und bessere Zeiten abzuwarten.

Im September zeigte Puysieux an [1]), dass Cavalier, den seine Trennung von der Sache der Bewegung bereits gereut war, sich im Berner Gebiet befinde und Truppen werbe. Nun ergingen Meldungen an die Amtleute: v. Watteville schrieb aus Morges, Cavalier sei dagewesen, er, Watteville, habe ihm gesagt, er werde gut thun, sich nicht lange in Bern aufzuhalten, weil der französische Gesandte es übel aufnehmen werde. Noch am gleichen Tage sei Cavalier nach Lausanne gegangen. Dort ergaben die Nachforschungen, dass er sich einige Zeit daselbst aufgehalten habe, aber Niemand wollte wissen, ob er Werbungen veranstaltet habe. Steiger von Lausanne schrieb, zu drei Malen seien 25 Personen von Cavalier's Truppen angelangt, dann noch vier Mal je 22, ohne Gewehre, die ihnen zu Neuenburg abgenommen seien; es wären Leute eines exemplarischen Lebens, wären da in Arbeit, gingen fleissig zur Kirche; ob sie noch in Cavalier's Diensten wären, wisse er nicht; sie könnten nur als Vertriebene angesehen werden, und Ausreissern wäre bis jetzt der Pass noch nie versperrt. Puysieux hingegen behauptete. Cavalier sei ein Rebell und desshalb dürfe ihm kein Asyl gewährt werden. Im Jahre 1705 hielt er sich noch einmal in Bern auf unter dem Namen de la Rivière. Die Regierung von Bern konnte ihren Standpunkt nicht mit genügender Festigkeit vertreten, weil sie sich wohl bewusst war, dass allerdings die meisten Camisarden den gewährten Zufluchtsort als Stützpunkt für neue Ausfälle gebrauchten. Der Camisardenführer Flottard wohnte im Jahre 1706 längere Zeit im Kanton Bern und korrespondirte von dort

---

[1]) Das Folgende aus Frankreichbücher H. H. a. a. O.

aus mit den Generalstaaten und mit den in Frankreich zurückgebliebenen Cevenots. Puysieux denuncirte, dass Flottard bei einem Amtmann Unterkunft gefunden habe, vermuthlich bei Steiger in Lausanne. Flottard wurde darauf gefangen gesetzt, aber auf die Einsprache des englischen Gesandten Stanyan, dass der flüchtige Camisarde sein Sekretär sei, wieder freigelassen. Zugleich indessen wurde Stanyan bedeutet, er möge seinen Angestellten von Allem abhalten, was Bern Verdriesslichkeit und Verantwortung zuziehen könne. Da Solches doch nicht ausblieb, wurde er ernstlich ersucht, den Unruhstifter aus dem Lande zu schaffen. Stanyan gab an, er müsse erst auf Nachricht von der Königin warten. So möge Flottard bis dahin noch im Lande bleiben, war die Antwort.

Grosser Vortheil erwuchs dem Herzog von Savoyen aus der Thätigkeit der Flüchtlinge nicht. Ein Regiment — ursprünglich waren es zwei, die bald zu einem zusammengeschmolzen wurden —, genannt des Portes, nach einem französischen Flüchtling aus dem Dauphiné, der sich in Bern naturalisiren liess, wurde allerdings für ihn geworben. Puysieux triumphirte aber, es habe nur aus Banditen und Flüchtlingen bestanden. Schweizer waren allerdings nur wenige darunter, zum grossen Unwillen der Werbeoffiziere.

Für Bern waren diese Umtriebe eine Quelle unsäglicher Verlegenheiten. Die unablässigen Beschwerden des französischen Gesandten wurden von Zeit zu Zeit mit Stolz und Schärfe zurückgewiesen, hörten aber trotzdem nicht auf. Der Uebermuth der Geflüchteten wuchs, je länger sie in Bern hausten. Raub und Mord fingen an die Gegend unsicher zu machen. Im Juli 1705 geschah zwischen Versoix und Coppet die Beraubung eines französischen Schiffes,

welches der in Italien stehenden Armee Geld und Briefe
bringen sollte. Im Oktober folgte ein ähnlicher Raub.
Savoyarden, Flüchtlinge, ja selbst vornehme Berner wurden
der Theilnahme beschuldigt. Die Regierung wies die Vorwürfe stolz zurück. Im März 1705 wurden zwei französische
Couriere, mit der Post nach Italien betraut, ermordet.
Der Intendant von Lyon verweigerte den Schweizer Kaufleuten Pässe zur sortie ihres Geldes, weil in Bern zu grosse
Unsicherheit des Verkehrs herrschte.

Es musste durchaus etwas zum Schutze der öffentlichen Strassen geschehen; die Regierung entschloss sich
zu ernstlichen Mitteln. Im Frühling 1706 wurde im Wälsch-
land eine Patrouille aus 42 Reitern eingerichtet und bis
zum Ende des Jahres unterhalten[1]. Ein Wirth, welcher
eine Anzahl bewaffneter Camisarden beherbergt hatte.
wurde mit denselben ausgewiesen. Ein Theil des Kriegs-
raths wünschte ihn vor das Gericht von Lausanne gestellt
zu sehen, aber die gelindere Meinung drang durch. Man
sah wohl ein, dass man sich auf die Amtleute nicht verlassen konnte und fing an zu fürchten, Frankreich möchte
die Verfolgung der Camisarden zum Vorwande nehmen,
um sich Genfs, des Gegenstandes beständiger Sorge, zu
bemächtigen.

Genf stand in den Raubaffairen ganz auf Seite Frankreichs. Es verhaftete mehrere Leute, die der Theilnahme
verdächtig schienen, was den Hof von Wien in grosse
Entrüstung versetzte[2]. Es klagte viel über Gewaltthaten
savoyischer Truppen; Bern suchte zu vermitteln und zu
begütigen.

---

[1] Kriegsrathsmanual XXXI. St. B.

[2] St. Saphorin an Bern. 14. November 1705. Deutschlandbuch C.
ebenda.

Auf's lebhafteste aber war Bern beunruhigt, als zu dieser Zeit (April 1706) Gerüchte von Befestigungen in Versoix laut wurden [1]). Zürich wurde sofort benachrichtigt, der Kriegsrath beauftragt, einen Entwurf zu machen, was allenfalls zu thun sei. Damals verzog sich die Gefahr, um im Jahr darauf mit grösserem Gewicht wieder zu erscheinen. Denn jetzt wurde wirklich ein am See liegendes Haus verpalissadirt. Bern erhob Einspruch: es könne solche Werke nicht an der Grenze dulden. Es wurde erwidert, so solle Bern garantiren, dass keine Räubereien mehr von seinem Gebiet aus vorfielen.

Das Aergste war, dass von den Franzosen eine Anzahl Papiere des savoyischen Gesandten Mellarede aufgefangen wurden, welche die unerfreulichsten Aufschlüsse gaben. Mellarede hatte an den Herzog geschrieben, wie entgegenkommend man in Bern heimlicher Werbung sei. Sinner habe ihm gesagt, es käme nur darauf an, dass die Dinge so ausgeführt würden, dass die Regierung sagen könnte, sie wisse nichts davon. Als der Amtmann von Aigle einigen Flüchtlingen den Pass verwehrt habe, habe Sinner gesagt, derselbe sei noch neu im Amt, man werde ihm andere Instruktionen schicken. Die Regierung erliesse allerlei Befehle, um den französischen Gesandten zufriedenzustellen, aber das sei nur Strohfeuer. Es würden Pässe ausgestellt unter der Fiction, es seien Aushebungen für das Regiment Reding oder andere katholische Werbungen. Besonders zu Dank verpflichtet sei man dem Landvogt von Lausanne, Sigismund Steiger.

---

[1]) s. Frankreichbücher XX, St. B. Vergl. auch E. Blösch: Die Erbauung der Stadt Versoix, im Jahrbuch für Schweizergeschichte IV.

Ein Sekretär des englischen Gesandten Stanyan, der Züricher Werndly [1]), schrieb darüber an den Antistes Klingler: „Der Sekretär von Mellarede hatte das Unglück, irgendwo in Italien den Franzosen in die Hände zu fallen, die ihn bestohlen und misshandelt haben; aber das Schlimmste ist, dass sie alle Schriften und Memoriale Mellarede's bekommen haben, in denen Alles steht, was zwischen ihm und unserm Gesandten verhandelt war. Kurz, das ganze Geheimniss ist entdeckt, und der König von Frankreich hat Herrn de la Chapelle als ausserordentlichen Gesandten nach Bern geschickt mit all' den Schriften. Es gibt einzelne Herren in Bern, denen es bei diesem Unfall sehr eigenthümlich zu Muthe geworden ist, da sie ein wenig stark in die Geschichte verwickelt sind" [2]). Diese Herren waren Sinner und Sigismund Steiger.

Die Regierung konnte nicht wohl anders als Frankreich eine gewisse Genugthuung geben. Beide wurden vorgeladen, um sich zu verantworten. Steiger gestand von den harmloseren Beschuldigungen Einiges zu; den Vorwurf, dass er den Werbungen Vorschub geleistet habe, wies er zurück als „falsch und faul". „Den Durchzug betreffend", sagte er aus, „habe ich kein Bedenken getragen, die Fremden für Savoy Geworbenen sowohl als die Franzosen, deren viel tausend, wie ich vormal berichtet, passiren zu lassen, welches in einem neutralen Stand auch nicht anders sein kann, welche bei mir erst angelangt, nachdem sie Ew. Ex. Land und Hauptstadt selbst passirt."

---

[1]) Hans Conrad Werndly, ward V. D. M. Reiste hin und wieder, sonderbar in England, bekam daselbst Kirchendienst, war Caplan Stanyan's, mit dem er 1705 nach Zürich kam. nachher Prediger in England, starb 1727. s. Züricher Geschlechterbuch. Nach Meyss starb er 1724.

[2]) In den Litterae variorum ad varios XXXVI, St. Z.

Sinner gab an, von alle dem, was ihm vorgeworfen werde, keine Wissenschaft zu haben. Wenn Mellarede die Briefe geschrieben hätte, so hätte er mehr geschrieben als gewusst.

Die gefundenen Papiere warfen auch neues Licht auf den Raub vom Juli 1705. Briefe von St. Saphorin an Mellarede ergaben, dass dem Herzoge von Savoyen ein Theil des Raubes zu gut gekommen war, und auch Steiger sollte darum gewusst haben. Bern konnte nicht länger zögern, der Sache nachzugehen. Als der Hauptschuldige, der Ausführende, wurde der waadtländische Edelmann Blanchet, Bannerherr von Lutry, erkannt, den zum Theil private Gründe zu dieser That angestiftet hatten[1]). Man bemächtigte sich seiner in grösster Heimlichkeit bei Nacht durch vereidigte Leute, welche nicht wussten, wer der zu Ergreifende war. Blanchet gab Steiger als Mitschuldigen an, und es erschien unbestreitbar, dass er darum gewusst hatte[2]). Der Prozess zog sich durch mehrere Monate; Anfang Januar 1707 wurde Blanchet hingerichtet. Steiger wurde seines Amtes entsetzt. Auch Urheber anderer Räubereien wurden ermittelt und dem französischen Botschafter ausgeliefert. An alle Vogteien wurden neue Ordonnanzen erlassen[3]). Mehrere Offiziere wurden wegen unerlaubter Werbungen in Strafe genommen.

---

[1]) s. Tillier a. a. O. V, S. 25 u. f., und Vulliemin, Geschichte der Eidgenossen etc. III, S. 447.

[2]) Geheimes Rathsmanual 1. St. B. Steiger selbst gestand, dass Blanchet ihm am 18. Juli das vollendete Ereigniss mitgetheilt habe. Am 26. hatte er noch an die Regierung geschrieben, dass er nichts davon wisse.

[3]) Landvogt Bondeli von Aubonne schrieb entrüstet an die Regierung: „Wollte ich helfen, Frankreich Schaden zuzufügen, so wäre es nicht mit Handhabung einer unehrlichen Räuberrott', sondern vielmehr in Sachen, die mir und dem Vaterland Nutz und Ehr bringen möchten." Er fügt hinzu, ein Magistrat könne nicht für Alles, was in seinem Lande vorgehe, verantwortlich gemacht werden.

Andererseits aber klagte jetzt Bern gegen Frankreich über Gewaltthätigkeiten französischer Völker auf dem Genfersee gegen Schiffsleute und andere Unterthanen, wodurch der freie Handel bedroht sei. Da Offiziere dabei wären, hätte es noch dazu den Anschein, als ob die Angreifer vom Könige mit Spezialgewalt ausgerüstet seien. Die Sache war Bern so wichtig, dass eine Deputation (B. v. Muralt und Willading) an den französischen Botschafter abgeschickt wurde (16. Mai 1707). Dieser beeilte sich nicht zu sehr, dem Wunsche nachzukommen. Klagen über die Unsicherheit des Verkehrs auf dem Genfersee dauerten bis 1710 fort.

Am Widerstand der Katholischen, meinten deren Gegner, sei das savoyische Neutralitätsgeschäft gescheitert. Aber auch bei den ref. Orten hatte Bern keine genügende Unterstützung gefunden. Der Herzog hatte deutlich eingesehen, wie wünschenswerth der eidgenössische Schirm für ihn war und durch wessen Vermittlung er ihn am ehesten erreichen konnte. In Utrecht hatte Mellarede Gelegenheit, mit St. Saphorin zu berathen, wie man im bevorstehenden Frieden für die Zukunft sorgen könnte. Sie dachten an eine ewige Neutralität Savoyens in der Art etwa, wie es früher mit der Freigrafschaft gewesen war. Die Truppen, welche die Eidgenossen dazu gebrauchen würden, sollte der Herzog bezahlen. Eine nothwendige Vorbedingung war die Abschaffung des savoyischen Bundes mit den katholischen Orten, was Mellarede für leicht erhältlich hielt, da sie ja den Forderungen des Bundes nicht nachgekommen wären und ihn also selbst gebrochen hätten. Dann sollten die ref. Orte mit dem Herzog einen neuen Bund schliessen, welchem beizutreten allen freistehen sollte [1]).

---

[1]) St. Saphorin à Willading. 23. August 1712. Livre IV a. a. O.

Das war aber nur der Gedankenaustausch zweier
Männer, die sich bei den darauf bezüglichen Gesprächen
ausdrücklich nur als Privatpersonen betrachten wollten.
Erst in späterer Zeit kam Aehnliches zur Ausführung,
aber als Ansätze und Bruchstücke einer Politik, deren
Zweckmässigkeit in der langen Dauer und dem schliess-
lichen Erfolge sich darthut, sind auch die früheren,
ergebnisslosen Versuche nicht ohne Bedeutung.

Capitel VII.

Pläne, Frankreich die Freigrafschaft wieder zu entreissen.

Bald nachdem im Jahre 1674 Ludwig XIV. sich der Freigrafschaft bemächtigt hatte [1]), entstand im Kanton Bern, zugleich mit dem immer engeren Anschluss an die Alliirten, Reue, dass man ein Ereigniss nicht verhindert hatte, welches die Schweiz dem übermächtigen Einflusse Frankreichs preiszugeben schien. So lange die französische Monarchie auf ihrer Höhe war, konnte nicht daran gedacht werden, den Fehler wieder gut zu machen. Es scheint, dass im Jahre 1690, als sich die Aussicht auf einen Bund mit England eröffnete, zum ersten Male derartige Pläne ernstlich besprochen wurden. Am 7. Februar 1690 wurden vom Berner Rathe Gründe und Gegengründe über den Bund aufgezeichnet, woran sich eine Diskussion schloss, in welcher bemerkenswerthe Aeusserungen fielen. Von dieser Sitzung, deren Verlauf von Interesse ist, bringe ich einen kurzen Auszug [2]).

---

[1]) Ueber das Verhältniss der Freigrafschaft zur Schweiz bis zum Frieden von Nymwegen vergl. Maag, die Freigrafschaft Burgund etc. Diss. 1891.

[2]) Allianz- und Bundesgeschäft mit der Cron Gross-Britannien oder England oder hochobrigkeitliche Verhandlung zu Bern, aus einem bernischen Manuscript copirt von Joh. Leu von Zürich. 7. Febr. 1690. Msc. Leu. Stadtbibliothek Z.

Rationes pro:

Der Eidgenossenschaft durch Diversion Sicherheit verschafft; Hüningen und Burgund in vorigen Stand gesetzt; ohnehin sei Frankreich nicht mehr zu trauen; unsre Wohlfahrt hange an des Königs in England, werde seine Freundschaft verworfen, so sei selbige für ein und alle Mal verloren; der König (Ludwig XIV.) werde dieser Bündniss sich nicht wohl ressentiren dürfen, habe ohne das Feinde und Arbeits genug, werde es auch dahin nicht kommen lassen, dass wir unsere Völker zurückberufen u. s. w.

Rationes contra:

England habe Frankreich den Krieg angekündigt; widerstreite der profitirenden Neutralität; Frankreich werde es für einen Friedensbruch halten; des Königs Ressentiment werde durch den Herzog von Savoyen effectuirt werden; die Situation des Landes sei ganz offen; könne leicht sedem belli in's Land ziehen; ob es rathsam sei, deutsche Völker in's Land zu rufen; sich nicht von Volk entblössen; der König von England könne sterben u. s. w.

Venner Daxelhofer:

Die Neutralität sei zu Baden proponirt, in Ansehn der Waldstädte aber kaiserlicherseits nicht angenommen, daher haben die Eidgenossen den Schluss unter sich selbst gefasst, selbige zu beobachten, sei aber von Luzern, Solothurn, Uri und Schwyz nicht observirt worden. Eine rechte Neutralität würde erfordern, dass wir unsere Völker aus dem französischen Dienst zurückberufen sollten. Die Verbindlichkeit des Bundes sei gegenseitig, und wenn Frankreich ihn nicht halte, brauche man ihn auch nicht zu halten.

Sinner:

Niemand bestreite die Befugsame mit fremden Ständen Bündnisse einzugehen, aber das sei die Frage, ob man es mit Frankreichs deklarirten Feinden thun dürfe. Es wäre ein Friedensbruch, wenn man Hüningen und Burgund sollte zur Condition des Bundes machen.

v. Muralt:

Man solle den Bund nur eingehen, wenn es ganz ohne Gefahr für den Stand geschehen könne. Vor vier Jahren habe er gesagt, man möge sich in Kriegsverfassung setzen, um vor Frankreich sicher zu sein. Aber warum habe man sich neutral erklärt? Entweder oder.

Frisching.

Frankreich werde es für Friedensbruch ansehen.

v. Watteville:

Ob man denn gar nichts wolle hazardiren für einen gerechten Krieg? Frankreich sei nicht mehr zu consideriren wie früher, seitdem es ein Persecutor der Religion geworden. Die Demolirung Hüningens dürfe man nicht zur Bedingung machen, weil es zu gefährlich sei; es würde nicht geheim bleiben.

Grafenried:

Ob man wolle die Neutralität beiseit setzen? Der ewige Friede verbiete, dass man dem Feinde Frankreichs Volk zulaufen lasse. Als Württemberg um Geld angehalten habe zur Beschützung des Hohentwiel, habe man es bedenklich gefunden und abgeschlagen. Das Interesse der Stadt Zürich und dieses Ortes sei ganz widerwärtig; sie

seien (die Züricher) die Autores vielen Unglücks in vergangener Zeit gewesen.

Steiger:

Mit Frankreich halten, sei wider die Religion kriegen.
Man habe mit einem Fürsten zu thun, der kein Treu und
Glauben halte, warum da cunctiren?

Willading:

Frankreich sei der Agressor; habe auch den ewigen
Frieden nicht gehalten. Man müsse zeigen, dass man das
Recht habe, sich auch mit andern Ständen zu verbünden.
Ob es nützlich sei, davon zu reden? Man male eben den
Böhlimann, als wie es um das Burgund zu thun gewesen
sei. Frankreich werde sich wohl bedenken, weil man den
Pass in's Burgund geben könne; die Eidgenossen werden
wohl zu hindern wissen, dass der sedes belli in's Land
gezogen werde.

Schultheiss v. Erlach.

Wenn es gut ausschlage, fordere er weder Ehr' noch
Dank, schlage es widerwärtig aus, wolle er auch keinen
Verweis davon tragen.

Man sieht, wie die Parteien sich damals noch das
Gleichgewicht hielten. Die Freunde der Seemächte und
Feinde Frankreichs brachten ihren Willen nicht zum Siege,
ohne freilich desswegen auch die Verwirklichung ihrer Pläne
betreffs Hüningen und Burgund aufzugeben. Es war nicht
etwa der Kaiser, an dessen Beihülfe man dabei dachte;
nichts verräth, dass derselbe die mindeste Theilnahme für
derartige Ideen gehabt hätte. Dagegen liessen die Seemächte nichts ausser Acht, was Frankreich Feindschaft,

Angriff und Schaden zuziehen konnte. Der holländische Gesandte Valkenier verfasste, während der Pfälzerkrieg noch andauerte, ein Memorial [1]), in welchem er das beliebte Stichwort ausgab: die Nothwendigkeit einer Barriere gegen Frankreich. Als solche sollte der Schweiz natürlich die Freigrafschaft dienen. Er entwickelte: ein grosser Fehler der Eidgenossenschaft war es, dass sie die Freigrafschaft überhaupt verloren gehen liess; ein grösserer, dass sie bei den Nymwegischen Friedensverhandlungen nicht danach trachtete, dieselbe als Vormauer wieder zu bekommen: der allergrösste würde sein, wenn sie auch jetzt keine Schritte zu ihrer Erwerbung bei bevorstehendem Frieden thäte. Aber keineswegs dürfen sich die Orte darauf verlassen, dass die Alliirten von selbst, eignen Interesses wegen, die Provinz aus Frankreichs Händen retten. Sie müssen dahin streben, dass kein Frieden geschlossen wird, ehe die Alliirten sich verpflichten, Burgund aus Frankreichs Besitz zu bringen und Hüningen rasiren zu lassen. Welches ist das Mittel, die Alliirten dahin zu bringen? entweder in die grosse Allianz — defensiv natürlich — einzutreten, oder in die Association der Reichskreise.

Diesem bedenklichen und schwer ausführbaren Vorschlage kamen die Eidgenossen, wie sich von selbst versteht, nicht nach. Hingegen beschlossen die ev. Orte im Juli 1696 [2]), dem König von England vorzustellen, wie sie, so lange Burgund bei Frankreich bleibe, eine unsichere Nachbarschaft und gebundene Hände hätten in Allem, womit sie sonst ihre Neigung für andere evangelische Mächte, besonders Genf, bezeugen könnten. Der König möchte überlegen, wie ihnen der Dorn aus dem

---

[1]) Valkenier, Das Interesse einer gesammten löbl. Eidgenossenschaft, 1697.

[2]) s. E. A. VI 2, S. 627.

Fusse zu ziehen sei. Der Berner Tscharner, „ein Mann von Geist und Faust", sollte dem Könige ein diesbezügliches Schreiben überbringen. Eventuell sollten dann die Generalstaaten, Brandenburg und Hessen-Kassel, ersucht werden, sich beim Friedensschluss in diesem Sinne für die Eidgenossenschaft zu verwenden.

Indessen konnte im Ryswikschen Frieden, obgleich Frankreichs Macht damals den Gipfel schon überschritten hatte, an eine Herstellung des münsterschen Friedens doch nicht gedacht werden. Denn gerade die Seemächte wollten in einer Zeit, wo man an eine mögliche Vereinigung Spaniens mit Oesterreich denken musste, nichts thun, um diese Mächte mit eignen Opfern allzu sehr zu verstärken; Spanien aber war nicht in der Lage, ein entscheidendes Gewicht in die Waagschale zu werfen, und der Kaiser klagte und zürnte zwar, richtete aber doch seine Hauptkraft, mit der er allenfalls etwas hätte durchsetzen können, lieber nach Osten.

Aber den unermüdlichen Bernern bot ein bald nachher eintretendes Ereigniss einen neuen Stützpunkt, um ihre Hebel in Bewegung zu setzen. Der Kurfürst von Brandenburg, der sich seit 1701 König in Preussen, Friedrich 1., nannte, erhob als Erbe Wilhelms von Oranien nicht nur Ansprüche auf die Nachfolge im Fürstenthum Neuenburg, sondern auch auf Gebiete des Hauses Châlons in der Freigrafschaft gelegen. Da nun Neuenburg an die Freigrafschaft grenzte, so liess sich erwarten, dass Friedrich 1., wenn er einmal im Besitz jenes Fürstenthums war, auch ein gewisses Interesse an dem Nachbarlande, ja, Einfluss auf dessen Schicksal gewinnen würde. Es kam dazu, dass inzwischen ein Krieg ausgebrochen war, von dem Alles, was zur Partei der Alliirten neigte, erhoffte, er werde endlich Frankreich demüthigen und eine Aenderung im Länderbesitz herbeiführen.

Die Männer in Bern, welche den nie aus den Augen gelassenen Plan jetzt mit neuer Zuversicht aufnahmen, waren hauptsächlich — Daxelhofer war inzwischen gestorben — Willading, die Steiger und Schultheiss Sinner; letzterer scheint allerdings, was auch der oben angeführte Sitzungsbericht vermuthen lässt, in Reden und Handeln vorsichtiger und mässiger gewesen zu sein als jene. Neben diesen treten hier noch die Bondely hervor; ein Bondely war Bevollmächtigter des Königs von Preussen in Bern in der Neuenburger Sache. Besonders thätig finden wir auch in dieser Angelegenheit wieder den schon oft erwähnten St. Saphorin, welchem an dieser Stelle eine kurze Betrachtung gewidmet werden soll.

St. Saphorin's Handlungsweise erklärt sich aus den drei Umständen, dass er waadtländischer Edelmann, Berner Unterthan und kaiserlicher Offizier war. Treffend schrieb Kaiser Joseph I., indem er St. Saphorin bei den ref. Orten accreditirte [1]), er hoffe, sie würden die Vorschläge desselben um so lieber anhören, „als in seiner Person die Beobachtung unseres Dienstes und das Obligo seiner Geburt. mithin die Qualitäten eines uns treuen Dieners und sein Vaterland aufrichtig liebenden Compatrioten sich sehr wohl combiniren lassen und in einer beiderseits nutzbaren Connexion miteinander stehen thun."

St. Saphorin erscheint nun allerdings als guter Patriot, aber nur, wie es sich von einem Waadtländer der damaligen Zeit begreifen lässt, insofern als er Bern, nicht die Schweiz, als sein Vaterland betrachtete. Nicht nur, dass er den kath. Orten leidenschaftlichen Hass trug, auch mit den reformirten scheint ihn kein Gefühl verbunden zu haben; von Zürich spricht er oft mit grosser Geringschätzung,

---

[1]) 8. Oktober 1706. Akten Deutsche Kaiser, St. Z.

was ihm dort durch unverhohlene Abneigung erwidert
wurde. Von dem, was ein Schweizer der neutralen Stellung
seines Vaterlandes schuldig war, hatte er kaum einen Begriff. Ihm war diese Neutralität vielmehr ein unliebsamer
Hemmschuh, der die bernische Republik von ruhm- und
nutzbringendem Handeln zurückhielt. Der ordentliche kaiserliche Botschafter Trautmannsdorff, welcher eher den kath.
Orten zuneigte, aber, zu diplomatischen Intriguen nicht
geschickt, die Schweiz nur auf dem Pfade der „ein-
fältigen" Neutralität zu erhalten dachte, war ihm ein
Dorn im Auge. Er hätte am liebsten alle Geschäfte der
Alliirten in der Schweiz allein geführt. Auch bediente
sich der Kaiser meistens seiner in den verwickelteren
und versteckteren Angelegenheiten. Jedes Mal, wenn der
Kaiser einen Vortheil in der Schweiz errang, schrieb er
sich das Verdienst zu, und die Thatsache, dass der erbit-
terte Hass der französischen Botschafter ihn verfolgte,
beweist, dass er bis zu einem gewissen Grade dazu berechtigt war. Im Jahre 1705 erhielt er vom Kaiser das
Patent als Oberfeldwachtmeister in Anbetracht seiner geleisteten und noch zu leistenden Dienste besonders in den
Schweizerkantonen. Ueberschwängliche Dankschreiben und
Versprechungen des Königs von Preussen legen Zeugniss
davon ab, wie nützlich er diesem in der Neuenburger
Sache war [1]). In Bern selbst erfuhr der selbstbewusste
Unterthan auch vielfache Anfeindung, besonders natürlich
von der französischen Partei. Er konnte dieselbe ruhig
ertragen, so lange Willading's, seines Beschützers, Einfluss
herrschend war. Diese beiden Männer sehen wir stets

---

[1]) s. Zellweger IV. Notizen über Franç. Louis de Pesmes etc.
Dort findet sich viel auf St. Saphorin Bezügliches. Vergl. auch
Vulliemin, welcher das Familienarchiv Métral de St. Saphorin be-
nutzt hat.

auf das Engste verbunden, und ihrem Zusammenwirken wurde später zugeschrieben, was Alles die Feinde des Kaisers dem Kanton Bern als zu weitgehende Begünstigung desselben (und der Alliirten) glaubten vorwerfen zu dürfen.

Der preussische König hatte sofort nach dem Tode Wilhelm's III. Beziehungen angeknüpft. Die ganze antifranzösische Partei fasste ihn bestimmt als künftigen Fürsten von Neuenburg ins Auge; die Steiger waren vielleicht seine ergebensten Anhänger. Der Stand Bern freilich wollte im Jahre 1703 mit „Verwunderung und Bestürzung, ja, mit höchstem Verdruss" das Gerücht vernommen haben, als habe er politische Absichten, Neuenburg in die Hände eines evangelischen Fürsten zu bringen [1]).

Der erste Plan in Bezug auf die Freigrafschaft, welcher in den für den König wirkenden Kreisen auftauchte, war folgender: Friedrich sollte versuchen, sein Fürstenthum Orange und seine Landschaften in Burgund gegen solche in derselben Provinz zu vertauschen, welche an Neuenburg direkt angrenzten, damit er den Vortheil zusammenhängenden Gebietes, Bern den einer vortheilhaften Grenze habe [2]). Der König bat sich von Steiger (von Lenzburg) ein Memorial über diesen Plan aus, der keineswegs

---

[1]) Teutsches Missivenbuch No. 36, St. B.

[2]) Mémoire de du Puy au chancelier Wartemberg, 6 avril 1703; Wartemberg an Steiger und der König an Steiger, 14. April 1703; bei E. Bourgeois, Neuchâtel et la politique prussienne en Franche-Comté. 1887. Dieses Buch liefert viel für die Schweizergeschichte interessantes Material aus den preussischen Archiven. Die Tendenz desselben ist darzuthun, dass Friedrich I. nach dem Besitz Neuenburgs zum grossen Theil desshalb getrachtet habe, um sich von dort aus der Freigrafschaft zu bemächtigen. Es deutet aber Alles darauf hin, dass vielmehr eine gewisse Partei in Bern ähnliche, wenn auch nicht so weitgehende, Gedanken in ihm erregte. Wenn er ohne grosse Anstrengung eine Stellung in der Freigrafschaft hätte gewinnen können, würde er diesen Zuwachs ohne Zweifel mitgenommen

von ihm oder seiner Umgebung ausgegangen zu sein scheint. Wie nun die Kriegsereignisse sich zu Gunsten der Alliirten wandten, reiften kühnere Pläne. Ende des Siegesjahres 1704 schrieb Emer de Montmollin, Neffe des Kanzlers, an Friedrich's Minister Wartemberg, es sei zu wünschen, dass die Alliirten Frankreich die Freigrafschaft entrissen, einmal, weil dadurch das Neuenburger Geschäft unterstützt würde, andererseits, indem dann mehr Aussicht wäre, dass der König sein Erbe in Burgund mit Neuenburg vereinigen könne [1]).

Es hat nicht den Anschein, als ob der König besonders lebhaft auf solche Gedanken eingegangen wäre. Wartemberg schrieb Anfang 1705 an Montmollin, die Alliirten hätten noch keine Truppen in die Freigrafschaft schicken können, auch glaube der König, seine in Piemont stehenden Soldaten reichten hin, um seinen Rechten auf Neuenburg Nachdruck zu verleihen. Beide, sowohl die Berner wie der König, sahen sich in gewisser Weise in den Hoffnungen, die sie auf einander gesetzt hatten, getäuscht. Der König wollte hauptsächlich ihre Unterstützung in der Neuenburger Erbschaftsfrage. Auch er machte den Versuch, den Stand Bern in die grosse Allianz hineinzuziehen, indem er zunächst ein Bündniss zwischen sich, Savoyen und Bern, eventuell allen reformirten Kantonen vorschlug, um einerseits, das war die Fassung, die bisher

---

haben; nichts verräth aber, dass er ein anderes als untergeordnetes Interesse daran hatte, von dem dahingestellt bleiben mag, in wie weit er es nur den Bernern zu gefallen zur Schau trug. Vergl. über Bourgeois' Buch Göttingische Gelehrte Anzeigen 1888 II, S. 894 u. f.

[1]) Der alte Montmollin hat, nach Bourgeois, dem Könige vielmehr gerathen, seine Güter in Burgund gänzlich aufzugeben, weil er besorgte, derselbe möchte sonst mit Ludwig XIV. in Konflikt gerathen, worunter Neuenburg zu leiden haben möchte.

errungenen Kriegsvortheile gegen Frankreich weiter zu führen, andererseits um im Neuenburger Geschäft desto sicherer zu gehen. Steiger, an den ein diesbezügliches Schreiben erlassen war, antwortete, Bern könne sich wegen der Allianzen mit Frankreich nicht in einen Offensivtraktat einlassen [1]). Immerhin glaubte der König doch mindestens auf eine wirksame Truppenhülfe rechnen zu dürfen in einer Sache, zu der die Berner selbst drängten. Aber ganz anders hatten es diese im Sinne; sie wollten unter dem Deckmantel des Namens des Königs Frankreich Schaden zufügen und ihre Grenzen verstärken, als Gegenleistung höchstens unter der Hand ihm in Neuenburg Vorschub leisten.

Es versteht sich von selbst, dass Ludwig XIV. in eine Abtretung der Franche-Comté niemals gewilligt haben würde, so lange er noch in ihrem thatsächlichen Besitz war. Nur auf diplomatischem Wege, wie es den Schweizern wohl am liebsten gewesen wäre, konnte hier nichts erreicht werden, das hatte sich beim Ryswiker Frieden deutlich gezeigt. Es war also nothwendig, dass die Alliirten durch Eroberung der Freigrafschaft den ersten grundlegenden Schritt thaten. Durch den König von Preussen auf diese einzuwirken und ihr Interesse an dem Unternehmen zu wecken, war denn auch die vorzügliche Absicht der Berner, nachdem sie eingesehen hatten, dass auf anderem Wege nicht zum Ziele zu kommen war.

Es ist richtig bemerkt worden [2]), dass in den ersten Jahren des spanischen Erbfolgekrieges die Möglichkeit,

---

[1]) Wartemberg an Steiger, April 1705, Steiger an Wartemberg, 30. Mai 1705, der König an Bondely, 3. August 1705, bei Bourgeois a. a. O.

[2]) Feldzüge des Prinzen Eugen X., bearbeitet von Alex. Kirchhammer, S. 17.

das Gebiet der Schweiz militärisch nützen zu können, für Ludwig XIV. eine bedeutungsvolle Erweiterung seiner Offensivstellung gewesen wäre, während sich die Verhältnisse gerade umgekehrt gestaltet hatten, nachdem seit 1706 der Angriff auf die Alliirten übergegangen, Frankreich in die Vertheidigung zurückgeworfen war. Man kann sogar sagen, dass schon seit dem Uebertritt des Herzogs von Savoyen Angriffspläne auf den Süden Frankreichs vorbereitet wurden [1]. Damals waren besonders die aufständischen Camisarden in Berechnung gezogen; vielleicht wurde erst, nachdem dies gescheitert war, das Augenmerk mehr auf die Freigrafschaft gerichtet. Hier konnte man mit Sicherheit auf ein bereitwilliges Entgegenkommen der Bewohner bauen, denn diese sehnten sich aus dem in Kriegszeiten doppelt harten französischen Drucke wieder unter das habsburgische Joch, welches ihnen in der Erinnerung sanfter und erträglicher erschien. Im Jahre 1706 wurden zwei Freigrafschaftsleute erhängt, weil sie in den Verdacht gekommen waren, sie wollten die Deutschen hereinlassen. Einer von ihnen sollte die Absicht gehabt haben, sich in die Schweiz zu begeben, um mit dem kaiserlichen Gesandten ein Complott darüber auszuspinnen [2].

Wenn der Kaiser, resp. Prinz Eugen, diese Aufstandsgelüste in Burgund unterstützte, was er sicher that, so geschah das zunächst, um einen Eingang nach Frankreich zu bahnen, zugleich um überhaupt Ludwig XIV. möglichst viele Feinde im Innern zu machen. Der Schwierigkeit,

---

[1] Im Jahre 1709 schrieb Prinz Eugen: Es sein 5 Jahre, dass ich das ganze (burgundische) Wesen in meinen Handen gehabt etc. etc. Im selben Jahre: Cet affaire dont St. Saphorin parle, et qui n'est pas son projet, y ayant quatre ans, qu'il est sur pied etc. etc. s. Feldzüge des Prinzen Eugen, XI. Supplementheft.

[2] s. Mémoires et documents de Besançon, 1876. VII.

ihm die Provinz endgültig zu entreissen, mochte sich der Kaiser wohl bewusst sein; dazu kam, dass ihm selbst viel mehr am Erwerb des Elsass gelegen war. Dem König in Preussen würde er eine dortige Vergrösserung neben Neuenburg vollends nicht gegönnt haben, ebenso wie dieser als Fürst von Neuenburg wohl den Kaiser nicht viel lieber als Frankreich zum Nachbarn wünschte.

Dass die Berner gehofft hätten, Preussen werde, wenn es auf Grund seiner Ansprüche auf in der Freigrafschaft gelegene Güter die Abtretung der Provinz bei Frankreich durchgesetzt hätte, Neuenburg an Bern verkaufen, hat viel Unwahrscheinliches [1]). Für Bern wäre eine solche Entwicklung der Dinge wohl recht erspriesslich gewesen, aber was hätten die übrigen Eidgenossen dazu gesagt? was der Kaiser? wie wäre Preussen selbst dazu gekommen? Möglich ist, dass die Willading'sche Partei darauf rechnete oder für glaublich hielt, der König würde sich Neuenburgs, als für ihn unbequem gelegen, einmal entäussern wollen, und Bern könne es dann von ihm erwerben. Das steht aber nicht gerade in Causalzusammenhang mit der Freigrafschaft, denn wenn der König diese erworben hätte, so würde Neuenburg für ihn an Werth gewonnen haben, indem die von allen übrigen preussisch-brandenburgischen Landen so entlegene Stellung dann erheblich verstärkt worden wäre.

---

[1]) Dies behauptet Zellweger, Geschichte der diplomatischen Verhältnisse etc. I, S. 189 und S. 256, wobei er sich, so viel ich weiss, auf nichts anderes stützt als auf eine Briefstelle, wo es heisst, nachdem von einer eventuellen Erwerbung Neuenburgs die Rede war: „Ce fut même une des raisons secrètes qui engagèrent L. L. E. E. en 1707 à appuyer les prétentions de la maison de Prusse, dans l'espérance que tôt ou tard elle se déférait de ce pays, comme n'étant pas à sa bienséance. Feu S. E. Willading et feu S. C. d'Erlach, tous deux de très-respectable mémoire, étaient dans cette idée." Le Chambrier de Travanet an den Schultheiss v. Erlach. 1760, bei Zellweger IV.

Es ist gar nicht abzusehen, warum der König die
Freigrafschaft, deren Besitz, wollte man sich wirklich den
Widerstand von Frankreich-Spanien überwunden denken,
ihm sicherlich vom Kaiser streitig gemacht worden wäre[1]),
Neuenburg hätte vorziehen sollen, bei dessen Erwerbung
ihm beizustehen, die Alliirten sich verpflichtet hatten, das
die ref. Orte ihm zuwenden wollten, auf das Ludwig XIV.
keinen Rechtstitel hatte, und das er, wie man annehmen
konnte, diesen zum Trotz nie an sich reissen würde.

Wie dem auch sein mag, sicher ist, dass Anknüpfungen der Kaiserlichen mit abfallslustigen Burgundern mindestens seit 1706 bestanden und dass für die Rheinarmee
ein allfälliger Einbruch in Frankreich mit Benutzung der
Franche-Comté in Aussicht genommen wurde. Der Zeitpunkt zum Handeln schien nach den grossen Siegen von
1706 gekommen zu sein. In Bern ging der preussische
Gesandte Metternich bei allen Partikularen umher und
versicherte, dass er nur anwesend sei, um von Seiten der
Alliirten die Wiedereroberung der Freigrafschaft vorzu-
schlagen[2]). Damit wollte Metternich sich eine Partei verbinden, deren Lieblingswunsch er wohl kannte, und denen

---

[1]) In den „Feldzügen des Prinzen Eugen" XI heisst es in einem
Bericht Eugen's von der Ministerkonferenz, März 1709: „Mit dieser
Gelegenheit hat sich auch von denen gefährlichen Folgereien, die
sich aus der preussischen Inhabung dieses Fürstenthums hervorthun
werden und sich bei den ref. Cantons bereits hervorgelegen, geredet
und bedauert, dass der Graf v. Trautmannsdorff und de St. Saphorin
darunter viel weiter, als die diesseitige allergnädigste Intention und
Befehl, gegangen. Der König von Preussen hätte auch vorhin die
Zusage gethan oder wenigstens die Hoffnung gegeben, dieses Fürstenthum wiederum an E. K. M. und dem Reich zu lehen zu erkennen,
dessen sich aber derselbe nicht mehr entsinnen wollte u. s. w." Dies
könnte sich auf Pläne, die Freigrafschaft (oder Theile derselben) an
Preussen zu bringen, beziehen, würde aber vielmehr beweisen, dass
die Schweizer es wünschten, als dass der König es im Sinne hatte.

[2]) d'Affry an Torcy, 31. Oktober 1706, bei Bourgeois a. a. O.

die Verbreitung eines solchen Gerüchtes ebenso lieb sein
konnte, als wenn bekannt geworden wäre, dass Bern
schon vor dem Tode der Herzogin von Nemours für einen
Nachfolger intriguirte. In den häufigen Unterredungen der
Berner Wohlgesinnten, wie sie sich nannten, mit Metternich
über die Restitution der Franche-Comté sprach sich dieser
immer entgegenkommend, wenn auch unbestimmt aus, und
nicht ohne Redensarten fallen zu lassen, wie: die Schweizer
müssen zum wenigsten mit Worten dazu contribuiren; oder:
wird eine so berühmte Heldennation nichts thun, um dazu
zu helfen?

Während dieser Zeit betrieb Luzern mit höchstem
Eifer die schon erwähnte Friedensvermittlung, der Bern
und Zürich hartnäckig entgegen waren. Es fällt das um
so mehr auf, als die übrigen ref. Orte durchaus einverstanden waren; Basel schickte sogar im Oktober einen
Abgeordneten — Benedikt Socin — in dieser Angelegenheit an die Generalstaaten, welcher natürlich nichts Anderes
als bedeutungslose Worte heimbrachte [1]). Ein Frieden in
diesem Augenblick, wo die Erfolge der Waffen erst recht
ausgebeutet werden sollten, wäre den beiden Orten nicht
erwünscht gekommen, die eben Anstalten trafen, um unter
dem Namen einer Vorbereitung für den bevorstehenden
Frieden ein Programm aufzustellen für den Ertrag, den
sie für sich aus diesem Kriege zu ziehen hofften.

Am 22. Dezember 1706 wurde in Bern vor Räth und
Burgern erinnert, dass der allgemeine Friede vielleicht
nicht weit sei, und dass man desshalb bedenken sollte,
was dabei zum besten der Schweiz, insbesondere der ref.
Orte und wieder insbesondere Berns vorgenommen werden
könne. Zu diesem Zweck wurde eine Kommission von

---

[1]) Acta wegen der Mediation. St. L.

sechs Herren eingesetzt: der Seckelmeister Frisching, der Venner Willading, Rathsherr Imhoff, Heimlicher Tscharner, Stadtschreiber Roth und Altlandvogt von Grafenried. Diese sollten sich mit Entäusserung aller andern Geschäfte allein dieser Sache widmen und das „Nöthige und Gutfindende" an die Obrigkeit gelangen lassen. Mit dem Namen „geheime Friedenkommission" wurden diese Verordneten bezeichnet [1]).

Diese auffallende Massregel wurde bald bekannt. La Chapelle, ein französischer Subdelegirter, theilte sie am 1. Januar 1707 Torcy mit, im guten Glauben, es handle sich um die Einschliessung der Eidgenossenschaft in den Frieden. Bern sei seit einiger Zeit ein an Neuheiten fruchtbarer Boden geworden, fügte er hinzu. Mit besonderer Freude erfüllte es die französische Partei, dass die Kommission, zum Trotz aller Anstrengungen der Gegner, fast nur aus Gutgesinnten — so nannten auch sie sich — bestehe. Frisching war ein ergebener Anhänger des französenfreundlichen Schultheissen v. Grafenried; ein Sohn desselben war unter den Verordneten. Roth und Imhoff galten als neutral, Tscharner war freilich nicht unverdächtig. Nur von Willading drohte Gefahr, aber man glaubte ihn in dieser Vereinzelung weniger fürchten zu müssen. d'Affry gibt an, die ganze Einrichtung sei in dem Metternich'schen Kreise geplant worden; das Haupt der Kommission hätte Muralt, ein Anhänger der Alliirten, werden sollen, welches von den Gegnern glücklicherweise hintertrieben sei. Es ist durchaus nicht unmöglich, dass die Schöpfung einer solchen Kommission zuerst von den Männern, welche so

[1]) Protokoll 1706—1708, St. B. Dies Protokoll ist bisher noch nicht benützt, aber der Grundplan der geheimen Kommission ist aus andern Quellen bekannt. s. Zellweger, Geschichte der diplomatischen Verhältnisse u. s. w. II, Kap. I.

oft über die Restitution der Freigrafschaft verhandelten,
ins Auge gefasst wurde. Denn dies war in der That der
Hauptpunkt, um welchen die Thätigkeit der Verordneten
sich zu bewegen hatte.

In der ersten Session, die am 6. Januar 1706 statt-
fand, wurden die Geschäfte in drei Hauptgruppen einge-
theilt: 1. Was das allgemein eidgenössische Interesse betrifft. Einschluss der Eidgenossenschaft in den General-
frieden soll nur dann von Bern betrieben werden, wenn
die kath. Orte etwas Diesbezügliches unternehmen. 2. Wegen des Interesses der ev. Orte. In Ansehen dieser können
schon einige Specialmensuren getroffen werden, jedoch mit
gebührendem Unterschied. 3. Allermeist und am nach-
drücklichsten was hiesigen Standes Particularinteressen
angeht. Diese Negotiationen sind sehr bedenklich, und
äusserste Geheimhaltung nothwendig, desswegen unter-
breiten die Verordneten der Obrigkeit, „ob bei so gestalten
Sachen rathsam und nöthig, das Gutfindende jeweilen vor-
zutragen und zu eröffnen? Oder aber, ob etwa aus obiger
Betrachtung das Bessere und Befördersamere wäre, wenn
die Geschäfte nach gutfindender Methode mit bestem Fleiss
getreulich bis zu ihrer Maturität negotiirt und verleitet
und dann erst vor dem Schlusse Mghh. und Oberen vor-
getragen würden."

Dies Gesuch wurde vom kleinen Rath bewilligt, und
damit den Verordneten eine Unabhängigkeit und grosse
Befugniss übertragen, die nicht fehlen konnte, Neid und
Misstrauen zu erregen, auch zu abenteuerlichen Vermuth-
ungen genugsam Anlass gab.

Im Februar 1707 wurde Zürich herangezogen. Zwei
Abgeordnete Zürichs, Werdmüller und Hirzel, waren in
Bern, um wegen des Toggenburgergeschäftes eine Unter-
redung zu haben; diese Gelegenheit wurde von den Bernern

benutzt, um den Zürichern zuzureden, sie möchten auch eine Kommission einsetzen nach dem Muster der ihrigen [1]). Auf den Bericht der Gesandten wurde dem wirklich entsprochen und sechs Männer, zwei aus dem grossen, vier aus dem kleinen Rathe, gewählt: Burgermeister Escher und die Rathsherren Werdmüller, Hirzel, Escher, Meyer, Landolt. Die Züricher Kommission nannte sich: die Verordneten zur Beobachtung des evangelisch-eidgenössischen Interesses bei vorstehenden allgemeinen Friedenstraktaten. Ein Unterschied von der bernischen fand insofern statt, als die Züricher nicht so weitgehende Vollmacht hatten; sie waren in viel grösserem Masse von der Regierung abhängig. Ueberhaupt zeigte sich hier fortwährend, wie verschieden Zürichs Politik von der Berns war. Es lässt sich das in einfacher Weise deutlich machen durch Aufzählung der vier Punkte, welche jene in Bern anwesenden Züricher als das angaben, worauf eine Friedenskommission ihr Augenmerk hauptsächlich zu richten haben würde: 1. Genf sollte im Frieden namentlich mit eingeschlossen werden. 2. Man solle auf die Demolirung der Festung Hüningen dringen. 3. Wegen der Rückkehr der französischen Refugiés in ihre Heimat. 4. Wegen der eidgenössischen galériens.

Von diesen Vorschlägen billigte die Berner Kommission völlig nur den einen, der von Hüningen handelte. Auf die andern erwiderte sie: Genfs Erhaltung sei höchst nothwendig, aber ihre Sicherheit werde um so fester gestellt sein, wenn sie mehr als einen Nachbar hätten, also

[1]) Vergl. das Protokoll der Kommission, geführt vom Sekretär Hirzel. Es trägt die Ueberschrift: Gloria in coelis altissimis deo et in terra pax. Akten Friedensverhandlungen, Stadtbibliothek Z. Die Einsetzung der Kommission ist auch im Züricher Rathsmanual 1707 verzeichnet.

Savoyen in der alten Hand verbliebe. Die Sache der Refugiés sei mehr zu erwünschen als zu hoffen. Den galériens wollte man wohl helfen, wenn einige Hoffnung dazu sei. Dagegen deuteten sie an, wie Neuenburg auf der Seite nach Burgund doch so offen liege; man müsse den Alliirten vorstellen, wie viel mehr ihnen die Eidgenossen nützen könnten, wenn sie nicht mehr so abhängig von Frankreich wären.

Die Berner hatten jetzt Anderes im Sinne, als den Flüchtlingen und Galeerensklaven helfen; die Gedanken der Züricher mochten ihnen zahm und kleinlich erscheinen. Als vollends Zürich anfragte, ob man nicht Luzern Einiges eröffnen solle von dem, was man vorhabe, sprach Bern ein entschiedenes Nein, dem sich Zürich freilich willig fügte. Jedenfalls lebte in Zürich mehr Bewusstsein von der Zusammengehörigkeit mit den Katholischen als in Bern: St. Saphorin's heftige Befehdung derselben erregte dort grosses Bedenken[1]).

Die bernische Friedenskommission setzte sich sofort mit Metternich in Verbindung, das heisst, wie wir nach Früherem annehmen dürfen, sie führte die Unterredungen mit ihm fort. Willading und Tscharner trugen ihm die drei Punkte vor: Hüningen, Genf-Savoyen und Burgund. Dabei wurde erörtert, dass solche Pläne durch „Association, Conföderation oder Bündniss" (natürlich nur defensive) hauptsächlich könnten gefördert werden. Es mangelte den Bernern nicht an politischer Kühnheit: sie fassten das ganze protestantische Europa ins Auge, dazu die beiden katholischen Fürsten, den Kaiser und Savoyen, welche die augenblickliche Constellation auf ihre Seite brachte. Der

---

[1]) 15. März 1709. Protokoll der Zürcher Friedenskommission a. a. O. Wegen eines Memorials von St. Saphorin. betitelt: Von dem ungleichen Interesse der Eidgenossen.

vielbewunderte König von Schweden wurde in die weit-
greifende Berechnung hineingezogen; freilich besorgte man,
derselbe werde dem Kaiser eher nichts zu Gefallen thun,
bis dieser ihm in der Frage der schlesischen Protestanten
nachgegeben habe [1]).

Mit Württemberg und Baden-Durlach übernahm Zürich
zu korrespondiren; diese sollten besonders wegen Hüningen
zugezogen werden. Völlig traten um diese Zeit die Bündner
auf die antifranzösische Seite. Anfang 1707 setzte der
kaiserliche Gesandte durch, auf Grund des Mailänder Capitulats mit recht unhaltbaren Ueberredungskünsten —
z. B. dass die Verhältnisse sich inzwischen geändert hätten
und die 1702 ausgesprochene Neutralität folglich jetzt anders aufzufassen wäre als damals —, dass sie den Alliirten
ihre Pässe öffneten. In diesem Geschäft hatte sich der
Kaplan und Sekretär des englischen Gesandten Stanyan,
der Züricher Werndly, besonders wirksam erwiesen. Derselbe war vom Bischof von London beauftragt, an der
Wiedervereinigung der Noncomformisten mit der Kirche
von England zu arbeiten, und betonte gern, dass er sich
nicht in politische Angelegenheiten mische. Nichts desto
weniger war er wegen des savoyischen und neuenburgischen

---

[1]) Am schwedischen Hofe hielt sich zu dieser Zeit der französische
Flüchtling Marquis de Rochegude auf, welcher im Namen der ev.
Orte, hauptsächlich unter dem Schutze Zürichs — Bern verhielt sich
ablehnend —, die protestantischen Höfe bereiste, um für seine
Glaubensgenossen zu wirken. Er berichtete, Karl XII. habe gesagt,
er werde es sich zur Ehre anrechnen, mit den evangelischen Eidgenossen nach dem Beispiel des glorwürdigen Gustav Adolph ein
Wohlverständniss zu unterhalten. Piper habe ihm dann noch etwas
an die evangelischen Stände aufgetragen, was er der Feder nicht
anvertrauen dürfe. 24. November 1707. Literae Externae. St. Z. Ueber
die Thätigkeit Rochegude's vergl. die Züricher Rathsmanuale und
Mörikofer, Geschichte der französischen Flüchtlinge in der Schweiz,
S. 344.

Geschäftes (letzteres wurde zwar als ein die Religion angehendes betrachtet) im Auftrage Stanyan's in Zürich und stand mit dem Antistes Klingler in nicht ausschliesslich kirchlichem Briefwechsel.

Von bündnerischer Seite war der Pfarrer Leonhard ·in unermüdlicher Thätigkeit. Er bereiste besonders England und die Niederlande, um dort die Veltliner Religionsangelegenheiten zu empfehlen. Die eigentliche Grundlage bildete ein Plan Gallway's, welcher den Zweck hatte, die bündnerischen Pässe den Alliirten dauernd zur Verfügung zu stellen; als ein Mittel dazu sollten die Seemächte das Fort Fuentes an sich bringen und mit einer schweizerischen (von Zürich und Bern) und bündnerischen Garnison besetzen[1]. Im August 1707 trafen rhätische Geistliche mit dem Antistes Klingler und dem Chorherrn Hofmeister von Zürich in Bad Pfäfers zusammen, um diese Dinge zu bereden; jene wünschten Empfehlungen ihres Anliegens an die protestantischen Mächte und erhielten sie auch von Zürich wie von Bern. Leonhard stand in lebhaftem Briefwechsel nicht nur mit Antistes Klingler, sondern auch mit dem Burgermeister Meyer, der von den Franzosen als ihr heftiger, aber unfähiger Feind angesehen wurde.

St. Saphorin sowohl wie Werndly äusserten sich sehr geringschätzig über die Geschäftigkeit Leonhard's, welche mehr privaten Charakter und keine grossen Mittel zur Verfügung hatte; beide hätten lieber gesehen, wenn sie mit der Betreibung dieses Anliegens betraut worden wären.

Bedeutende Schwierigkeiten fanden die Friedenskommissionen in der Stellung zu den Miteidgenossen. Mit den katholischen sollte, wie Bern entschieden hatte, in keiner

---

[1] Akten Friedensverhandlungen, St. Z.

Weise angeknüpft werden; die evangelischen dagegen galt es zur Gutheissung aller Unternehmungen rückhaltlos zu gewinnen, denn dem Auslande gegenüber war es von gewichtigerem Eindruck, wenn die ganze reformirte Schweiz mit Wünschen und Forderungen einmüthig auftrat. Basels voller Zustimmung war man schon wegen Hüningen benöthigt, aber auch ziemlich sicher. Willading übernahm es, mit dem Burgermeister Burkhardt zu unterhandeln und empfahl diesem, dass in seinem Kanton, wie in Zürich, auch eine Kommission verordnet werde, die mit der Berner korrespondiren könne.

Es scheint nicht, dass es dazu gekommen ist; Basel fühlte sich der französischen Beobachtung und Rache zu sehr ausgesetzt. Dagegen erlangte man ohne Schwierigkeit, und das war mehr werth, dass Basel wie auch Schaffhausen gestatteten, dass das, was die Berner Friedenskommission verhandeln würde, auch in ihrem Namen geschehen dürfe. Burkhardt drängte sogar zu möglichst schneller Betreibung der Geschäfte, weil Basel ganz nach dem Willen Frankreichs leben müsse, so lange es Hüningen habe. Es ist zu verwundern, dass die französischen Gesandten, die sonst ihre Feinde wohl kannten, von Burkhardt eine besonders günstige Meinung hatten und ihm nicht zutrauten, dass er irgendwie gegen Frankreich wirke.

Mit Vollmacht der ev. Orte versehen, konnte die Friedenskommission nun ungehindert auf ihr Ziel losgehen. Metternich und Stanyan gegenüber ging sie nun Schritt vor Schritt weiter und erlangte von Ersterem das Versprechen, ihre Sache als die eigene zu führen und alles Schriftliche, was zur Beleuchtung und Förderung derselben dienen sollte, als von sich, d. h. von Preussen ausgehend auszugeben, da die Eidgenossen selbst nicht

öffentlich damit erscheinen dürften [1]). Nun verfasste die
Berner Kommission eine Denkschrift unter dem Titel:
„Remarques über den diesmaligen Zustand der evangelischen Eidgenossenschaft", in welcher die Bedeutung
der drei bekannten Punkte Hüningen, Savoyen, Burgund ausgeführt war. Es wurde wieder besonders dabei
verweilt, wie nach Erfüllung jener Bedingungen die
Schweizer sich den Alliirten gefällig erweisen könnten,
und dies wäre für dieselben sowohl hinsichtlich der Mannschaft wie der Pässe wichtig [2]). Diese Schrift wurde auch
an die Generalstaaten gesandt, welche sofort als einzigen
Fehler der Arbeit herausfanden, dass nichts darüber gesagt sei, wie die Erreichung der genannten Wünsche bewerkstelligt werden könnte. Wünsche allein, schrieb der
greffier Fogel [3]), führten zu nichts, und selten erlange
man einen Vortheil mit gekreuzten Armen.

Da von den Seemächten das Meiste zu hoffen war,
da im Haag, wo Heinsius die Kriegspartei der Generalstaaten vertrat, die meisten Verhandlungen geführt wurden,
so regten die fremden Gesandten an, ob es nicht das Beste
sei, wenn die evangelische Schweiz, d. h. die Friedenskommission, sich dort an Ort und Stelle durch einen ge-
schickten Unterhändler vertreten liesse. Sowohl Zürich
wie Bern gingen sofort darauf ein, doch in der Meinung

---

[1]) Danach ist auch der Werth der Mémoires pour la Franche-
Comté (Lamberty V, S. 277 u. f.) mit der Devise aut nunc aut nun-
quam, abzuschätzen, welche der preussische Gesandte Schmettau bei
den Friedensverhandlungen einreichte, und worauf Bourgeois für
seine Theorie so viel Gewicht legt. Lamberty spricht selbst von einer
certaine puissance neutre (natürlich Bern) qui avait part au mémoire.

[2]) Dies war natürlich nur eine Lockspeise. Es war sicherlich
nicht die Meinung, den Alliirten künftig den Durchmarsch zu gestatten.

[3]) 12. Juli 1707. Akten Friedensverhandlungen a. a. O.

über die Art der Ausführung unter sich auseinander. Zürich nämlich hielt es für das einfachste und billigste, vermittelst der in Holland dienenden Offiziere mit Heinsius zu verkehren und hatte dazu bereits den Brigadier Werdmüller ausersehen. Bern dagegen wollte einen besondern Vertreter schicken, welcher, der Geheimhaltung wegen, nicht als Gesandter charakterisirt, als Privatmann, aber mit ausführlicher Instruktion versehen, die Sache der ev. Orte führen sollte. Willading hatte seinen Schützling St. Saphorin dazu erkoren und war der geeignete Mann, trotz allen Widerspruchs seine Absicht durchzusetzen. Denn an Widerspruch fehlte es nicht in Zürich wie in der Berner Friedenskommission selbst. Grafenried erklärte sich hartnäckig gegen St. Saphorin. Zürich wollte vom Brigadier Werdmüller durchaus nicht abgehen und fand ohnehin, man dürfe etwas so Ausserordentliches nicht unternehmen ohne die bestimmte Einwilligung der andern Orte. Davon wollte Bern freilich nichts wissen; die Bezahlung sollten Zürich und Bern allein tragen. Daniel Am Port von Bern wurde häufig nach Zürich geschickt, um ein Verständniss zu erzielen. Zum Vorwand so auffallenden Verkehrs wurde das Toggenburgergeschäft genommen.

Die Berner Obrigkeit gab im Mai 1707 der Kommission die Erlaubniss, einen Gesandten nach Holland oder wohin sie sonst wollten zu schicken und mit Creditiv und Instruktion zu versehen. Mit dem holländischen Gesandten Reboulet traf Willading in Langenthal zusammen. Reboulet sprach aus, dass die Generalstaaten zu einem Bunde mit den ev. Orten bereit seien; nicht dass sie dieselben dadurch in Krieg verwickeln wollten, wohl aber ihnen, wenn es noth thäte, mit Volk und Geld beispringen. Bern lehnte etwas Derartiges für den Augenblick ab, indem es zu bedenken gab, dass die Generalstaaten mit Frankreich im

Krieg, die Eidgenossen aber mit derselben Macht eng verbündet seien.

Als dies verhandelt wurde, im Oktober 1707, war die Herzogin von Nemours bereits todt. Der König von Preussen, die Berner und Neuenburger waren seit lange auf diesen Augenblick vorbereitet. Metternich verfocht nun öffentlich die Ansprüche seines Herrn, für die er und seine Vorgänger seit Jahren heimlich gewirkt hatten. Von Neuem drohte eine Erbfolgefrage Krieg herbeizuführen, bei der aber die Verhältnisse anders als in Spanien lagen: hier hatten sich die interessirten Mächte im Voraus verpflichtet. die Wahl, welche ein freies Volk unter den Prätendenten treffen würde, als gültig anzuerkennen.

Das folgende Capitel hat die Aufgabe, die Entwicklung der Neuenburger Erbfolge zu schildern, welche vorübergehend eine nicht unwichtige Rolle in den eben behandelten Berechnungen unternehmender Schweizer Politiker spielte.

Capitel VIII.

Die Neutralität Neuenburgs.[1]

Der Gesundheitszustand der Herzogin von Nemours wurde Jahre vor ihrem Tode so aufmerksam beobachtet, wie der Karls II. von Spanien, heimlich zwar, denn der Anschein sollte festgehalten werden, als wollten die Bewerber fügsam dem Schiedspruch des freien Standes Neuenburg sich unterwerfen.

Im Jahre 1703 liess der Papst gegen Trautmannsdorff Klage führen, es gehe das Gerücht, als habe der Kaiser mit den Bernern einen geheimen Vergleich gemacht, um Neuenburg Bern und einem protestantischen Fürsten zu verschaffen. Trautmannsdorff antwortete, ein solches Gerücht rühre einzig von den Franzosen her; „unterdessen sind sie die, welche diesem Stande gleichwie der Wolf den Schafen mit einem unersättlichen Hunger nachstellen". Er fügte, unhöflich genug, hinzu, der apostolische Stuhl solle sich lieber angelegen sein lassen, die Franzosen von ihren Bemühungen um die spanische Monarchie, welche einzig Oesterreich zukomme, abzuhalten [2].

Der Kaiser freilich that nichts Anderes, als dass er die Ansprüche des preussischen Königs mit Worten unterstützte. Aber, wie bereits gesagt ist, hatte der Letztere selbst schon von 1703 an Agenten in Neuenburg, Bern,

[1] Vergl. Oechsli a. a. O. S. 439 u. f.
[2] 3. Januar 1703. Neuenburg-Bücher. St. B.

Genf, welche für ihn arbeiteten. Vergebens verlangte Puysieux Abstellung dieser Cabalen, wie er es nannte.

Als die Herzogin gestorben war, nahm Bern die unbewegliche Haltung eines streng neutralen Standes an. Von der einen Seite liefen Schreiben von Neuenburg ein, welche die feste Hoffnung auf Berns thätlichen Beistand im Nothfall aussprachen; von der andern Seite schrieb der französische Gesandte, sein König wolle nur einem seiner Unterthanen die Erbschaft zufallen sehen; gehöre Neuenburg einem Reichsfürsten an, so müsse er es, sowie er mit dem Reich im Kriege sei, als Feind betrachten. Bern antwortete dem Einen wie dem Andern, die Entscheidung stehe dem Tribunal zu, es werde sich nicht einmischen, das heisst, nicht weiter einmischen, als „Bürgerrecht, acta und pacta" erfordern.

Dem Berner Abgeordneten Christoph Steiger, alt Landvogt von Lenzburg, der Ende Juli der bedrängten Nachbarstadt auf ihr Bitten gesendet wurde, wurde loco instructionis aufgetragen, sich in das Wahlgeschäft nicht einzumischen, sondern nur zu beobachten, was zur allgemeinen Wohlfahrt und Ruhe des Vaterlandes gedeihlich sein möge. Derselbe schrieb denn auch von Zeit zu Zeit, er komme dem Befehle pünktlich nach, so dass keine Partei weder zu rühmen, noch zu klagen Anlass habe. Als die Stadt anfragte, ob Bern ihr nicht etwas Volk geben könnte, lehnte er es „mit gutem Glimpf" ab und versicherte nur, seine Obrigkeit werde, wenn es nöthig sei, burgrechtmässige Hülfe leisten.

Es ist bekannt, dass die Stadt Neuenburg, welche ganz für den preussischen König war, darin mit dem Gouverneur und den Ständen nicht einig ging. Steiger versicherte wiederholt, er wisse nicht, wie die Wahl ausfallen werde. Der vier Stimmen der Stadt war er sicher,

dagegen der Ständerath trug nach seiner Aussage Bern
wenig Liebe. Anfang Oktober hoffte er dennoch auf drei
oder vier Stimmen desselben. und damit auf die Majorität
für Bern [1]) und Preussen rechnen zu dürfen; dies Beides
fiel zusammen, „denn eben die so ihm zuwider sind, sind
auch praecise Ew. Gnaden zuwider.“

Bern war in grösster Besorgniss und fuhr fort, Steiger
die strengste Unparteilichkeit anzuempfehlen, aber die Stadt
Neuenburg unter der Hand zu ermuntern, in ihrem löb-
lichen Eifer gegen die Stände und den Gouverneur fortzufahren.

Im Uebrigen behielt Bern seine strenge Haltung bei.
Der König von Schweden empfahl die Ansprüche des
preussischen Königs mit Hinweis auf Berns vielgeltenden
Einfluss auf Neuenburg. Bern gab zur Antwort, die Entscheidung stehe einzig dem Tribunal zu. Als die drei
katholischen, mit Neuenburg verburgrechteten Orte eine
Unterredung über das Wahlgeschäft mit Bern wünschten.
antwortete letzteres wieder nichts Anderes als. die Entscheidung stehe dem Tribunal zu, es wolle sich nicht
einmischen. Steiger meinte, ob man nicht Zürich von dem
ernsthaften Ansehen der Lage Mittheilung machen sollte,
aber auch das wurde abgelehnt. Bern sah unbeweglich zu,
wie die französischen Prätendenten Neuenburg mit Protest
verliessen. wie Puysieux Aufschub verlangte, der nicht
bewilligt wurde und dann in Neuenburg selbst erschien,
warnend, man möchte sich nicht auf Bern verlassen, welches ein gebrochener Rohrstab sei. der sie nur in die
Hand stechen würde. Die Drohungen des Königs, Gerüchte
aus Burgund vom bevorstehenden Bruch erschütterten

---

[1]) Es handelte sich damals darum, dass Bern sein Burgrecht
formell gewahrt sehen wollte.

Bern nicht, und am 3. November erfolgte die Investitur
des stellvertretenden preussischen Botschafters. Nun horchte
man mit Spannung auf das beginnende Gewitter. Der
Handel mit der Freigrafschaft wurde von Frankreich sofort gesperrt, aber man schlug es in der ersten Freude
über das Gelingen nicht hoch an. Man meinte in Neuenburg, der Schaden sei für Burgund selbst so bedeutend,
dass es bald für Zurücknahme der Massregel sorgen werde;
ja, die Weinbauern freuten sich, weil der Wein in diesem
Jahre sauer war, dass kein Burgunder eingeführt werden
konnte.

Mit so leichtherziger Selbsttröstung bestand man allerdings nicht lange. Die Sperre wurde nicht aufgehoben,
Frankreich traf ersichtlich Anstalten, um an Neuenburg
Rache zu nehmen, und dasselbe sah sich mit Besorgniss
nach der Hülfe um, die ihm allenfalls werden könnte.
Ausgiebige Versprechungen waren früher von den Alliirten
gegeben worden[1]), vor Allem natürlich von Friedrich I.
selbst. Stanyan bereitete aber mit seinen Hülfsversicherun-
gen den ev. Orten zunächst mehr Ungelegenheiten als
Nutzen. Er suchte den Aengstlichen dadurch Zuversicht
einzuflössen, dass er behauptete, Frankreich würde nie
wagen, ein Glied der neutralen Schweiz, als welches
Neuenburg angesehen werden müsse, anzugreifen. Er erinnerte daran, was Alles Frankreich sich von den Schweizern habe gefallen lassen, hauptsächlich von Zürich und
Bern: Die Beschirmung der Waldstädte, die Unterstützung
Lindaus und der andern Bodenseestädte, die Bemühungen
um die Neutralisirung Savoyens, welche Erfolg gehabt
haben würden, wenn Bern noch mit dem Herzog verbündet

---

[1]) Sie versprachen, im Nothfall 10,000 Hessen zu Neuenburgs
Schutze zu schicken.

gewesen wäre und folglich ein Recht gehabt hätte, mit Thaten für ihn einzustehen [1]).

Es ist nicht zu verwundern, dass Puysieux, dem das Memorial in die Hände fiel, solche Aeusserungen sehr übel aufnahm. Er eröffnete den Eidgenossen, dass der König sich unter diesen Umständen ausser Stande sähe, noch Rücksicht auf sie zu nehmen, wenn ihm das nur als Furcht und Schwäche ausgelegt würde. So trug die Freundschaft der Seemächte Bern in dieser Sache mehr Widriges als Aussicht auf wirksame Hülfe ein. Von den kath. Orten war selbstverständlich nichts zu erwarten, auch von den mit Neuenburg verburgrechteten nicht. Bern hatte sich von denselben absichtlich ferngehalten „aus tragender Beisorg, dass unsere diesorts habende mehrere und Vorrechte gegen übrigen drei lobl. Orte dadurch etwa in einige Verwicklung gerathen dürften“. Die Wahl des Königs von Preussen hatten die drei kath. Orte nicht anerkannt; begreiflich genug, waren doch zwei Bürger von Solothurn vom Tribunal ausgeschlossen worden.

Von den ref. Orten fiel nur Zürich ins Gewicht. Dort aber war wenig Neigung, sich wegen dieser Sache in ernstliche Ungelegenheiten zu stürzen. Der Burgermeister Meyer und der Antistes Klingler, leidenschaftliche Anhänger der preussischen Wahl, scheinen eine bei Weitem grössere Partei gegen sich gehabt zu haben. Metternich, welcher mit Klingler in Briefwechsel stand, sprach ihm seine Besorgniss aus, dass man in Zürich die französischen Prätendenten lieber sehe als seinen König [2]). Das Benehmen

[1]) Mém. prés. à Mrs. de N. par Mr. Stanyan, 25 juillet 1707.

[2]) „Nun weiss ich, was Ew. Hochwürden mir bei meinem Abschied wegen der Neuenburger Successionsfrage gesagt und zweifle auch nicht, Sie werden an dergleichen Verfahren ein grosses Missfallen tragen, wenn anders sich dasselbe als wahr befinden sollte.

der Regierung, als sie von diesem Briefwechsel unterrichtet
wurde, verräth, dass die darin ausgesprochene Befürchtung
nicht ganz unrichtig war. Der Antwort, welche Klingler
auf den erwähnten Brief abgeschickt hatte, wurde ein
reitender Bote nachgeschickt, um sie zurückzuholen;
Klingler wurden Vorstellungen gemacht und ihm bedeutet,
zu antworten, so viel er wisse, mischten sich weder der
Stand noch Privatpersonen in eine so wichtige Sache. Im
Anschluss daran wurde ein Beschluss gefasst gegen das
Correspondiren von Privatpersonen mit fremden Ministern[1]).
Der briefliche Verkehr Klingler's mit Metternich nahm
desswegen doch seinen Fortgang, ebenso der mit Werndly.
Es mag wegen dieser Neuenburger Angelegenheit schärfere
Spaltung zwischen Bern und Zürich stattgefunden haben,
als in den offiziellen Aktenstücken zum Ausdruck kommt[2]).
Durch Vermittlung Klingler's und Meyer's strebte auch
der unermüdliche Bündner Leonhard danach, sich mit
Preussen in Verbindung zu setzen. Ende November schickte
Metternich seinen Agenten Samuel Pury nach Zürich,
welcher um Unterstützung bitten sollte. Derselbe war
besonders an Klingler empfohlen. Beim Stande erreichte
er nichts. Neuenburg blieb ganz allein auf Bern und im

Daher ich denn dienstlich bitte, mir unbeschwert im Vertrauen zu
berichten, ob sich denn solche widrige, zum Untergang der reformirten Kirche dieser Orten gereichende sentimens bei Ihnen dort äus-
sern ...." 4. Oktober 1707. Metternich an Klingler. Litterae variorum
et ad varios XXXVI, St. Z.

[1]) Züricher Rathsmanual 1707.

[2]) „— c'est que vous tâchez par tous vos saints efforts d'éteindre
toute étincelle de jalousie, que depuis quelque temps a été allumée
et fomentée entre Ephraim et Juda par des boutefeux d'enfer, qui
ne peuvent pas être en repos tandis que ces deux redoutables tribus
sont étroitement liées ensemble." Werndly an Klingler. 8. Februar
1708. Litterae variorum a. a. O.

grössten Nothfall auf die 8000 Mann angewiesen, die der König in Italien stehen hatte.

Zuerst willigte Bern auf Bitten Metternichs ein, 200 Mann nach Neuenburg zu schicken. Gleichzeitig berief es auf 12. Dezember eine Versammlung der ev. Orte nach Langenthal [1], damit sie zusammen den französischen Gesandten um Wiederherstellung des freien Verkehrs und Einstellung aller feindseligen Vorkehrungen angingen. Bern und Neuenburg versäumten jetzt und in der Folge keine Gelegenheit, den Satz aufzustellen, dass Neuenburg ein Glied der Eidgenossenschaft sei, welches sie mit Hinweis auf seine thatsächliche Neutralität, auf mehrere Einschliessungen in Friedenstraktaten u. s. w. zu erhärten dachten.

Zürich war Berns Wünschen wenig entgegenkommend: es begehrte eine allgemeine Tagsatzung und gemeineidgenössische Intercession bei Puysieux, denn drei kath. Orte seien mit Neuenburg verburgrechtet, und sämmtliche ständen bei Frankreich in gutem Ansehen. Bern entgegnete ganz richtig, mit den kath. Orten würde man mehr Schwierigkeiten haben als mit dem französischen Gesandten, und so wurde seinem Wunsche schliesslich nachgegeben. Puysieux gab die bedenkliche Antwort, der König beabsichtige nicht, die Ruhe der Eidgenossenschaft zu stören, wenn er Neuenburg seine gerechte Entrüstung über das ihm angethane schreiende Unrecht fühlen lasse: indessen habe er diesfalls keine Befehle erhalten. Damit war ausgesprochen, dass der König Neuenburg und die Eidgenossenschaft als gesondert ansah, dass er glaubte, zugleich jenes angreifen und mit dieser in Frieden leben zu können, kurz, dass er Neuenburg nicht als Glied der

---

[1] E. A. VI 2, S. 1404 u. f.

Eidgenossenschaft betrachten wollte [1]). Die Neuenburger Abgeordneten erklärten denn auch ihre Lage für besorgniss- erregender als zuvor.

Die Mässigung, welche Ludwig XIV. in der Neuen- burger Sache bewies, ist oft hervorgehoben. Saint-Simon erzählt, dass er erst durch die lebhaften Vorstellungen einer um Mme de Maintenon gebildeten Partei dazu ge- drängt sei, sich den Schimpf, der seinen Unterthanen zu- gefügt worden, nicht gefallen zu lassen. Auch Torcy, der Minister des Auswärtigen, war anfänglich sorglos. Puysieux gelang es, ihm eine andere Meinung beizubringen. Neuen- burg, schrieb er ihm, dürfe nicht in die Hände Preussens fallen, denn die Schweizerkantone könnten keineswegs verbürgen, dass daraus keine Gefahr für die Freigrafschaft entstände. Er gab sich die erdenklichste Mühe, alle französischen Prätendenten gegen Preussen zu vereinigen, und als ihm das nicht gelang, Ludwig XIV. zu ernstlichen Massnahmen zu bewegen. Dieser aber schrieb in ruhigem Tone an seinen Botschafter, er wolle die Ruhe der Schweiz nicht stören und sich an einer strikten Neutralität genügen lassen; anstatt seine Rechte geltend zu machen, wolle er den Eidgenossen vorschlagen, Neuenburg bis auf Weiteres in Sequester zu nehmen.

Ob nun diese Neutralität erhältlich und verlässlich sei, das war eine Frage, welche man dem Könige als sehr

---

[1]) „Je vois aussi que le prétexte de cette demande est fondé principalement sur les prétendues alliances et combourgeoisies qui sont entre le louable canton de Berne et lesdits de Neuchâtel et Vallangin et sur d'autres considérations par lesquelles vous prétendez établir que ceux-ci doivent jouir de tous les privilèges de la nation helvétique“, schrieb Puysieux, 18. Dezember, an Bern. Er erinnerte auch die ev. Orte spöttisch, wie wenig sie sich der katholischen an- genommen hätten, als der Kaiser die Sperre wegen des Mailänder Capitulats verhängt hätte. Neuenburg-Bücher a. a. O.

zweifelhaft darzustellen wusste, so dass er zugab, dass in
der Freigrafschaft ernstlich gerüstet wurde.

Friedrich I. hatte den Neuenburgern das Versprechen
geben müssen, sie in ihrem neutralen Stande zu belassen.
Trotzdem hatte die extreme Partei in Bern den Gedanken
noch nicht aufgegeben, die Handänderung Neuenburgs
möchte zum Vortheil Berns ausgenützt werden. St. Saphorin
wenigstens schrieb geradezu an Wartemberg, durch Neuenburg und die Freigrafschaft sei der beste Weg in Frankreich einzufallen; die ref. Orte wollten die Abtretung
Burgunds zwar lieber durch die Vermittlung der Mächte
erlangen, aber wenn ihm, St. Saphorin, die Vertretung
ihrer Angelegenheiten im Haag aufgetragen würde, so
hoffte er sie noch zu weiteren Schritten fortzureissen [1]).
Ohne Zweifel ward, wie schon gesagt ist, ein Einfall in
die Franche-Comté im Lager der Alliirten geplant und
auch in Betracht gezogen, ob man mit Benutzung Neuenburgs und unter Zustimmung Berns zum Zweck gelangen
könnte. Der preussische König aber scheint nicht gerade
sehr lebhaft für den Plan eingenommen gewesen zu sein [2]),
den er allzu geeignet finden mochte, den glücklich erlangten Besitz Neuenburgs zu gefährden. Er schrieb darüber
an Metternich folgendermassen: „Nun begreifen wir ganz
wohl, was vor grosse Difficultäten hierbei sein, und dass
sich solches schwerlich practiciren lassen werde, massen
einestheils der canton von Bern dazu wohl nicht wird

---

[1]) St. Saphorin à Willading. 29. November 1707, bei Bourgeois
a. a. O.

[2]) Auch der französische Gesandte hatte in dieser Angelegenheit
mehr St. Saphorin im Verdacht als den König von Preussen selbst,
s. Mémoire de du Luc à Torcy. sept. 1712, Zellweger II: „Ce fut le
dit St. Saphorin qui excita les Prussiens à demander la portion qui
est au-delà du Doubs avec le château de Joux et ses dépendances."

disponirt werden können, indem dieser sowohl als alle
Leute in denen dortigen Quartieren den Krieg so viel als
in der Welt möglich evitiren. Andernfalls dürfte es unserm
Interesse sehr schädlich sein und allerhand böse Effecte
nach sich ziehen, wenn das dessein bewerkstelligt werden sollte, bevorab da wir Unsern Neuenburger Unterthanen versprochen, sie bei ihrer bisherigen Neutralität zu
maintenieren" [1]).

Die weniger betheiligten Gesandten der Seemächte
nahmen auf solche Bedenken keine Rücksichten, und die
Gerüchte, welche über ihre Aeusserungen betreffend die
Absichten der Alliirten auf die Freigrafschaft gingen, und
welche die französischen Prätendenten in Umlauf gesetzt
haben sollten, mögen nicht unbegründet gewesen sein [2]).
Alle Versicherungen von seines Königs Friedensliebe,
welche Metternich dagegen veröffentlichte, waren natürlich
keine genügende Bürgschaft. Das Bestehen der geheimniss-
vollen Friedenskommission gab genugsamen Anlass zu
Verdacht. Der Brief eines damals in Paris anwesenden
Schweizers erzählt [3]), wie die öffentliche Meinung dort die
Verwicklungen mit der Eidgenossenschaft auffasste. Die

---

[1]) Friedrich I. an Metternich, 22. November 1707, bei Bourgeois
a. a. O.

[2]) „Allein es liegt klarlich am Tag, dass man gedenkt, den
süssen Ruh- und Wohlstand unseres Vaterlandes zu zerstören, und
indem man bei den Einen jalousie erweckt, trachtet man die Andern
durch falsche Religionspraetexte mit Gewalt an sich zu bringen, und
wenn wahr ist, was Herr Stanyan gesagt, dass man nach und nach
deutsche Truppen in das Fürstenthum Neuenburg bringen werde, um
in die Franche-Comté einzubrechen, so wird gewisslich Neuenburg
das Theater des Krieges geben, und könnte sich diese Flamme leicht-
lich noch weiter erstrecken, besonders wenn wir so unglücklich wären
und uns unter- und voneinander trennen würden." 13. Nov. 1707.
d'Affry an Escher. Akten Neuenburg, St. Z.

[3]) Hoegger aus Paris, 10. Januar 1708. Litterae Externae, ebenda.

Sendung des Marquis von Rochegude sei am Hofe sehr
übel aufgenommen. aber „Gott sei gedankt. der Löwe
fängt an schwach und alt zu werden". Die Politiker
meinten, Bern habe mit dem König von Preussen einen
geheimen Vertrag gemacht, um Neuenburg mit der Zeit
Bern einzuverleiben. Die Unparteiischen und Friedliebenden
billigten die Drohungen des französischen Gesandten und
die Truppenbewegungen in der Freigrafschaft nicht und
sagten öffentlich. dass eine Ruptur mit Frankreich der
Schweiz sehr fatal sein würde; Frankreich müsse sogar
besorgen. dass, während es habe Neuenburg der Freigrafschaft einverleiben wollen [1]), jetzt umgekehrt die Freigrafschaft mit Neuenburg werde vereinigt werden.

Puysieux blieb auch in der Folgezeit stets der Ansicht [2]). die Berner hätten nur desswegen den König von
Preussen in seinen Absichten auf Neuenburg unterstützt.
damit derselbe die Unternehmung auf die Freigrafschaft
ausführe.

Am 24. Dezember. als die Kriegsgefahr sehr drohend
zu sein schien. schrieb der Gouverneur Montmollin einen
bemerkenswerthen Brief nach Bern. Er habe eine wichtige
Mittheilung zu machen. Eine zuverlässige Persönlichkeit
habe Gelegenheit gehabt. mit einem französischen Minister
zu sprechen und habe demselben angedeutet, der König
von Preussen sei nicht ungeneigt, die Neutralität Neuenburgs herzustellen. Der Minister habe geantwortet. das sei
ein ganz neuer Vorschlag. der allen Nachrichten widerspreche, die am Hofe verbreitet seien. welche nämlich
besagten. dass die Alliirten sich Neuenburgs bedienen

---

[1]) Es ist bekannt, dass das Parlament von Besançon Neuenburg
dem König von Frankreich zusprach, als abhängig von Theilen der
Freigrafschaft.

[2]) s. Instruction pour le Marquis d'Avaray a. a. O.

wollten um in die Freigrafschaft einzufallen. Die Neutralität
sei durchaus nicht zurückzuweisen, nur müsse Ludwig XIV.
eine sichere Garantie haben, dass die Freigrafschaft nicht
von Neuenburg aus angegriffen werde. — Im Anschluss
an diese Eröffnung forderte Montmollin Bern auf, dem
französischen König deutlich zu machen, wie ernst es mit
der Neutralität gemeint sei; der König von Preussen sei
zu jeder Garantie bereit [1]).

Gleichzeitig hatten Neuenburger Abgeordnete um
4000 Mann Hülfstruppen angehalten. Die Mehrzahl einer
zur Begutachtung eingesetzten Kommission war der Meinung, dass die Truppen aus Schuldigkeit gegen Neuenburg
wie im eigenen Interesse zu bewilligen seien, zumal weil
man desswegen durchaus nicht mit Frankreich breche.
„Hierüber stellt man zu erinnerlichem Angedenken, wie
oftmals in den wichtigsten Deliberationen ehrliche Standes-
glieder geseufzt und lamentirt, dass man Burgund so
leichter Dingen fahren und in andere Hände fallen lassen.
Wenn jetzund Neuenburg aus Mangel an Hülfeleistung
und durch kaltsinniges Zusehen in gleiches fatum verfalle
und dadurch hiesiger Stand in französische Dependentz
gleich der erbarmungswürdigen Stadt Basel gesetzt würde,
wie wollten wir doch das gegen Gott, der ehrbaren Welt
und unsern unschuldigen Nachkommen gegenüber verantworten" [2]). Eine behutsamere Gegenansicht wurde über-
stimmt, und nicht nur 4000 Mann an die Grenze verlegt,
sondern auch Offiziere abgeordnet, um die Grenze zwischen
Neuenburg und Burgund zu visitiren.

Wenn nun Bern an den König von Frankreich schrieb,
um die von Montmollin gewünschten Vorstellungen zu

---

[1]) 24. Dez. 1707. Montmollin an Bern. Neuenburg-Bücher. St. B.

[2]) 24. Dez. Gutachten der Neuenburg-Kommission, ebenda.

thun, so mussten allerdings die gleichzeitig getroffenen
kriegerischen Zurüstungen in einem seltsamen Widerspruch
dazu stehend erscheinen und lieferten denn auch den Vorwand zu erneuertem Misstrauen. Am 31. Dezember war
der Brief an den König abgegangen, am gleichen Tage
Neuenburg von der Bewilligung seines Gesuches in Kenntniss gesetzt. Mit jedem Tage wurden jetzt mit Beginn des
Jahres 1708 die Nachrichten aus Burgund ängstlicher.
Am 4. Januar bat Neuenburg flehentlich um Beschleunigung
der Hülfe, mindestens 300 Mann sollten in die Stadt verlegt werden. Dies wurde sofort bewilligt. Am 5. Januar
wurde die Ankunft Villars' in Burgund gemeldet; man
erwartete, dass der Angriff sofort erfolgen werde. In Bern
fühlte man sich veranlasst, von allen Kanzeln eine Proposition an die Unterthanen verlesen zu lassen, worin ihnen
die Ursache der Kriegsrüstungen mitgetheilt werden, der
Name der Potentaten aber nicht genannt werden sollte [1].

Inzwischen traf die Antwort Ludwig's XIV. auf Berns
Schreiben ein. Sie lautete, wenn er auch einen Augenblick
daran gedacht hätte, die Neutralität Neuenburgs zuzugeben,
so machte ihm die Haltung der Berner und Metternich's
das jetzt unmöglich. Indessen versicherte Puysieux, um so
mehr da auf den 15. eine Tagsatzung angesetzt war, dass
von Seiten Frankreichs keine Thätlichkeiten stattfinden
würden, wenn nicht die Truppen an der Grenze besonderen
Anlass dazu gäben.

Das Wichtigste ist, dass Metternich jetzt eine formelle
Erklärung ausstellte, dass sein König die Neutralität

---

[1] Auch bei Hüningen sammelten sich französische Truppen an;
die Eidgenossen waren in Sorge um die Waldstädte. Der Kaiser erklärte, sich nicht länger an die Neutralität gebunden halten zu
wollen, wenn sie die Waldstädte nicht vertheidigten, denn nur unter
der Bedingung habe er die Neutralität zugesagt.

aufrichtig beobachten wolle, wenn der König von Frankreich dasselbe zu thun verspreche; auch die Stadt Neuenburg legte in Berns Hände eine schriftliche Versicherung nieder, dass sie nichts zum Präjudiz der Neutralität unternehmen werde. Von dieser Zeit an gingen die Schwierigkeiten fast nur noch von den kath. Orten aus. Der König hatte von Anfang an nichts Anderes gewollt als eine Neutralität, auf die er sich verlassen konnte. Sein Vorschlag, Neuenburg zu sequestriren und die Beamten des preussischen Königs aus dem Lande zu schaffen, war natürlich unannehmbar; ein solches Unterfangen würde die Eidgenossenschaft mit sämmtlichen Alliirten in Krieg verwickelt haben. Ludwig XIV. beabsichtigte wohl nichts Anderes, als sich ohne Uebereilung mit Anstand aus dem Handel zurückzuziehen.

Die ausserordentliche Tagsatzung zu Baden, die am 15. Januar zusammentrat [1]), hatte die Aufgabe, nach Ueberwindung des Widerstandes der kath. Orte die Neutralität Neuenburgs herzustellen durch Bürgschaft, dass von Neuenburg aus nichts Feindliches gegen Frankreich werde unternommen werden. So spröde die Katholischen waren, so treulich und eifrig stand Zürich jetzt Bern bei, was Metternich in langem Dankschreiben dem Wirken des Antistes Klingler zuschrieb [2]). Tscharner und Willading

---

[1]) E. A. VI 2, S. 1410 u. f.

[2]) „— und schreibe diesen Ermahnungen sonderlich zu, was Gutes itzo auf der Tagsatzung vorgeht. Ich kann mir nimmer einbilden, dass die evangelische Schweiz diese ihre Vormauer gegen die einbrechende Gewalt unserer geschworenen gemeinen Feinde verlassen oder versäumen werde, so lange wir uns Ew. Hochwürden und dero treuen Amtsgehülfen Beistandes und Vorbilds getrösten können." 27. Januar 1708. Metternich an Klingler. Litterae variorum a. a. O. Am 13. März schrieb Metternich geradezu an Klingler, er habe es in

die Berner Deputirten, rühmten den vaterländischen Eifer des Burgermeisters Escher ebenso sehr, wie sie die Hartnäckigkeit und Feindseligkeit der kath. Orte verwünschten. Erst wollten sie, nach ihrer Gewohnheit, von äusseren Geschäften nichts hören, ehe der innere Friede hergestellt sei. Sie entrollten eine ganze Liste von Vorwürfen, die sie den ev. Orten zu machen hatten: das Toggenburgergeschäft, der Kelleramtsstreit, das Münsterthalergeschäft, die Conduite in Ansehen Neuenburgs, die Arrestbeschlagung gewisser Bodenzinse. Die herbe Entgegnung der Reformirten bewog sie zum Nachgeben. Nun aber fragte sich, was für eine Art von Neutralität man denn wünsche? Denn mit einer „einfachen" oder „trockenen" Neutralität werde sich Frankreich nicht zufrieden geben. Eine Kommission zum Aufsetzen eines Entwurfes wurde gewählt. Jetzt vollends begannen die Schwierigkeiten.

Es sei mit den Katholischen nicht zu verhandeln, klagten die Berner, besonders mit Freiburg und Solothurn nicht — Luzern zeige sich ganz wohlmeinend —, hunderterlei Projekte seien gemacht, und doch komme man zu keinem Ende. Das hauptsächlich verursachte Anstoss, dass die katholischen, zumal die mit Neuenburg verburgrechteten Orte ihre Ansprüche reservirt sehen wollten; demgemäss forderten sie, dass dem Projekt eine Erklärung beigefügt werden solle, durch die Neutralität würde Niemand etwas gegeben oder genommen werden. Als solche, deren Rechte reservirt bleiben sollten, wünschten sie ausdrücklich aufgezählt zu wissen: 1. den König von Frankreich. 2. die französischen Prätendenten, 3. Bern, 4. die

der Hand, dass die Tagsatzungsboten in der wünschenswerthen Weise instruirt würden, er könne durch seine Autorität den Magistrat bestimmen. Er versprach Klingler eine goldene Medaille wegen seiner Verdienste um das Neuenburgergeschäft.

verburgrechteten Orte, 5. Uri, 6. Tribunal, Stadt und
Grafschaft Neuenburg, 7. die 11 Orte. „Wodurch die
Grafschaft Neuenburg ja wohl in einen elenden Zustand und grosse Unsicherheit gesetzt würde" [1]. Die
Berner Abgeordneten waren nicht wenig stolz, dass sie
die Klausel schliesslich auf folgende Fassung reduziren
konnten: Alles in dem klaren Verstand, dass durch diesen
Traktat der lobl. vier Orte Luzern, Uri, Freiburg, Solothurn zu Neuenburg abgelegte Protestation selbiger nichts
vernachtheiligt, auch allen lobl. Orten und Zugewandten
unschädlich, noch Jemand andern, wer da sei, hierdurch
nichts gegeben noch genommen sein solle. Mit einem Aufwand haarspaltender Dialektik suchten sie ihren Obern
darzuthun, dass diese Klausel eigentlich nichts besage: sie
engagire Niemand, man lasse Alles in seinem Stand verbleiben, man ändere nichts, man thue weder dazu noch
davon, wie ein Jeglicher in seinen Gedanken vermeine,
dabei lasse man ihn bleiben, und bei Licht erdauert käme
hervor, dass der Eine wie der Andere nur ein güldenes
Nüteli davon getragen habe.

Es ist zu verwundern, dass die Abgeordneten sich so
ihrer gelungenen List freuten, ohne zu bemerken, dass,
was den eigentlichen Inhalt des Entwurfs betraf, sie vielmehr von den Katholischen überlistet waren. Es wurde
darin der König gebeten, die Sperre aufzuheben und
Neuenburgs Ruhestand nicht zu stören. Die Orte gaben
die Gegenversicherung, dass von und durch Neuenburg
nichts Feindliches gegen Frankreich solle vorgenommen
werden. Kein Wort war davon gesagt, dass Neuenburg
ein Glied der Eidgenossenschaft sei und desshalb ewiger

---

[1] 1. Februar 1708. Bericht Willading's und Tscharner's, Neuenburg-Bücher. St. B.

Neutralität geniesse, nur eine vorübergehende, gleichsam zufällige Sicherheit, auf diesen besonderen Fall bezogen, konnte durch diesen Entwurf hergestellt werden. In Bern wie in Neuenburg hatte man von Anfang an besondern Nachdruck darauf verlegt, dass Neuenburg ein Glied der Eidgenossenschaft sei, und so war man denn mit diesem Ausgang höchst unzufrieden. Bern schrieb sofort an seine Gesandten. so könne das Projekt nicht bleiben; es werde darin von Neuenburg geredet, als sei es ein ganz fremdes Land, das die Eidgenossenschaft gar nichts angehe; man dürfe durchaus nicht davon abgehen, dass Neuenburg ein Glied der Eidgenossenschaft sei; in dieser Form sei die Erklärung nichts als ein Empfehlungsschreiben, wie es für die Bodenseestädte oder die Markgrafschaft gemacht zu werden pflegte [1]). Zweitens sei nicht von ewiger Neutralität gesprochen, der Zeitpunkt überhaupt ungenau bestimmt. Es heisse da: „dass Neuenburg in dem Ruhestand wie bisher, also noch fürbas gelassen werde". Man müsse aber zum Mindesten setzen: „wie bisher also noch immerfort", denn wenn Frankreich die Neutralität zwei oder drei Monate halte, so sei das auch noch „fürbas". Wenn man in Baden Bedenken trage, das Wort Neutralität in die dispositio einzuführen, so möchte man es doch wenigstens in der narratio anbringen und sich in der dispositio auf die narratio berufen.

Als diese Anmerkungen nach einer kurzen Verzögerung in Baden eintrafen, hatte Puysieux inzwischen unbefugter Weise das Projekt, welches noch keineswegs ratifizirt war, dem Könige zugeschickt und erklärte nun, derselbe werde

---

[1]) Nach einem Ausdruck von Bourgeois wollte Bern eine neutralité de droit anstatt einer neutralité de fait, réciproque et provisoire.

sich auf keine Aenderung mehr einlassen. Berns Entrüstung
fruchtete nichts; nur Zürich trat unbedingt auf seine
Seite, die übrigen ev. Orte wollten sich nach der Meinung
der Mehrzahl richten, ev. Glarus sprach sogar aus, Neuenburg sei kein membrum corporis Helvetici proprie dictum.
Zürich schrieb auf den 11. März wieder eine Tagsatzung
aus; die kath. Orte lehnten ihr Erscheinen ab, und die
evangelischen tagten seit dem 21. März auf einer Konferenz
in Aarau allein zusammen [1]). Der König weigerte sich
ganz entschieden, die beantragten Aenderungen in das
Projekt aufzunehmen, so dass man darauf verzichten musste.
Anstatt dessen waren die Berner Abgeordneten instruirt,
irgend einen Ausdruck zu finden, der dasselbe besagte,
wie dass Neuenburg ein Glied der Eidgenossenschaft sei.
Folgendermassen wurde das bewerkstelligt: Bern stellte
neben dem Projekt noch eine besondere Versicherung aus,
dass Neuenburg kraft des ewigen Friedens und des
Bundes von 1663 nichts gegen Frankreich unternehmen
solle; bat dagegen den König, seinerseits den ewigen
Frieden und den Bund von 1663 zu observiren und hiemit
(en conséquence) die von Neuenburg und Valengin wie
früher Frieden und freies Commercium geniessen zu lassen
und Projekt wie Deklaration anzunehmen. Die Bedeutung
der Deklaration sollte in dem Worte „hiemit" liegen; das
sei der nervus des Traktates und keinenfalls von dem
Ausdruck zu weichen. Als Gegenleistung versprach Bern
seine Truppen aus Neuenburg zurückzuziehen und dafür
zu sorgen, dass Neuenburg seinen in französischen Diensten
stehenden Hauptleuten Rekrutirungen bewilligte, sowie
dass es französischen Ausreissern kein Asyl gewährte.
Der Neutralitätstraktat bestand nun aus drei Theilen:

---

[1]) E. A. VI 2, S. 1426 u. f.

dem gemeineidgenössischen Projekt, der Deklaration Berns und der Gegenerklärung des Königs, in welcher er das Gewünschte versprach. Am 12. Mai ratifizirte der König, was Friedrich I. schon im April gethan hatte.

Bern hatte zwar erreicht, dass Ludwig XIV. indirekt Neuenburg gleichsam mit den Schweizern auf eine Stufe stellte, indem er die Neutralität nicht aus Gnade, sondern in Folge vorausgegangener Bünde bewilligte; aber formell als ein Glied der Eidgenossenschaft hatte er die Grafschaft nicht anerkannt.

St. Saphorin gab sich im Haag die denkbarste Mühe, das nothgedrungen Versäumte im Friedensschluss nachzuholen, aber er erreichte nichts, wenig unterstützt von den Engländern. Die französischen Minister verschanzten sich hinter dem Vorwande, dass nicht einmal die kath. Orte Neuenburg als Glied der Eidgenossenschaft anerkennten, also stände es Frankreich gar nicht zu, darüber etwas zu erkennen.

Metternich erzwang es wenigstens, dass im Frieden zwischen Frankreich und Preussen ein Passus eingerückt wurde, welcher besagte, Neuenburg solle dieselben Privilegien geniessen, wie „die andern Länder der Schweiz". Um das Wort „les autres" hatte ein langer Streit stattgefunden, in welchem Metternich es schliesslich davontrug. Bei Gelegenheit des Friedens von Baden erneuerten sich die Bemühungen. Der Gesandte du Luc aber schrieb am 29. Dezember 1714 an Bern nicht ohne Spott, sein König könne Neuenburg nicht in den Frieden einschliessen, da es kein Freistaat sei. Wenn es wahr sei, dass es immer als Glied der Eidgenossenschaft anerkannt sei, so könne es ja nicht mehr verlangen; wenn es sich aber einen nouveau relief geben wolle, so müsse sich sein Herr, der König von Preussen, dafür verwenden. Im Jahre 1715

hatten denn auch Pury und Kniphausen im Auftrage
Friedrich's Audienz bei Torcy dieser Sache wegen, konnten
aber auch nichts erlangen. Frankreich hat, so viel mir
bekannt ist, das ganze Jahrhundert Neuenburg nicht als
Glied der Eidgenossenschaft anerkannt.

Capitel IX.

Das Scheitern der Pläne auf die Freigrafschaft.

Nachdem sich der preussische König in bindender
Weise verpflichtet hatte, sein neuerworbenes Besitzthum
nicht zur Schädigung Frankreichs zu gebrauchen oder gebrauchen zu lassen, fiel Neuenburg aus den Berechnungen
der Alliirten und ihrer Schweizer Freunde hinweg. Auf
Benutzung schweizerischen oder bischofbaselschen Gebietes
konnte indessen nicht verzichtet werden: auf das Entgegenkommen des Bischofs durfte man auch mit Bestimmtheit
rechnen.

Für den Sommer 1708 war ein dreifaches offensives
Vorgehen gegen Frankreich geplant. Der Kurfürst von
Hannover, welcher die Armee am Oberrhein kommandirte,
hoffte ein grosses Unternehmen ins Werk setzen zu können, bei welchem er auf Verstärkung der Moselarmee des
Prinzen Eugen rechnete. Im Mai wurden zwischen Marlborough, Eugen und dem Kurfürsten Verabredungen über
die Campagne getroffen, darunter auch „wegen der bekannten Entreprise in Burgund" [1]). Es hatten aber, ohne
Vorwissen des Kurfürsten, Marlborough und Eugen beschlossen, ihre Armeen zu gemeinsamem Handeln zu vereinigen; als nun Anfang Juli der Letztere sich an den

---

[1]) Relation über die vorgeweste Unterredung im Haag etc. bei
„Feldzüge des Prinzen Eugen von Savoyen" X.

Niederrhein begab, glaubte der Kurfürst, sehr geärgert und gekränkt, nichts Grosses mehr unternehmen zu können. Dennoch wurde der Plan, freilich in unbestimmterer Weise und mehr um den Feind im Allgemeinen zu schwächen, Ende Juli wieder aufgenommen. Er bestand in einem Einfall ins Oberelsass, dem ein anderer in die Freigrafschaft secundiren sollte. Dieser letztere sollte in der Weise ausgeführt werden, dass 600 Kaiserliche unter General d'Arnan als Bauern verkleidet die Schweiz durchschleichen und auf französischem Boden bewaffnet würden; inzwischen wollte ein französischer Offizier Braconnier, der sich für einen Refugié ausgab, in der Freigrafschaft einen Aufstand entzündet haben, der der Unternehmung zu Hülfe kommen sollte [1].

Von diesem Vorhaben erhielten die Franzosen auf irgend eine Weise Kenntniss. Am 15. August warnte St. Colombe, an Stelle des französischen Gesandten, den Burgermeister Burkhardt von Basel in eindringlicher und verständiger Weise; er bot die Hülfe des französischen Heeres zur Abwehrung des Durchbruchs an, im Fall dass die eigene Kraft nicht ausreichen sollte und erinnerte an die Eilfertigkeit, mit der man bei früheren Gelegenheiten Vorkehrungen gegen vermuthete Gebietsverletzungen von Seiten Frankreichs getroffen hatte [2].

Proviantansammlungen in den Waldstädten schienen die Besorgniss zu rechtfertigen; auch Waffen in Fässer verpackt passirten nach Aussage des französischen Subdelegirten das eidgenössische Gebiet. Die Orte anerkannten ihre Verpflichtung, solches nicht zu dulden und machten Trautmannsdorff Vorstellungen. Dieser theilte Prinz Eugen

---

[1] Feldzüge des Prinzen Eugen von Savoyen, X, S. 293.

[2] s. Akten Frankreich, St. Z.

mit, dass der Plan den Franzosen entdeckt sei, worauf
der Letztere Mercy warnte, die dazu bestimmte Mannschaft
nicht abgehen zu lassen, um sie nicht einzubüssen [1]). Indessen war es schon geschehen; bei Schaffhausen hatten
die verkleideten Soldaten die Schweiz betreten und waren
angehalten worden [2]).

Die Schuld, diesen Plan vereitelt zu haben, wurde
vom Kurfürsten Trautmannsdorff's „unzeitiger Furcht" zugeschrieben, welcher, um den Neutralitätstraktat nicht
preiszugeben, das Unternehmen nicht hätte unterstützen
wollen [3]). Dem franz. Gesandten gegenüber rühmte sich jener
Braconnier, welcher in diesen Verwicklungen eine sehr
zweifelhafte Rolle spielte, die Sache zum Scheitern gebracht
zu haben. Noch im selben Jahre gab er St. Colombe an,
die Alliirten hätten nun eingesehen, dass sie sich der
Schweiz nicht bedienen könnten, und dass sie einen neuen
Plan gemacht hätten, um auf anderem Wege in die Freigrafschaft einzudringen [4]). Dieser Umstand, der durchaus
nicht auf Wahrheit beruhte, lässt vermuthen, dass Braconnier nur die Aufmerksamkeit der Franzosen ablenken
wollte.

Anfang 1709 kam François Charles de Vintimille,
Graf du Luc, Marseille und de la Marthe als Botschafter in
die Schweiz. Derselbe ist von Zellweger in sehr eingehender
Weise, aber, wie mir scheint, in allzu unvortheilhafter
Beleuchtung geschildert. Dass er die Schweizer von dem
Gesichtspunkte aus beurtheilte, wie gross oder gering ihre
Ergebenheit gegen Frankreich war, ist nur natürlich;

---

[1]) Feldzüge des Prinzen Eugen, X.

[2]) Bericht der Berner Tagsatzungsboten. 8. Aug. 1708, Frankreichbücher H. H., St. B.

[3]) Feldzüge des Prinzen Eugen, X.

[4]) St. Colombe à Torcy, 5. Dez. 1708, bei Bourgeois a. a. O.

davon abgesehen erkannte er die Kraft und Tüchtigkeit
der einzelnen Orte ziemlich richtig, und sein Lieblingswunsch war, Willading d. h. Bern für seinen König zu
gewinnen. Dabei zeigte er sich allerdings mehr als Mensch
denn als Diplomat, indem seine Empfindlichkeit, wenn
seine Werbungen abgewiesen wurden, ihn zu unüberlegten
rachsüchtigen Plänen und Aussprüchen hinriss. Häufig
verrieth er Wohlwollen für die ref. Orte, einmal in solchem
Masse, dass der Minister Torcy für gut fand, Stellen aus
einem seiner Briefe zu streichen, die den König hätten
kränken können; wagte er doch darin demselben Vorwürfe
zu machen über die zurücksetzende Art, mit der jene behandelt würden. Hingegen ist er nicht immer zuverlässig,
so fein seine Bemerkungen im Einzelnen auch sind; eine
lebhafte Phantasie und fast zu lebhafte Betheiligung an
den Ereignissen machten ihm ein objektives Urtheil oft
fast unmöglich. Ausserdem verräth seine Schreibweise
deutlich, dass ihm in seinen Briefen ebenso viel daran lag,
eine geistreiche literarische Arbeit zu liefern, wie einen
möglichst zutreffenden und nützlichen Bericht.

Du Luc erfuhr von seinem Vorgänger, dass seine Aufgabe sein würde, einen Einfall in den Oberelsass (daran
dachte man immer zunächst) zu verhindern. Puysieux hielt
dieselbe für leicht. Ein solches Vorhaben müsse geraume
Zeit vorher kundbar werden, meinte er, so dass er Zeit
hätte, die Kantone zu warnen und seine Anhänger zur
Thätigkeit anzuspornen, durch deren Vermittlung es gelingen würde, die Milizen aufbieten zu lassen. Ein
Gesandter habe nur dafür zu sorgen, dass er immer von
den Bewegungen der Feinde unterrichtet sei [1]).

---

[1]) Mémoire vom 25. Nov. 1708, Zellweger I.

Den Alliirten wäre für ihr Unternehmen die still-
schweigende Einwilligung wenigstens eines Theils der
Schweizer ohne Zweifel höchst nützlich gewesen. Die
Möglichkeit, mit diesen anzuknüpfen, bot ihnen die Berner
Friedenskommission, die ihre Wirksamkeit ununterbrochen
fortgesetzt hatte [1]). In den ersten Monaten des Jahres
1708 war die Frage über Absendung eines Geschäftsträgers
nach dem Haag geregelt. Zürich hatte darauf bestanden,
dass der Brigadier Werdmüller seine Unterhandlungen
fortsetzte, aber eingewilligt, dass St. Saphorin trotzdem
auch abgeordnet wurde. Die Kosten für die letztere Gesandtschaft mussten Bern und Basel freilich allein tragen.
Burgermeister Escher sagte dem Berner Amport im Vertrauen, die Sache sei in Zürich eben nicht Jedermann ge-
nehm, desswegen müsse man die Leute menagiren; wenn
das Geschäft reussirte, hätten ja auch Bern und Basel den
grössten Vortheil. Am 18. Juli leistete St. Saphorin einen
Eid auf treue Erfüllung des ihm gewordenen Auftrages,
trat aber erst im Frühling des folgendes Jahres seine
Reise an.

Während des Sommers und Herbstes 1708 verhandelte
die Kommission häufig mit Metternich und Stanyan über
Burgund und Hüningen. Metternich versicherte, dass der
König hoffte, durch alliirte Waffen Burgund in andere
Hände zu bringen, dass man andernfalls auf die Verhandlungen zu den Friedenstraktaten sich vertrösten müsse,
und dass er den Tauschplan noch im Sinne habe. Stanyan
stellte geradezu die Frage, ob, wenn die Alliirten ein Absehen auf Burgund hätten, nicht einige Völker durchgelassen
werden möchten. „Daraufhin aber Mghr. Committirten".

---

[1]) Vom 6. Januar 1707 bis 29. Mai 1708 hatten 40 Sessionen
stattgefunden.

heisst es im Protokoll, „sich entschuldiget und ersucht, wider die Bündnisse nichts zuzumuthen, mit Bedeuten, wo etwas zu der lobl. Eidgenossenschaft Nutzen erscheinen thäte, so würde man nach Möglichkeit thun.“ Die Unterhandlungen über diesen Punkt wurden hiernach nicht etwa abgebrochen, sondern vielmehr lebhaft fortgesetzt, Frisching und Tscharner hatten als Abgeordnete der Kommission eine wichtige Unterredung mit dem englischen Gesandten. Ungefähr Folgendes trug er denselben vor: Dass, obgleich die Königin sie nicht in einen Krieg verwickeln wolle, noch sie mit Frankreich entzweien, sie doch hoffe und wünsche, dass im Falle die Alliirten im Laufe des Krieges einen Plan gegen die Franche-Comté ins Werk setzten, sie die Unternehmungen derselben unter der Hand erleichterten und begünstigten, so viel sie vermöchten, zum Besten und zur Beförderung der eigenen Angelegenheiten, und dass sie sogar durch Briefe und Abordnungen an Frankreich der Furcht und Besorgniss Ausdruck verliehen, welche die Nachbarschaft der Freigrafschaft im Besitz dieser Krone ihnen verursachte, d. h. wenn die Umstände günstiger wären als jetzt, und wenn man eine Möglichkeit sähe, Frankreich die Provinz durch Waffengewalt oder Friedenstraktate zu entreissen.

Die beiden Herren wurden nach erfolgter Berathschlagung nochmals an Stanyan abgeschickt, um ihm zu antworten: „dass Mhh. Committirte sich bestens befleissen werden, der gütigen und gnädigen Einrathung höchstgedacht Ihrer Kgl. Maj. nachzukommen, unter der Versicherung, dass man bei etwa ereignender Begegniss auch freilich alles dasjenige wahrnehmen und beobachten werde, was die Pflichten und concurrentz der Zeit wird erheischen mögen. Was aber da von Schreiben oder Abschicken an bewusste hohe Puissance gedenkt wird, dessenthalb könnt

Ihr Mhh. (Frisching und Tscharner) von selbsten hoch-
weislich vorstellen, was für Bedenklichkeit Mhh. Commi-
tirte dabei erscheinen wollen, fürnehmlich in Ansehen
selbige in alle Weg zwecken, in diesem hochwichtigen
Geschäft bestmöglich verdeckt zu sein."

Zürich wurden diese Vorgänge nur in generalibus
mitgetheilt. Stattgefunden hatte diese letzte Verhandlung
mit Stanyan am 12. September; es ist zugleich das letzte
Datum im Protokoll der Berner Friedenskommission, wenn-
gleich dieselbe ohne Zweifel noch fortbestand. Das Protokoll der Züricher Kommission reicht bis zum 10. März
1710, in eine Zeit also, wo die Hoffnung auf neue Pläne
zur Wiedereroberung der Freigrafschaft allmälig geschwun-
den war.

Für das Jahr 1709 hatten die Alliirten den Plan eines
kombinirten Angriffs auf den Süden Frankreichs wieder
aufgenommen. Es sollten dabei folgende Umstände und
Elemente benutzt werden: die Camisarden, welche Cavalier
zu neuem Aufstand anzufeuern sich anheischig machte;
die Abfallsgelüste der Freigrafschaft; die Feindseligkeit
des Herzogs von Lothringen gegen Frankreich und die
Unzufriedenheit und das durch den strengen Winter ge-
steigerte Elend der Bevölkerung überhaupt. Die Armee
des Herzogs von Savoyen sollte von Süden her in das
Dauphiné, die Rheinarmee des Kurfürsten in die Freigrafschaft einbrechen. Es ist schon gesagt worden, dass wahrscheinlich schon seit 4—5 Jahren die Kaiserlichen mit
den Unzufriedenen in der Freigrafschaft in Verbindung
standen. Die Verschwörung sollte in diesem Jahre zum
Ausbruch kommen. Leider sind wir über dieselbe nur sehr
wenig unterrichtet [1], doch ist gewiss, dass der Plan darin

---

[1] Hauptquelle ist St. Simon VII. S. 362 u. f., der mit Le Guerchois, dem Intendanten von Burgund, befreundet war. Die Akten

bestand, dass die Theilnehmer die Garnison von Besançon
überrumpeln und den inzwischen herbeigekommenen alliirten Truppen die Citadelle ausliefern wollten. Alle Schichten
der Bevölkerung scheinen an der Verschwörung theilgenommen zu haben; Glieder des Parlaments von Besançon
gehörten ihr an. Von Lothringen aus fand sie geheime
Unterstützung, und der Verkehr mit kaiserlichen Offizieren,
welche Manifeste des Kaisers und Libelle vertheilten, muss
sehr rege gewesen sein. Ob in der Schweiz, etwa in
Neuenburg oder Bern, Kunde von der Bewegung war und
Antheilnahme an derselben, habe ich nicht ermitteln können. St. Saphorin, der kaiserliche Offizier, wusste zweifels-
ohne darum Bescheid; unter seinen Papieren befindet sich
ein jedenfalls von ihm verfasstes Projekt einer Proklama-
tion des Kaisers an die Bewohner der Freigrafschaft Burgund [1]), in welchem u. a. die Stelle vorkommt: „ils peuvent
également être soutenus dans cette entreprise si nécessaire
à leur bonheur avenir, et par les armées de l'empire que
commande S. A. E. d'Hannovre, et par celle de S. A. R.
de Savoye . . . ."

St. Saphorin reiste im März 1709 ab, um über Wien,
Berlin und Hannover nach dem Haag zu gelangen. Gegen
den Hof von Berlin war er misstrauisch. Die Versicherungen des Zusammenwirkens in dieser Sache wurden zwar
fortgesetzt, aber man konnte bemerken, dass der König sein
Interesse schon mehr nach einer andern Richtung, nach
spanisch Geldern, richtete; eine Sonderabkunft mit Frankreich lag keineswegs mehr ausser dem Bereich der Möglichkeit.

---

der Intendantur sind bei einem Brande in Besançon 1720 zu Grunde
gegangen. Weniges findet sich in den „Mém. et doc. de Besançon".

[1]) Bei Zellweger III.

Ueberall begegneten St. Saphorin's Vorstellungen derselben Erwiderung: Wenn die Eidgenossen von der Nähe
Frankreichs befreit sein wollen, müssen sie auch selbst
etwas dazu beitragen [1]). Dies war das Thema, welches
Salm, Seyler, Buel, Mansfeld, die Minister in Wien, der
preussische König in Berlin, der Kurfürst von Hannover
unablässig anschlugen. St. Saphorin, welcher diese Anschauungen in seinem Innern theilte, hatte strengen Auftrag, die Kantone in Nichts zu kompromittiren. Er wich
desshalb solchen Andeutungen stets aus, wobei er sich
nicht etwa auf die Neutralität der betreffenden Orte stützte,
sondern darauf, dass sie sich dadurch sowohl Frankreich
wie die kath. Orte zu erklärten Feinden machen würden,
ohne doch dieser vereinigten Macht widerstehen zu können.
Auch die Bünde mit Frankreich schützte er wohl einmal
vor. Einen Vorschlag des österreichischen Ministers
Wratislaw aber glaubte St. Saphorin nicht ganz abweisen
zu dürfen: in die Garantie des künftigen Friedens einzutreten. Dies wäre allen Traditionen der Eidgenossenschaft
zuwider gewesen. Auf das Drängen seines waadtländischen
Freundes antwortete Willading, eine präzise Instruktion
könne ihm hierüber nicht gegeben werden, da man vermeiden wollte, die Sache vor den Rath der 200 und an
Zürich zu bringen. Er möchte, wenn er durchaus nicht
mehr ausweichen könnte, sagen, wenn einmal die Grenzen
sicher gestellt wären, würden die Orte gern Alles thun,
um sie zu bewahren; auf äusserstes Drängen aber, dass
man im besagten Falle in einen traité équitable eintreten

---

[1]) Mais vous autres Suisses, qui voyez présentement le péril où
vous êtes, tandis que la Bourgogne reste entre les mains de la
France, est-ce que vous ne voudriez concourir en rien pour vous
arracher une épine si dangereuse du pied? Aeusserung Salms, siehe
Livre I a. a. O.

würde. Den Ausdruck „Garantie" möchte er so viel als
möglich vermeiden.

St. Saphorin war ungehalten über die vorsichtig un-
genaue Antwort. Es ärgerte ihn, dass man in Bern auf
Zürich Rücksicht nahm, dessen überlegte Zurückhaltung
er als Schwäche geringschätzte [1]).

Zürich war um so bedenklicher geworden, je mehr
die eingeleiteten Unterhandlungen in Thaten ausmünden
zu sollen schienen. Abgeordnete der Züricher Friedenskommission drangen den Bernern gegenüber darauf, dass
St. Saphorin in seinen Unterhandlungen behutsam verfahre,
„damit man nicht etwa unvermerkt in diese spinose materie
eingewickelt werde, sonderlich da derselbe etwa mit Ueber-
gebung einiger Memorialen zu liberal wäre, gestalten man
sich hierdurch gleichsam zu einer Partei wider Frankreich
mache und von dem vorgesetzten Zwecke (diese Angelegenheit durch die hohen Potenzen als ihr eigenes Interesse
an Ort und End anbringen zu lassen) [2]) abweiche". Im
letzten Augenblick zog Zürich die Einwilligung, dass
St. Saphorin auch in seinem Namen abgeordnet würde,
zurück. Das Creditiv desselben war nämlich von Bern
ausgestellt, aber im Namen sämmtlicher ref. Orte. Auf
die Absage Zürichs hin wurde ihm, welcher sich schon
auf der Reise befand, ein anderes Creditiv nachgeschickt,
welches nur im Namen Berns abgefasst war; man liess
ihm aber die Wahl, wessen er sich bedienen wolle.

---

[1]) „Je prévois que Mrs. de Zuric, avec qui l'on se propose d'agir
communicativement, veulent d'ordinaire plus volontiers ce qui est
bon et avantageux à la nation, qu'ils n'aiment employer les moyens
nécessaires pour se procurer les fins qu'ils souhaitent. 29 mai. St. Saphorin à Willading. Livre I a. a. O.

[2]) Man sieht, die Züricher Kommission hatte mehr gegen die
Form als gegen die Sache etwas einzuwenden.

St. Saphorin blieb beim ersten, in der Meinung, dass er
mit grösserem Nachdruck handeln könne, wenn er von
der ganzen reformirten Schweiz gedeckt sei, besonders
aber, da er das Creditiv schon abgegeben habe, und da
es ausserdem billig sei, dass Zürich eventuell die Empfindlichkeit des beleidigten Frankreichs theile [1]).

Im April oder Mai schrieb Metternich an die Berner
Friedenskommission, Frankreich sei jetzt so wenig zu
fürchten, dass man wohl hoffen dürfe, mit dem Anschlag
auf die Freigrafschaft Erfolg zu haben, besonders wenn
die reformirten Kantone oder Bern allein etwas dazu mitwirken wollten. Frankreich sei ja jetzt nicht in der Lage,
sich an ihnen zu rächen.

Dieser Brief wurde den Zürichern mitgetheilt; sie
wünschten zu wissen, was Bern auf so bedenkliche Ansuchungen geantwortet habe. Es ist anzunehmen, dass die
Antwort, welche mir nicht bekannt ist, weder ablehnend
noch zustimmend, möglichst vieldeutig gefasst war; die
Züricher sprachen nach erfolgter Mittheilung ihre Anerkennung über das weisliche und vorsichtige Verfahren aus
und schlossen mit der nicht unverdächtig klingenden Bemerkung, „und wir wollen nun den ferneren Erfolg be-
gierig erwarten" [2]).

Zürich war nicht minder als Bern erpicht auf die
Erlangung einer guten Grenze, mit welchem Ausdruck
man alle von den Friedenskommissionen geleiteten Bestrebungen zusammenzufassen pflegte. Der zürcherische
Unterhändler Werdmüller war sogar damit betraut, über
die Erwerbung des Landes Gex zu verhandeln; auf ein-
dringliche Vorstellungen von Seiten Berns, dass das

[1]) s. Relation générale de St. Saphorin. Livre VII a. a. O.
[2]) 17. Mai 1700. Akten Friedensverhandlungen. St. Z.

Gelingen der andern Punkte dadurch um so mehr erschwert würde, wurde davon abgestanden. Das ganze Jahr 1708 durch war der Marquis v. Rochegude an den Höfen von Berlin, Cassel, London, auch im Haag, um neben seinem offiziellen Auftrag auch für das evangelische Interesse im Allgemeinen zu wirken, welches er wegen allzu grosser Wichtigkeit der Relation beizufügen Bedenken trug. Dies mag sich besonders auf das Toggenburgergeschäft, könnte sich aber möglicherweise auch zum Theil auf die Friedensverhandlungen bezogen haben.

Es ist sicher aus allem Vorhergehenden, dass man in Zürich wie in Bern genau davon unterrichtet war, dass der Feldzug von 1709 die Entscheidung über die Freigrafschaft bringen sollte, und dass die Alliirten dabei auf ihre mindestens passive Mitwirkung rechneten. Welches die Pläne derselben im Einzelnen waren, mag ihnen weniger bekannt gewesen sein.

Im Januar 1709 hatte es geschienen, als ob das „geheime bewusste Projekt" nicht zur Ausführung kommen könnte, indem alle Truppen des Feindes gegen den Niederrhein zögen, so dass man von der Oberrheinarmee eher noch Verstärkung verlangen müsse, als dass man ihr solche zukommen lassen könnte [1]. Dies war die Meinung des Prinzen Eugen, welcher sich freilich mit den Angelegenheiten jener Armee eingehend befassen weder konnte noch wollte, da er zu dem, wie es scheint, sehr empfindlichen und eifersüchtigen Kurfürsten in gespanntem Verhältniss stand. Dieser nun war ganz von seinem Offensivplan erfüllt. Er äusserte im Frühling gegen St. Saphorin, dass man sich Burgunds mit den Waffen bemächtigen würde

---

[1] 18. Januar 1709, an den König von Spanien, s. Feldzüge des Prinzen Eugen XI.

und schloss die Frage daran, wie die Eidgenossenschaft
sich dazu stellen würde. St. Saphorin antwortete, wie gewöhnlich, in unbestimmten Ausdrücken, er habe keine
bestimmte Instruktion darüber, glaube aber, dass, so weit
es die Umstände und die Allianzen erlaubten, die betreffenden Orte sich zur Zufriedenheit der Alliirten betragen
würden.

Am 10. Juli erfuhr Prinz Eugen von dem österreichischen General Mercy, „dass das bewusste Werk zu wirklicher Exekution kommen sollte". Mercy nämlich sollte
mit einer Abtheilung des Heeres den ersten Angriff auf
die Freigrafschaft übernehmen, und wenn dieser geglückt
war, vom Kurfürsten in nachdrücklicher Weise unterstützt
werden. Unbegreiflicher Weise aber versäumte der Kurfürst rechtzeitig bei seiner Armee zu erscheinen, so dass sie,
obgleich ihr nur ein schwacher Feind gegenüberstand. zum
allgemeinen Aergerniss den ganzen Juli hindurch unthätig
blieb und die beste Gelegenheit zu erfolgreichen Thaten
verpasste. Ein ausführlicher Plan für die Mercy'sche Unternehmung liegt vor [1]). In erster Linie war es dabei auf
die Ueberrumpelung Besançons und auf den freiwilligen
Anschluss der Bevölkerung abgesehen. Mit Benutzung des
schweizerischen Gebietes sollte der Einfall bewerkstelligt
werden, von Neuenburg her sollte die Getreideversorgung
besorgt werden. Es wurde veranschlagt, dass Mercy drei
Kürassierregimenter (ca. 2200 Mann) und 400 Husaren,
nebst 5000 Infanteristen dazu gebrauchen müsse. Würde
der Anschlag auf Besançon misslingen. so sollte zunächst
noch eine Festsetzung auf irgend einem andern günstigen
Punkte versucht werden, da man immerhin auf die

---

[1]) Mémoire pour l'entreprise connue (Graf Mercy betreffend), Juli
1709, Feldzüge des Prinzen Eugen XI.

Unterstützung der Landesbewohner rechnen durfte. Ein eventueller Rückzug war in der Richtung auf Lothringen vorgesehen.

Auf einen glücklichen Ausgang dieser Unternehmung wurde mit grösster Sicherheit gerechnet. Da verbreitete sich in der letzten Hälfte des Juli plötzlich die Nachricht, dass die Verschwörung von Besançon entdeckt sei [1].

[1] Der Herausgeber des XI. Bandes der Feldzüge des Prinzen Eugen stellt den Verlauf des Feldzuges von 1709 so dar, als sei ursprünglich beabsichtigt gewesen, die Gährung im Innern Frankreichs auszunützen, besonders da der Camisardenaufstand im Vivarais wieder entbrannt sei. Dieser sei niedergeschlagen, und dadurch sei der Plan hinfällig geworden, die Bewegungen der Rheinarmee sowie der savoyischen seien dadurch geändert. Mercy habe den Einfall in den Oberelsass gemacht, um die feindlichen Streitkräfte von der Lauterlinie, wo der Kurfürst stand, abzuziehen. Nun ist allerdings am 19. Juli, also zu derselben Zeit ungefähr, wo wir von der Entdeckung der Verschwörung von Besançon hören, der Camisardenaufstand völlig unterdrückt worden, 40 Aufständische wurden ergriffen und hingerichtet (s. Hofmann, der Aufruhr in den Cevennen, S. 249 u. f.). Dieses Ereigniss war ohne Zweifel den Alliirten sehr unlieb und mochte für den Gesammtausgang des Feldzuges ins Gewicht fallen, konnte das Mercy'sche Unternehmen aber kaum beeinflussen. Die Ausdrücke, deren sich Prinz Eugen bedient, wenn er von der Entdeckung spricht, nämlich: „l'affaire de Bourgogne", oder „das burgundische Wesen" oder „die Sache wegen Besançon" sind ja auch gar nicht misszuverstehen. Allerdings hat nach St. Simon der Intendant Le Guerchois die Verschwörung schon vor dem Mercy'schen Einfall entdeckt, aber diese Entdeckung sorgfältig geheim gehalten, um den Verschworenen besser auf die Spur zu kommen. Ein perruquier, erzählt St. Simon, habe Le Guerchois Alles offenbart und habe sich von diesem gebrauchen lassen, um unter dem Schein der ferneren Theilnahme an der Verschwörung Näheres zu erfahren und die Leute tiefer ins Garn zu locken. Er habe sich dann wirklich mit lothringischen und kaiserlichen Verschworenen in Verbindung gesetzt und von dem Einfall Mercy's Kenntniss erhalten, so dass Le Guerchois noch zur rechten Zeit den französischen General habe warnen können. Wenn man auch annehmen will, dass dies wahr sei, so ist es desswegen doch durchaus nicht unmöglich, dass von den Kaiserlichen bemerkt wurde, dass ihr Geheimniss nicht sicher gehütet war. Und

Hierüber war Niemand mehr entrüstet als Prinz Eugen. Er betonte, dass man durch die höchst unvorsichtige Behandlung des „burgundischen Wesens" den Verrath selbst verschuldet habe, indem viel zu viel Leute in das

---

wenn Prinz Eugen erwähnt, es werde gesagt, dass von den Wohlgesinnten einige gefänglich eingezogen seien, so kann das wirklich ein Gerücht gewesen sein, oder aber wirklich auf Wahrheit beruht haben, da ja der etwas abenteuerliche Bericht von St. Simon nicht nothwendig in allen Punkten wahr sein muss. Obwohl nun Prinz Eugen den Verrath des Geheimnisses lebhaft bedauert, so ist doch nicht anzunehmen, dass das Unternehmen auf die Freigrafschaft desshalb aufgegeben wurde. In dem obenerwähnten Projekt war ja auch schon, selbst wenn der Anschlag auf Besançon missglücken sollte, eine Festsetzung an andern Punkten ins Auge gefasst, und überhaupt war die Zuneigung der Freigrafschaftler wegen des einen Unfalls doch keineswegs verloren. Die Thatsache, dass Mercy sich an das Projekt vom Juli gehalten hat, scheint auch dadurch bewiesen, dass er sich betreffs der dort veranschlagten Mannschaft danach gerichtet hat. Es war dort berechnet, er würde im Ganzen ca. 7600 Mann gebrauchen. Thatsächlich hatte Mercy zwei Kürassierregimenter (drei waren veranschlagt), 350 Husaren (anstatt 400) und neun Compagnien Fussvolk. Dies ist allerdings nur etwa die Hälfte der veranschlagten 5000, aber der Herausgeber der Feldzüge erwähnt ausdrücklich, Mercy habe „mindestens" noch acht Compagnien, also etwa das Doppelte, erwartet, als er in Neuenburg stand. Nach Lamberty hatte Mercy 4000 Fusssoldaten und 2200 Reiter. Nach Aussage der Franzosen hatte er allein 4000 Mann in der Schlacht verloren (Todte, Verwundete und Gefangene). Diese Zahl ist allerdings übertrieben, thatsächlich sollen es 2600 gewesen sein. Nach Lamberty hatte Mercy die Absicht, an Besançon vorüberzumarschiren und sich etwa bei Lyon mit der savoyischen Armee zu vereinigen. Dies ist, wenn man die thatenlose Haltung der letztgenannten Armee betrachtet, ganz unwahrscheinlich, und derartige Pläne mag allerdings der unterdrückte Aufstand im Vivarais im negativen Sinne beeinflusst haben. Mercy hatte es zunächst nur mit der Franche-Comté zu thun, worauf auch besonders folgende Bemerkung des Prinzen Eugen deutet, die aus einer Zeit datirt, als die Entdeckung des Anschlags auf Besançon ihm längst bekannt war: „Si Mercy réussie d'entrer, comme je l'espère, il faut songer de le soutenir, et je crois que cela peut être d'une grande conséquence." 2. September an Sinzendorff.

Geheimniss gezogen seien, und er deutete an, dass Alles gut gegangen sei, so lange er in früheren Jahren das Geschäft in Händen gehabt habe [1]). Immerhin versprach er sich von der Mercy'schen Unternehmung, welche, nachdem der Kurfürst bei der Armee eingetroffen war, nun doch endlich ins Werk gesetzt werden sollte, einen Erfolg von weitgehender Bedeutung.

Auf Heimlichkeit und Ueberraschung der Franzosen beruhte das Gelingen des ganzen Planes. Auch waren sie im Allgemeinen ahnungslos. Der Gesandte in der Schweiz indessen, von seinem Vorgänger vorbereitet und in einem Lande befindlich, das an diesen Dingen starken Antheil nahm, hatte Gelegenheit, hie und da eine Spur davon zu entdecken. Ende Juli fragte er bei Bern an, ob es wahr sei, dass St. Saphorin im Haag im Namen Berns über die Abtretung der Freigrafschaft Burgund unterhandle. Der König könne nicht glauben, dass man in Bern etwas thue, das den Bünden und der Neutralität so sehr zuwider sei. In Bern war nicht geringer Schrecken; eine Antwort wurde

---

[1]) z. B. heisst es am 4. August an Mercy: „Ich wundere mich nur darüber, dass nach der schlechten Manier, als man das Werk traktirt hatte, es nicht ehender offenbar worden sei, nachdem die Kinder auf der Gassen davon gesprochen, so auch nicht wohl anders hat sein können, nachdem man aller Welt davon geredet und Concilia darüber begehrt hat." Dies stimmt ungefähr mit dem, was St. Simon erzählt: „Il y avait dans cette conspiration trois sortes de gens. Les uns, en petit nombre, voyaient les officiers principaux que l'empereur y employait, venus exprès et cachés aux bords du Rhin de l'autre côté, et ceux qui les voyaient par des védelins (kleine Rheinboote), savaient tout et menaient véritablement l'affaire; les autres, instruits par les premiers, mais avec réserve et précaution, s'employaient à engager tout ce qu'ils pouvaient de gens dans cette affaire, distribuaient des libelles et les commissions de l'empereur, ils étaient l'âme de l'intrigue. Les derniers enfin étaient des gens qui, par désespoir des impôts et de la domination française, s'étaient laissé gagner et qui étaient en très-grand nombre."

verfasst, welche die Nothlüge in die denkbarst bescheidene
Form kleidete. St. Saphorin sei im Haag, schrieb man,
um auf des Standes Interesse zu vigiliren, was allen freien
Ständen gestattet sei, um so mehr als man dabei kein
anderes als aufrichtiges Absehen führe und die Bünde und
Traktaten mit Frankreich nicht benachtheiligen wolle.
Du Luc hatte sich in einer gewissen Verblendung, die man
Treuherzigkeit nennen könnte, sehr viel von dieser Antwort Berns versprochen. Genaues wusste er von den Absichten der Friedenskommission nicht, aber er kannte ihre
Feindseligkeit gegen Frankreich und traute bald diesem,
bald jenem Gerücht, wie sie ihn vom Monat August an
immer zahlreicher umdrängten. Besonders wurde er bedient
durch jenen Braconnier, welcher ihm gegenüber vorgab,
er habe sich in das Vertrauen der Alliirten geschlichen,
um ihre Pläne zu verrathen. Seiner Aussage nach war
die jetzige Absicht der Alliirten, durch Lothringen gegen
Auxonne vorzugehen, oder, wenn er dort nichts ausrichtete,
gegen Longres und Dijon. Ihren Plan auf die Citadelle
von Besançon hätten sie als unausführbar aufgegeben. Er
suchte du Luc für eine sehr abenteuerliche Kriegslist zu
gewinnen, welche darin bestand, dass einige vertraute
Franzosen, angeblich unzufriedene Freigrafschaftler, den
Kaiserlichen Auxonne in die Hände spielen sollten, um
sie nachher wie in einem Netze zu fangen [1]). Unter allen
Möglichkeiten hat die viel für sich, dass Braconnier durch
seine Angaben die Aufmerksamkeit der Franzosen von der
wirklich gefährdeten Stelle ablenken wollte, ein Gedanke,
der auch du Luc selbst einmal aufstieg. Man kann aber
sagen, dass diese Eröffnungen den französischen Gesandten
erst recht veranlasst haben, ein scharfes Augenmerk auf

---

[1]) 26. Juli 1709, du Luc au roi. Zellweger V, 1.

das Vorhaben der Rheinarmee zu lenken, und dass es für
deren Absichten viel nützlicher gewesen wäre, wenn gar
nichts darüber verlautet hätte [1]). Du Luc fand an dem
Braconnier'schen Projekte mehr Gefallen, als er selbst gestehen wollte und war sehr gekränkt, dass weder der
König noch die Generale sich damit zu befassen Lust
hatten. Trotzdem versäumte er nicht, die Augen auch für
Anderes offen zu behalten und das ihm zunächst Obliegende
zu thun. Von einem zu vermuthenden Durchbruch Mercy's
durch die Schweiz hatte er gleichfalls seit Anfang August
Nachricht gehabt; es fehlte ihm nicht an Spionen in der
kaiserlichen Armee. Am 7. August reichte er der in Baden
versammelten Tagsatzung ein Memorial ein, worin er sie
erinnerte, in wie lobenswerther Weise sie im letzten Jahre
den versuchten Durchmarsch bei Schaffhausen verhindert
hätten und forderte sie auf, sich jetzt, wenn es nöthig sei,
ebenso zu benehmen. Die Tagsatzung versicherte schriftlich, den Neutralitätstraktat treu beobachten zu wollen [2]).

Du Luc wollte in Erfahrung gebracht haben, dass, als
an der Tagsatzung eine Denkschrift über die Sicherstellung
der Pässe verlesen wäre, Zürich und Bern ein auffallendes
Stillschweigen beobachtet hätten, woraus man geschlossen
hätte, dass sie einen Durchmarsch nicht ungern sehen
würden. Auch das fiel auf, dass die beiden Orte so ruhig
blieben, als die kais. Offiziere geflissentlich verbreiteten, sie
hielten sich desshalb in der Nähe der Schweiz auf, um

---

[1]) Es ist zwecklos, der Braconnier'schen Intrigue durch den
Wirrwarr von Möglichkeiten nachzuspüren. Es ist erwiesen, dass er
mit den Alliirten wie mit Frankreich in Verbindung stand; er kann
die eine Partei betrogen haben oder beide, beide nach einander oder
beide zugleich.

[2]) s. Zellweger V, 1; vergl. E. A. VI 2, S. 1530.

dem Abt von St. Gallen gegen die Rebellen zu Hülfe zu kommen.

Du Luc war mit Nachrichten gut versehen: am 18. bekam er einen Brief, welcher ihm den Durchmarsch auf den 20. ankündigte. Sofort benachrichtigte er die Tagsatzung, Basel, Hüningen und den französischen General Harcourt [1]), der, im unteren Elsass stehend, eilig ein Detachement unter du Bourg ins Oberelsass schickte, so dass er bis zum 23. Ottmarsheim erreichen sollte. Die Tagsatzung wies Basel an, das Nöthige vorzukehren. Dort hatte man auch seine Späher, welche über die Bewegungen der Armee berichteten. Man hatte auch erfahren, dass die Bäcker von Rheinfelden und Laufenburg schon seit drei Tagen ununterbrochen mit Commisbrodbacken beschäftigt seien. Das Einzige, was nun geschah, war, dass die Wachen von Augst verdoppelt wurden, so dass es 24 Mann waren [2]).

Am 20. August fand der Durchzug statt [3]) nach 6 Uhr Abends, von Rheinfelden ausgehend, über die sogenannte Hülftenbrücke oberhalb Augst in baselsches Gebiet eindringend, welches um 8 Uhr mit Benutzung der Landstrasse bei Pratteln und des Passes von St. Jakob schon wieder verlassen war. Um diese Zeit liess Mercy den

---

[1]) Nach St. Simon (VII) wäre Harcourt auch von Le Guerchois, dem Intendanten der Freigrafschaft, gewarnt worden.

[2]) Auszug aus dem XIII. Rathsprotokoll in Basel, s. Zellweger VIII.

[3]) Der Verlauf des Durchmarsches ist ausführlich dargestellt von A. Heussler, Der Durchmarsch des Generals Mercy etc., in den Basler Beiträgen II. Ich fasse mich hier desshalb ganz kurz. Mercy erwartete die Gesammtmacht des Kurfürsten von Hannover, der sich mit ihm vereinigen wollte, auf einer Rheininsel gegenüber dem breisgauischen Neuenburg. Dadurch gewannen die Franzosen Zeit, Massregeln zu treffen, und am 26. August schlug Graf du Bourg Mercy bei dem Dorfe Rumersheim. s. Noorden a. a. O. III, S. 551.

Baseler Rathsherren anzeigen, dass er den Durchmarsch hätte unternehmen müssen, und dass er etwelchen Schaden vergüten werde. Die Bürgerschaft wurde gemahnt, auf guter Hut zu sein, und 400 Mann wurden aufgeboten. Jourdain, ein französischer Offizier von Hüningen, der sich in Basel befand, wollte sich aufmachen und die in Hüningen in Kenntniss setzen, die Bürgerschaft widersetzte sich aber dem Befehl der Obrigkeit, ihm die Thore zu öffnen, so dass er seine Absicht aufgeben musste.

Du Luc, selbst Vorwürfen ausgesetzt, dass er das Ereigniss nicht verhindert hatte, überschüttete Basel mit herben Vorwürfen, wobei er hauptsächlich anführte, dass er der Obrigkeit am 18. August nicht nur die Thatsache des bevorstehenden Durchmarsches, sondern auch das Datum, an welchem er stattfinden sollte, habe anzeigen lassen; dass der Offizier Jourdain mit Gewalt in der Stadt zurückgehalten sei; dass an der Hülftenbrücke die Kaiserlichen keinen Widerstand, im Gegentheil bereitwillige Wegweiser gefunden hätten. Das Erste läugnete Basel rundweg. In dem Rathsprotokoll der XIII, wo die Audienz der Abgeordneten du Luc's aufgezeichnet ist, findet sich allerdings nichts von einem Datum. Dagegen geht aus dem Briefe du Luc's vom 18. August hervor, dass ihm in der That von Kundschaftern der 20. bestimmt angegeben war.

Wenn man also für unmöglich hält, dass du Luc das ihm bekannte Datum nicht mitgetheilt hätte, so muss man annehmen, dass es in jenem Protokoll mit Absicht ausgelassen ist. Was den Offizier Jourdain anbetrifft, so entschuldigte sich die Regierung mit der meuterischen Widersetzlichkeit der franzosenfeindlichen Bürgerschaft. Dass die Grenze ungenügend besetzt war, konnte schwerlich bestritten werden. Basel wies darauf hin, dass die Hülftenbrücke noch niemals besetzt worden sei, und dass es von

Anfang an darauf aufmerksam gemacht hätte, es würde
allein nicht im Stande sein, einen gewaltsam versuchten
Durchmarsch abzuweisen. Diese Entschuldigung war um
so unzulänglicher, als Fälle aus den ersten Kriegsjahren
vorlagen, wo Basel in der gleichen Erkenntniss die Defensionalorte rechtzeitig zum Beistand angefeuert hatte;
ferner hätte sich erst bei irgendwelchem Widerstand zeigen
müssen, ob überhaupt ein gewaltsamer Durchmarsch versucht worden wäre. Allerdings war, da die Tagsatzung
gleichfalls gewarnt worden war, Basel keineswegs allein
schuldig, und vor Allem wusste wohl Niemand so gut
wie Zürich und Bern, wie ernstlich eine Gefahr zu besorgen war.

Zu Gunsten der Beschuldigten konnte angeführt werden, dass der Durchmarsch wirklich mit ausserordentlich
glücklicher Wahrung des Geheimnisses vollzogen war[1]).
Nicht einmal Trautmannsdorff, dem man ja das Missglücken des vorjährigen Anschlages Schuld gab, hatte
etwas davon erfahren. Selbst St. Saphorin ahnte nur, dass
etwas im Werke sei, indem ihm auffiel, dass um diese
Zeit noch mehr als sonst ihm vorgestellt wurde, die
Schweizer müssten zum Gelingen eines Planes, den sie
selbst wünschten, auch etwas beitragen. Die Sorglosigkeit der Garnison von Hüningen, welche du Luc gleichzeitig mit Basel gewarnt haben wollte, und welche doch
gänzlich unvorbereitet angetroffen wurde, erschien selbst
den kath. Orten, wenigstens Luzern, als ein Grund, die
Unthätigkeit Basels zu entschuldigen[2]). Die Eidgenossenschaft
im Allgemeinen, auch die evangelische, war überrumpelt,
denn wenn auch allerlei Gerüchte umgingen, muss man

---

[1]) „Jamais chose n'a été ménagée si adroitement." Willading à
St. Saphorin. 24. August. Livre I a. a. O.

[2]) s. Akten Neutralität 1709. St. L.

bedenken, dass die Mehrzahl solcher Ausstreuungen, wie sie damals überaus häufig verbreitet waren, sich nicht verwirklichten.

Wohl aber darf man behaupten, dass die Friedenskommissionen von Zürich und Bern Schuld waren, dass der Durchmarsch nicht verhindert wurde. Sicherlich hätten auch sie lieber gesehen, dass eine Neutralitätsverletzung vermieden wäre. Aber sie hatten Geister gerufen, die sie nicht los werden konnten; von dem Wunsche ausgehend, Frankreichs Nachbarschaft von sich zu entfernen, hatten sie sich auf gewagte Verhandlungen eingelassen, die sie Schritt für Schritt weiter zogen, als sie ursprünglich geplant hatten. Ob von Basel ausser dem Burgermeister Burkhardt noch Jemand mit der Berner Kommission in Verbindung stand, weiss ich nicht. Jedenfalls wünschte und erwartete man dort die Demolirung Hüningens. Hatte man aber einmal die Hülfe der Alliirten in Anspruch genommen, wie konnte man sich ihnen kriegerisch entgegenstellen? Es ist nicht zu verwundern, dass man in Wien nicht begreifen konnte, warum auch die reformirten Kantone so viel Entrüstung über einen Schritt zeigten, der ihnen das verschaffen sollte, wonach sie so eifrig gestrebt hatten. Man wusste dort wenig oder bekümmerte sich wenig darum, dass die Friedenskommission nicht ganz Bern, geschweige denn die ganze reformirte Eidgenossenschaft vertrat. Für die Neutralität war es ein Verhängniss. dass gerade die beiden Orte, welche gewöhnlich für den Grenzschutz eintraten, jetzt ein Interesse daran hatten, auch einmal die Dinge gehen zu lassen. Hätten die kath. Orte Uebergriffe von Seiten der Alliirten so eifrig zu verhindern gestrebt, wie die reformirten es gegenüber den Franzosen gethan hatten, so wäre das Gleichgewicht hergestellt gewesen.

Wenn Jemand weder Groll noch Reue über das Geschehene empfand, so war es Willading. Man lese nur,
was er an St. Saphorin schrieb, als er noch auf glücklichen Erfolg des Unternehmens rechnete: „Sie glauben
nicht, wie dieser unvorhergesehene Streich unsere katholischen Kantone aufgeregt hat, die sich Tag und Nacht bei
Trautmannsdorff Rath holten wegen des Toggenburger-
geschäfts. Ich habe nicht ermangelt, ihnen scherzhafte
kleine Seitenhiebe zu versetzen über den Dekorations-
wechsel (changement de théâtre). Ich bin gespannt zu
sehen, was diese guten Freunde einander künftig für Ge-
sichter machen werden. Sie machen schrecklichen Lärm
über die Neutralitätsverletzung, die Herren Katholischen....
Ich will nichts darüber sagen, ob diese Unternehmung
Jedermann unbekannt gewesen ist. Man wird viel Lärm
darüber machen, aber vana est sine viribus ira. Mir thut
nur Basel leid, welches darunter zu leiden haben wird.
P. S. Es passirt täglich eine Menge Getreide durch unser
Land nach Savoyen; ein Theil davon könnte nach Burgund
gehen.“ — Da ist nichts als Triumphgefühl über den gelungenen Anschlag und spöttische Schadenfreude über die
schiefe Lage, in die sich die kath. Orte versetzt sahen,
indem sie einerseits Anhänger Frankreichs, andererseits
enge Beziehungen mit dem Kaiser anzuknüpfen im Begriff
waren.

Ganz besonders kompromittirt waren zwei in kaiserlichen Diensten stehende Schweizer Offiziere: Hieronymus
v. Erlach von Bern und Heinrich Bürkli von Zürich. Jener
hatte 1695 den französischen Dienst verlassen und ver-
mählte sich im gleichen Jahre mit Anna Margarethe
Willading, der Tochter des spätern Schultheissen: es ist
anzunehmen, dass zwischen beiden Ereignissen ein gewisser
Zusammenhang bestand. 1702 wurde er Oberst über eines

der Regimenter zur Vertheidigung der Waldstädte, 1707
vom Kaiser zum Generalfeldmarschalllieutenant ernannt.
Er scheint eine gewisse Anhänglichkeit an Frankreich bewahrt zu haben, bezog sogar eine Pension vom König,
so dass vielfach behauptet wurde, er stehe überhaupt mit
dem Herzen auf französischer Seite und verharre nur im
kaiserlichen Dienste, um grosser rückständiger Geldsummen
nicht verlustig zu gehen und aus Rücksicht für seinen
Schwiegervater. Allerdings stand er immer mit dem französischen Botschafter und dessen Agenten in Verbindung;
in du Luc's Briefen wird er meistens mit „l'ami" bezeichnet. Aber trotzdem sagte du Luc selbst, dass man sich
keineswegs auf ihn verlassen dürfe. Er bemühte sich z. B.
in Hinsicht auf die Sendung St. Saphorin's in den Haag
du Luc glauben zu machen, es sei der König von Preussen,
welcher Frankreich die Freigrafschaft zu entreissen wünschte.
La Chapelle nennt ihn einen homme sage, der, wenn auch
nicht völlig Frankreich ergeben, doch das Beste seines
Vaterlandes im Auge habe. Die Stellung, welche Erlach
zwischen dem Kaiser und dem französischen König ein-
nahm, erklärt ohne Schwierigkeit eine Haltung, die man
vaterländisch nennen könnte, wenn man nicht nach dem
Obengesagten annehmen müsste, dass ihr letzter Grund
ein persönlich selbstsüchtiger gewesen ist. Unter dem
Kommando des Kurfürsten von Hannover stehend, mit
dem Prinzen Eugen in Briefwechsel, wusste er von dem
beabsichtigten Durchmarsch natürlich Bescheid. Seine
eigenthümliche Doppelstellung lässt vermuthen, dass er
ihn ungern sah und sich ebenso sehr ihn zu verrathen
wie ihn zu verschweigen scheute. Am Tage des Durchmarsches soll er beim Essen und vom Wein erhitzt [1])

---

[1]) Man muss bedenken, dass du Luc selbst von Erlach sagt: on
ne pourrait pas compter sur sa discrétion dans les occasions

du Luc nach dessen eigener Angabe von dem bevorstehenden Ereigniss in Kenntniss gesetzt und hinzugefügt haben,
dass der Kanton Bern schon lang davon Bescheid wisse,
und dass es eine unerträgliche Sache sei, die die ganze
Eidgenossenschaft entehren würde. Im Widerspruch damit
schreibt Erlach im Jahre 1730 als Schultheiss von Bern
in einem Briefe: „Finalement je puis vous dire de bonne
fois, que notre état n'a point trempé dans l'affaire de
Mercy, et que ceux qui nous ont rendu ces mauvaises
offices de l'insinuer seraient bien embarassés d'en fournir
des preuves“ [1]). Dieses letzte Mal hatte Erlach wohl
mehr Recht als jenes Mal, denn den Stand als solchen
kann man in der That nicht verantwortlich machen, wenn
nicht etwa dafür, dass er der Friedenskommission eine zu
grosse Machtbefugniss übertragen hatte. Aehnlich sagte
Burkhardt vor der Tagsatzung: „Ich bezeuge bei meiner
Ehre und Eid, dass ich unsern Stand sowohl des Durchmarsches als anderer Sachen wegen, worauf man alludirt.
unschuldig halte.“ Und so sagte selbst Luzern, nicht der
Stand Basel, sondern einige Particulare hätten den Plan
zuvor gewusst, ja, ihn wohl sogar formirt [2]).

Von jener Aeusserung Erlach's drang nichts in die
Oeffentlichkeit. Grosses Aufsehen und Aergerniss dagegen
erregte das Betragen Bürkli's, welcher Mercy bei Rheinfelden empfing und bis Basel begleitete. Auf ihn warf sich
der ganze Groll der kath. Orte, den du Luc kräftig unterstützte; sie forderten im Verein seine strenge Bestrafung [3]).

---

fréquentes où l'excès, assez ordinaire en Suisse dans le repas, ne lui
laisse pas toute sa raison.

[1]) s. Zellweger IV.

[2]) s. Akten Neutralität, St. L.

[3]) Andrerseits Prinz Eugen an Trautmannsdorff. 26. Sept. 1709:
„Man soll Bürkly assistiren, dass er nichts zu leiden hat.“ Feldzüge
XI a. a. O.

Zürich sah sich gezwungen, ihn vorzuladen: er entschuldigte
sich erst eine Weile mit seinem Dienste. In seinen Briefen
fühlte er sich „unschuldig wie ein Kind"; er habe Mercy
begleitet, weil er theils selbst Geschäfte in Basel gehabt
habe, theils Excesse habe verhüten wollen. Mit Diskursen
über ihre alte Bekanntschaft sei er unvermerkt eine Stunde
weit über seinen Posten hinausgeritten. Er habe es nicht
in seiner Eigenschaft als Soldat, sondern als Mercy's guter
Freund und Bruder gethan. Besonders entrüstet wies er
die Anmuthung seiner Ankläger zurück, er sei Mercy's
Wegweiser gewesen; in Frankreich möge es Sitte sein,
nicht im Reiche, dass man Offiziere als Führer verwende.
Es fehlte in seinen Angaben nicht an kleinen Wider-
sprüchen; seltsam klingt es, wenn er behauptet, er habe
von der Passage durch das Baselsche so wenig Wissenschaft wie vom Wege nach Rom. und vollends unglaublich.
wenn er versichert, er habe von dem Neutralitätstraktat
1702 gar keine Kenntniss gehabt[1]). Zwar habe er Mercy
von seinem Vorhaben abgeredet, aber das habe er gethan,
weil ihm die Vernunft eingegeben habe, dass solche Violation eine Sache von weitem Aussehen sei. Gerade daraufhin, dass er angeblich von dem Neutralitätstraktat nichts
gewusst hatte, wurde er von der Kommission, der er sich
im November allerdings nun stellte, sehr gnädig behandelt.
Er wurde, weil er zwar keine böse Intention gehabt, aber
doch einen Fehler und eine Unvorsichtigkeit begangen
habe, zu 200 M. Silber Busse verurtheilt[2]). Die Geneigtheit
seiner Züricher Obrigkeit wurde ihm desswegen keineswegs
entzogen; sie bezeugte ihm fortwährend ihre „gnädige
Zufriedenheit".

---

[1]) Bürkli's Bericht vom 9. Sept. Akten Grenzverletzung. St. Z.
Vergl. auch oben S. 114.

[2]) Rathsmanual. 28. Januar 1710. St. Z.

Auch über das sogenannte Mercy'sche Kistlein müssen
einige Worte gesagt werden. Es war dies eine Brief-
cassette, welche, von Mercy auf der Flucht verloren, Beute
der Franzosen geworden. Du Luc liebte es, die Tagsatzung
damit theils zu ängstigen, theils zu reizen, dass er erzählte,
sie enthalte Schriftstücke, welche auf die Beziehungen
einiger Orte zu den Alliirten ein ihrer Ehre nachtheiliges
Licht würfen. Sowohl die Baseler wie die Berner Deputirten, besonders Willading, bestanden darauf, dass ihnen
die Briefe vorgelegt würden, damit sie sich vertheidigen
könnten, wohl wissend, dass sie selbst nichts Schriftliches
aus den Händen gegeben hatten, das sie kompromittiren
könnte. Nach du Luc's eigener Aussage enthielt das Kistlein auf die Schweizer bezüglich nur briefliche Aufforder-
ungen der Generalstaaten und des Kurfürsten von Hannover
an die prot. Orte den Durchmarsch zu begünstigen. Runkel,
ein Gesandter der Generalstaaten, habe ursprünglich diese
Briefe der Tagsatzung überreichen sollen, Willading habe
ihm aber davon abgerathen und gesagt, die Alliirten sollen
handeln, ohne vorher zu fragen. Darauf seien die Briefe
Mercy übergeben, damit er sich ihrer nach Belieben be-
diene [1]).

Der Vorfall zwischen Willading und Runkel ist nicht
unmöglich [2]). Jedenfalls enthielt das Kistlein nichts, was
zu direkter Ueberführung einer Schuld der Orte hätte

---

[1]) s. Mémoire sur la Suisse par du Luc 1715 a. a. O. Auch
Stanyan hatte einen Brief für Bern, den er erst abgeben sollte, wenn
der Durchmarsch im Gange wäre (St. Saphorin à Willading, 20 août.
Livre I a. a. O.).

[2]) Hatte doch auch St. Saphorin sich gelegentlich vernehmen
lassen: „Nur bei den Schweizern nicht um den Durchpass nachge-
sucht, es wäre das Mittel, ihn nicht zu erhalten." Vulliemin III,
S. 463.

dienen können, und lieferte vielleicht gegen den Herzog von Lothringen mehr Anklagematerial als gegen sie [1]).

Auch der Bischof von Basel wurde noch lange von Frankreich mit schweren Anklagen verfolgt, dass er den burgundischen Rebellen Vorschub geleistet und ihnen Waffen habe zukommen lassen.

Da das Unglück einmal geschehen war, fragte sich, was nun zur möglichst vollständigen Reparation vorgenommen werden sollte. Zunächst handelte es sich darum, Satisfaction zu erlangen. Es wurden Deputationen nach Rheinfelden, an Trautmannsdorff, an den Kurfürsten, ein Brief an den Kaiser selbst abgeschickt. Der Kaiser zögerte sehr lange mit der Antwort. Als er sich endlich dazu herbeiliess, geschah es, um alle Schuld auf die Seemächte abzuwälzen, welche den Feldzug geplant hätten. Diese verwiesen auf den Kurfürsten, welcher sich das auch nicht gefallen lassen wollte. „Muss also endlich der General Mercy Alles von ihm selbst gethan haben“, schrieben Tscharner und Willading von der Tagsatzung. Dieser bequemte sich auch wirklich, den Sündenbock zu spielen, indem er sagte, er hätte Befehl bekommen, ins Oberelsass einzubrechen, und das hätte er auf keine andere Weise möglich machen können [2]). Es war auch einmal Rede davon,

---

[1]) „La cassette de Mercy découvrit bien moins de choses qu'elle n'apprit qu'il y avait bien des mystères cachés, et sans fournir des preuves positives contre M. de Lorraine, elle ne laissa pas douter qu'il n'y fût entré bien avant et qu'il n'eût fomenté ce projet de toutes ses forces.“ St. Simon VIII, S. 367. Von dem lothringischen Gesandten Forstner erfuhr St. Saphorin zuerst, dass Mercy im Begriffe sei, nach Burgund durchzubrechen. St. Saphorin à Willading, 20 août. Livre I a. a. O.

[2]) Aehnlich schrieb auch der Kurfürst 25. August 1709 (Akten Grenzverletzungen, St. Z.), und ferner, er hoffe, die Eidgenossen würden sich den Durchmarsch um so weniger missfallen lassen, „als

der Kaiser würde sich mit der Behauptung entschuldigen, dass er 1702 die Neutralität nur für sich, nicht auch im Namen der Alliirten versprochen habe, eine Auffassung, wie sie in ähnlicher Weise im Jahre 1792 auftauchte [1]).

Bern erhielt für sich eine Erklärung der Generalstaaten, dass der Durchmarsch nur vollzogen sei, um der Schweiz durch die Eroberung Burgunds einen erwünschten Vortheil zu verschaffen. Das war gewissermassen eine Ehrenerklärung gegenüber der verletzenden Staatshoheit, keineswegs eine Satisfaktion. Es war sogar hinzugefügt, dass man aus diesem Grunde hoffe, Bern werde nicht nur das Geschehene billigen, sondern dazu beitragen, dass die Pläne der Alliirten eines guten Erfolges sich erfreuen könnten [2]).

Du Luc bestand auf einer geziemenden Satisfaktion; auf die Frage, worin dieselbe zu bestehen habe, erwiderte er, das würden die Orte selbst wissen. Die kath. Orte wussten seine Absicht: sie verlangten stürmisch, wenn die Satisfaction nicht bald erfolge, mit etwa 6000 Mann vor die Waldstädte zu ziehen, ihre Einräumung zu begehren, und wenn nicht gewillfahrt werde, sie mit Gewalt zu nehmen und bis zum Frieden besetzt zu halten. Als man dies Trautmannsdorff andeutete, sagte er, das werde in Ewigkeit nimmer geschehen, es sei denn, dass man sich vom französischen König Hüningen einräumen liesse. Niemand konnte wagen, dem König von Frankreich, der den Neutralitätstraktat beobachtet hatte, eine derartige Zumuthung zu machen. Zürich und Bern wollten sich auf

---

selbiger auf die Befreiung der Eidgenossen von einer so gefährlichen Nachbarschaft, als die von der Krone Frankreichs deroselben bisher gewesen, bei glücklichem Success obiger Expedition gereichen kann".

[1]) S. Calonder a. a. O. S. 192.

[2]) 31. August 1709. Livre I a. a. O.

die Einnahme der Waldstädte nicht einlassen, und Luzern, theils aus Scheu vor den Kosten, theils die daraus entstehenden Zerwürfnisse fürchtend, dämpfte den Eifer der Länderkantone.

Wesentlicher als die Versuche, sich eine Satisfaction zu verschaffen, war, was thatsächlich geschah, um weiterem Unheil vorzubeugen. Die Schanze bei der Hülftenbrücke, wo der Durchmarsch geschehen war, wurde reparirt und eine Wache dort aufgestellt. 400 Mann waren aus der Baseler Landschaft ausgehoben, 400 Mann wurden als eidgenössischer Zuzug begehrt. Es geschah das ebenso sehr aus Angst vor der Rache Frankreichs, wie um eine neue Verletzung der Kaiserlichen zu verhindern. An alle Zünfte wurden Zeddel geschickt und der Bürgerschaft angezeigt, dass sich der kriegführenden Parteien Geschäfte und Unternehmungen Niemand belade, sondern sich Jedermann in den Schranken der Neutralität halte. Als man die Niederlage Mercy's erfuhr, wurden aus den 300 Baslern die Pässe besetzt und ihnen Befehl gegeben, die Flüchtenden nöthigenfalls mit Gewalt zurückzutreiben. Dennoch beklagte sich du Luc, dass die geschlagenen Soldaten sich über Baseler Gebiet gerettet hätten, und die Thatsache wurde auch nicht bestritten. Basel entschuldigte sich damit, sie seien auf ungewohnten Wegen und unversehens gekommen, man hätte ihren Durchzug nicht verhindern können, gleichwohl aber alle Pflichten erfüllt, ja sogar Feuer auf sie gegeben. Man sieht, dass die damaligen Eidgenossen sich für verpflichtet hielten, geschlagene flüchtende Truppen von ihrem Territorium abzuweisen. Wie wenig man aber der Verpflichtung nachkam, beweist unter Anderm die Thatsache, dass Mercy selbst mit einigen andern Kaiserlichen die Nacht in Augst zubringen und sich von dort am andern Tage nach Rheinfelden begeben konnte.

Am 29. August rückte der eidgenössische Repräsentant, Oberst Melchior v. Pfistern von Schaffhausen in Basel ein. Da Mercy in Freiburg seine Truppen wieder sammelte, hielt man einen neuen Anschlag auf die Freigrafschaft für nicht unmöglich. Eine nochmalige Gebietsverletzung aber wollte selbst Willading hintertreiben. Bei jeder Gelegenheit bezeugte er seine Theilnahme für das hart bedrängte Basel, vielleicht in dem Bewusstsein, dass es weniger Schuld an dem Vorgefallenen trage als er selber. Luzern hatte bei Basels erster Truppenforderung die es betreffenden 60 Mann bewilligt und am 8. September abgeschickt. Noch mehr, es redete den nicht im Defensional begriffenen Orten zu, sich an der Hülfeleistung zu betheiligen, da jetzt nicht nur das Defensional, sondern, bei wirklich erfolgter Verletzung, die allgemeinen bundesmässigen Verpflichtungen dieselbe erforderten [1]). Das hatte natürlich keinen Erfolg. Der Abt von St. Gallen machte Schwierigkeiten wegen der Toggenburger, die von sich aus Zuzug geschickt hatten; doch sandte er wenigstens den Freiherrn Gall Anton v. Thurn als Repräsentanten ab. Am 12. September waren die Kontingente noch nicht vollständig eingetroffen, was um so schlimmer für Basel war, als die französischen Generäle sich berechtigt glaubten, die zum Grenzschutz getroffenen Anstalten zu visitiren und zu begutachten.

---

[1]) 2. Sept. Luzern an seine Ehrengesandten in Baden. „— und wird den Herren obgelegen sein, wohlgemelten Herrn Ehrengesandten lobl. Länder, solches auf das Nachdrücklichste und mit lebhaften Farben, so da nit schwer fallen wird, vorzustellen und zu entwerfen, auch dass dadurch die vor einmal jetzund so nothwendige Einigkeit erhalten wird . . . . . .“ s. Akten Neutralität. St. L. Du Luc behauptete, auch die katholischen Defensionalorte würden keine Truppen geschickt haben, wenn sie nicht gedacht hätten, es wäre gefährlich, die Pässe den prot. Orten allein anzuvertrauen.

Eine Deputation von Basel ersuchte den französischen General de Coade, von einem Ansinnen abzustehen, das der eidgenössischen Nation schimpflich und nachtheilig sei. indem die Kaiserlichen dann sofort ein Gleiches zu thun sich anmassen würden. De Coade begnügte sich mit der Versicherung, dass man Gewalt mit Gewalt abtreiben würde, und legte nichts von der Empfindlichkeit an den Tag, an welche Basel sich in den letzten Tagen hatte gewöhnen müssen [1].

Weniger milde zeigte sich General du Bourg, Mercy's Besieger, welcher die 400 Mann Grenzbesatzung für ungenügend erklärte und seine eigene Mannschaft zur Verstärkung anbot. Einer nochmaligen Truppenforderung Basels gegenüber waren nun aber auch die katholischen Defensionalorte unzugänglich [2]; die protestantischen zeigten sich zu jeder Verstärkung bereit.

Du Bourg verbarg hinter seiner Barschheit das Bewusstsein seiner peinlichen Lage. Es bestand damals das eigenthümliche Verhältniss, dass Mercy und du Bourg ihre

---

[1] Der Bericht dieser Deputation zeigt, wie das bedenkliche Neutralitätsgeschäft auch einmal zu gesellschaftlichem Scherz Anlass gab. „Da sich denn ereignete, dass von dem königlichen Lieutenant (Riancourt in Hüningen) die gesammten Herren um mit dem Herrn General bei ihm die Mittagsmahlzeit einzunehmen sehr höflich und inständig gebeten wurden; solch höflicher Invitation aber die gesammten Herren sich freundlichst bedankt, mit Bedeuten, dass sie eine exakte Neutralität observiren wollten, und da sie heute dablieben, morgen auch auf Rheinfelden gehen müssten. Darauf der Herr General alsobald replizirt, wenn sie dahin zu gehen gesinnt, er sie begleiten wolle, dessen sie sich mit freundlichem Lachen bedankt, auch sub praetextu, dass sie ihrer Verrichtung alsbaldige Relation zu erstatten befohlen seien, ihren nochmaligen Abschied genommen haben." Akten Basel, St. Z.

[2] Nach du Luc's Meinung, weil sie den Franzosen freie Hand lassen wollten, an Basel Rache zu nehmen.

Stellungen an der Grenze der Schweiz in gegenseitiger Besorgniss vor einander nicht aufzugeben wagten, du Bourg einen neuen Durchmarsch, Mercy einen Angriff auf die Waldstädte fürchtend. Du Bourg gab seinen Posten bei Hüningen nicht eher auf, als bis ihm die eidgenössischen Repräsentanten und die Regierung von Basel das Wort gegeben hatten, dass die Grenze gut bewacht werden sollte.

Damit dass sich Mitte Oktober die feindlichen Heere von der Schweizer Grenzen entfernten, war die Ruhe keineswegs wieder hergestellt. Von dem Augenblick der Neutralitätsverletzung an wurde der Neutralitätstraktat als vernichtet angesehen, wenn auch Trautmannsdorff eifrig widersprach, da der innocente Durchmarsch ohne Vorwissen des Kaisers geschehen und desshalb nur pro casu fortuito anzusehen sei.

Bis zu einer genügenden Satisfaction von Seiten des Kaisers könne keine Rede mehr vom Neutralitätstraktat sein, sagte du Luc. Die Antwort des Kaisers traf erst Mitte Oktober ein und bestand in nichtssagenden Worten: man würde eine Untersuchung einleiten, um die Schuldigen zu bestrafen, künftig solle die Neutralität beobachtet werden. Du Luc citirte: pariuntur montes et nascitur ridiculus mus. Die Erklärung des Kaisers, sagte er, könne dem König keine Sicherheit geben; ebenso wenig Eindruck machte es auf ihn, dass Trautmannsdorff als „ehrlicher Teutscher" und Mercy als „ehrlicher Cavalier" versicherten, es würde keine Gebietsverletzung mehr stattfinden. Vielmehr sprach er es deutlich aus, dass der König jetzt seinerseits zu einem Durchmarsch berechtigt sei, und fragte höhnend, ob man ihm in diesem Falle mehr Glück gönnen wolle, als dem Mercy begegnet sei.

Die grundsätzliche Stellung der Parteien zu der Neutralitätsfrage war diese: die protestantischen Kantone im

Allgemeinen wünschten die Wiederherstellung des Neutralitätsvertrages, denn die Grenzbewachung lastete zum grössten Theil auf ihnen, und, wie sich von selbst ergibt, daher Basel am meisten. Nun aber kam noch dazu, dass zugleich mit dem Neutralitätstraktat auch die Sicherheit der Waldstädte dahinfiel, zwar nicht nach der Meinung Oesterreichs, welches keinen Zusammenhang zwischen den beiden Sachen sehen wollte, höchstens die Beobachtung jenes von dieser abhängig machte, wohl aber nach der Meinung Frankreichs und der Eidgenossen.

Es gab nun zwei Möglichkeiten: entweder die Pässe blieben beiden Mächten offen, oder die Eidgenossen besetzten die Grenze bis zur Wiederherstellung des Traktats, und im letzteren Falle konnten sie entweder die Waldstädte einnehmen und selbst besetzen, oder wie früher unter ihrem Schutz stehend erklären. Die Ansicht Berns war, zunächst die Pässe zu besetzen und die Waldstädte aus Rücksicht auf den Kaiser nicht einzunehmen, sondern zu schirmen, inzwischen zu trachten, dass die Neutralität wieder hergestellt werde. Zürich und Basel waren im Ganzen derselben Meinung, legten aber mehr Nachdruck auf schleunige Wiedererrichtung des Traktates. Du Luc dagegen sah Frankreichs Vortheil darin, dass die Neutralität nicht wieder hergestellt werde. Denn man konnte nach den gemachten Erfahrungen nicht sicher sein, dass die Alliirten den Vertrag jetzt deutlicher halten würden als vorher, blieb die Neutralität erstorben, so wusste er, dass die Eidgenossen die Grenzen hüten würden, und das war für Frankreich am nützlichsten, indem dann um so mehr Truppen an andern Kriegsschauplätzen verwendet werden konnten, wo man ihrer bedurfte. Ausserdem konnten die Franzosen, so lange die Neutralität aufgehoben, sich der Waldstädte bemächtigen und das war du Luc's

Lieblingsplan, den er mit Eifer und Zähigkeit durchzusetzen suchte. Ihm schlossen sich die kath. Orte an, besonders die Länder, welche freilich die Einnahme der Waldstädte ohne eigene Kosten und mit Unterstützung des Königs vornehmen wollten. Dieser selbst nun vertrat wieder eine andere Ansicht, wozu ihn theils die schlimme Lage seines erschöpften Heeres nöthigte, welche aber auch mit der Mässigkeit übereinstimmte, die er im ganzen Verlauf des Krieges gegen die Schweiz bewiesen hatte. Hauptsächlich war er du Luc's Plan entgegen, weil daraus Spaltung, ja Krieg zwischen den Orten entstehen könnte, indem besonders Bern nicht dulden würde, dass man sich der Waldstädte mit Gewalt bemächtigte, und in einem solchen Falle wäre zu befürchten, dass die Orte ihre Truppen aus Frankreich zurückzögen. Ausserdem detachirte Harcourt im Oktober einen Theil seiner Truppen nach Flandern, so dass er sich zu keiner Unternehmung mehr stark genug fühlte. Auch eine Linie von Landskron bis Hüningen ziehen zu lassen, weigerte sich der König, weil die Besetzung einer so langen Strecke zu viel Mannschaft erfordere. Der König war also einer Wiederherstellung des Traktates durchaus nicht abgeneigt, sofern er nur einige Sicherheit hatte, dass keine Uebertretungen mehr stattfänden. Dazu schien zwar zunächst wenig Hoffnung, die Folgen des unsicheren Zustandes zeigten sich bald. Alle Rücksicht hatten die kriegführenden Mächte abgeworfen und führten eine Art Nebenkrieg auf dem Boden der Eidgenossenschaft. Am 1. Dezember wurde ein französischer Parteigänger Namens Kempf (aus Schliengen, Dorf am Rhein, dem Bischof von Basel zuständig) von kaiserlichen Soldaten in der Nähe von Augst erschossen. Basel bemühte sich vergeblich um Satisfaction; Trautmannsdorff behauptete, die Ermordung sei nicht durch

Kaiserliche, sondern durch maskirte Personen geschehen.
Nicht lange nachher, im Mai des folgenden Jahres, liess
du Luc den kaiserlichen Ingenieurhauptmann Renaud, genannt boiteux, der an der burgundischen Verschwörung
sollte theilgenommen haben, in solothurnischem Gebiet
festnehmen und nach Landskron bringen. Das Begehren
nach Satisfaction wies du Luc als eine Frechheit zurück,
da ja für Mercy und Kempf auch keine gegeben sei. Solothurn wurde einerseits von den ev. Orten der Mitwissen-
schaft beschuldigt, andererseits von du Luc mit bitteren
Vorwürfen heimgesucht, weil es Genugthuung von ihm
forderte. Ein Plan du Luc's, den englischen Botschafter
Stanyan auf einer Reise festzunehmen, missglückte. In
diese Zeit fiel auch die Gefangennahme Massner's, des
kaiserlichen Parteigängers in den Bünden, welches Ereigniss den endgültigen Sieg der französischen Partei über
die den Alliirten geneigte, welche bisher geherrscht hatte,
bedeutete.

Im August 1710 fand wieder eine Gebietsverletzung
der Kaiserlichen von Rheinfelden aus statt. Joh. Rud.
Wettstein wurde zum Commandanten geschickt; dieser
behauptete, dem Korporal, den er mit 50 Mann, um Contributionen einzutreiben, ins Elsass geschickt habe, Befehl
ertheilt zu haben, dass er den eidgenössischen Boden nicht
betrete. Mit Unkenntniss des Landes entschuldigte sich
der Korporal. Der Commandant anerbot, das Kriegsgericht
über ihn ergehen zu lassen. Das sei eine schlechte Satisfaction entgegnete Wettstein. Dabei blieb es. Im Sommer
des folgenden Jahres wurde Manning, Sekretär der englischen Königin, durch Beauftragte von du Luc's Agenten
Merveilleux unweit Pfäfers überfallen und misshandelt.
Dies Ereigniss rief ungeheure Entrüstung hervor, du Luc
selbst war sehr ungehalten und erklärte Merveilleux, er

könne ihn wegen dieser Sache nicht in Schutz nehmen.
In England vollends wusste man der Erbitterung keine
Grenzen und glaubte sich, wie Werndly an Klingler
schrieb, sofort berechtigt, den prot. Orten allzu grosse
Vorliebe für Frankreich vorzuwerfen [1]).

Die Schweizer Regierungen sahen wohl ein, dass diesem unerträglichen Zustand müsse abgeholfen werden.
Man berathschlagte fortwährend. Bern setzte durch, dass
die ev. Orte eine beständige Wache in Augst unterhielten,
bestehend aus 24 Mann. Unerwarteter Weise erklärten
sich die katholischen Städte zur Mitwirkung bereit, so
dass es 50 Mann wurden. Doch wurde auch ferner Raths
gepflogen, was zu thun sei. Die kath. Orte schlugen vor,
dass diejenigen Kantone, wo die Verletzungen gemeinhin
stattfänden, mit eidgenössischer Garnison zu versehen
seien. Die Garnison sollte nach Obwaldens Meinung von
beiden kriegführenden Mächten besoldet werden, was freilich mehr zu wünschen als zu hoffen sei. Das war einer
der Vorschläge, die wohl nur in der Voraussicht gemacht
wurden, dass ihre Verwirklichung doch unmöglich war.
Die Wache in Augst verstärken, was die ref. Orte riethen,
wollten wiederum die kath. Orte nicht: wenn 50 Mann

---

[1]) „— on regard un attentat de cette nature comme un sacrilège
criant, comme une infraction horrible de toutes les lois divines et
humaines, et même comme une violation manifeste (et presque sans
exemple) des droits des nations. Mais ce qui donne ici bien de la
peine au honnêtes gens qui aiment notre patrie, c'est que cet attentat exécrable ait été commis sur un bout de terre qui dépend de
notre canton en partie, comme nous en somme informés. Ce qui
pourrait attirer avec le temps de très-mauvaises suites et plonger la
chère patrie en des malheurs inexprimables, à moins que les cantons,
dont dépend le territoire, où ce malheur est arrivé, ne fassent justice
(car c'est ainsi que le monde en raisonne ici) à S. M. Br., qui en
doit avoir bien du ressentiment, etc. etc.“ 10. Juli 1711. Werndly
an Klingler. Literae variorum et ad varios XXXVI. St. Z.

nicht ausreichten, würden auch 100 oder 400 nicht genug
sein. Basel flehte unaufhörlich um irgend eine Entscheidung
und wünschte um so mehr die Wiederherstellung des
Traktates, als durch die Hinterhaltung seines Getreides
im Elsass, welche du Luc zur Strafe für den Mercy'schen
Durchmarsch veranlasst hatte, der Unterhalt der Soldaten
höchst beschwerlich geworden war. Du Luc hielt besonders
viel von dem erwähnten Strafmittel, weil das niedere Volk
am meisten darunter zu leiden habe, welches auch schul-
diger sei als der Magistrat.

Im Juli 1711 auf der Tagsatzung sollte nun mit ge-
meinsamen Kräften auf die Herstellung der Neutralität
hingearbeitet werden. Du Luc zeigte sich so abgeneigt wie
je zuvor. Also schritt man zu einem neuen Mittel: es
wurden mehrere Ingenieure nach Basel geschickt, um zu
begutachten, auf welche Weise die Grenzen am besten
könnten gesichert werden. Diese machten mehrere Vorschläge: alle Verschanzungen längs Ergoltz, Birs und
Rhein zu repariren, oder neue Linien zu führen, worüber
sie mehrere Projekte vorlegten, verschieden durch Lage,
Truppenbedürfniss und Kosten [1]). Die ev. Orte betrieben
das Geschäft dem Anschein nach einmüthig. Heimlich
opponirte Basel [2]) und erinnerte Bern, wie es anfänglich
solchen Vorschlag auch für unthunlich gehalten habe. Es
mag dahingestellt bleiben, ob etwa diese Orte dabei im
Sinne hatten, sie wollten den Alliirten, wenn diese etwa
Hüningen zu bestürmen kämen, den Weg nicht versperren.
Das Resultat war, dass das Unternehmen im Sande verlief.
Ein Projekt, den Grenzschutz betreffend, ward entworfen,
welches Angaben zur Ausführung des Defensionale enthielt.

---

[1]) s. Akten Defensionale und Rathsmanual 1711. St. Z.

[2]) Heussler, Durchmarsch a. a. O. p. 272. — Vergl. auch oben
S. 98 u. f.

Im August schrieb Ludwig XIV. an seinen Botschafter, dass er geneigt sei, den Neutralitätstraktat wieder herzustellen, wenn die Orte ihn darum bitten würden. Trotzdem finden wir, dass du Luc im Oktober das Ersuchen derselben zurückwies, obwohl sie am 14. September 1711 vom Reichsvikar, dem Kurfürsten von der Pfalz, eine Zuschrift erhalten hatten, dass er den Neutralitätstraktat beobachten wolle, wenn die Franzosen ein Gleiches thäten. Du Luc behauptete aber, der Reichsvikar könne für die Alliirten nicht gutsagen. Darauf stellte Trautmannsdorff im Dezember die Copie eines Schreibens der Regentin an die V.Ö.-Regierung zu, dass der Traktat wieder hergestellt und zu beobachten sei, und eine andere von einem Schreiben des Reichsvikars an den Prinzen Eugen, dass die kaiserlichen und alliirten Truppen die Neutralität beobachten sollten. Als diese Schriftstücke du Luc zugeschickt wurden, damit er sähe, dass von der Gegenpartei das Erforderliche geschehen sei, antwortete er am 19. Februar 1712: „Ich wiederhole Ihnen (er hatte es schon an der Tagsatzung gesagt), dass der König, mein Herr, seinen Generalen befohlen hat, in Beziehung auf Ihr Land eine exakte Neutralität zu beobachten, so dass die Linien, welche sie projektirt und nicht ausgeführt haben, unnütz wären, wenn Sie nur von Seiten Frankreichs etwas zu fürchten hätten." Das konnte nicht wohl als eine Bekräftigung des Neutralitätstraktates angesehen werden, und Bern sagte auch sofort, die blosse Erklärung des Gesandten genüge nicht, der König von Frankreich müsse den Neutralitätstraktat ratificiren.

Erst im Sommer 1713, als der Friede zwischen Frankreich und den Alliirten hergestellt, dagegen gewiss geworden war, dass der Kaiser die Waffen noch nicht niederlegen würde, fanden die Neutralitätsbestrebungen

Erfolg, indem man sich gleichsam auf einen neuen Krieg vorbereitete. Auf der Jahrrechnung wurden von beiden Gesandten schriftliche Erklärungen gefordert und auch erlangt, und auch die Tagsatzung stellte eine solche aus, den Neutralitätstraktat aufrecht zu halten. Unsicher blieb das Verhältniss die Waldstädte betreffend. Wenn auch du Luc früher, wie wir sahen, anzunehmen schien, dass Frankreich durch Wiederaufrichtung des Neutralitätstraktates sich auch wieder verpflichten würde, die Waldstädte nicht anzugreifen, so konnte das jetzt nicht mehr in Betracht gezogen werden, indem sich die Dinge thatsächlich anders entwickelt hatten. Es war im Grunde gar nicht der alte Neutralitätstraktat bekräftigt, sondern ein neuer hergestellt, in welchem von Constanz und den Waldstädten gar nicht die Rede war [1]).

In Folge dessen wurden die Vorsichtsmassregeln nicht aufgegeben, wie auch die Gebietsverletzungen nicht aufhörten. Im Juni 1712 wurde ein baslerischer Bauer, der Frucht nach Basel führte, auf dortigem Gebiet erschossen. Bürkli war der Ansicht, das sei noch schlimmer als der Mercy'sche Durchzug, bei welchem doch Niemand ein Leid geschehen sei. Eine Gebietsverletzung von Laufenburg aus im Herbst 1713 entschuldigte derselbe damit, dass sie bei dunkler Nacht geschehen sei. Im Januar 1714 fiel ein Durchmarsch von etwa 60 Soldaten durch Basel vor, von welchem Trautmannsdorff behauptete, es seien Franzosen, Villars, es seien Deutsche gewesen.

Die beständige Angst, die Basel vor einem Durchbruch, besonders der Kaiserlichen hatte, beweist, dass kein Zutrauen mehr in die Erklärungen der Mächte bestand. Die Defensionalorte, mit Ausnahme von Luzern, unterhielten

---

[1]) s. 24. Nov. Bern an Zürich Neutralitätsgeschäft M. St. B.

vom Juli bis Dezember 1713 314 Mann zum Grenzschutz in Basel, hernach eine kleine Sauvegarde, welche erst Ende März 1714 von dort zurückgezogen wurde. Diese Anstalten sind das einzig Erfreuliche, was aus der Neutralitätsgeschichte der letzten Kriegsjahre zu melden ist.

Capitel X.

Ausgang des Krieges.

Die Alliirten hatten fest auf den Erfolg der Mercy'-
schen Unternehmung gerechnet. Herbe Enttäuschung folgte
nach. St. Saphorin suchte anfänglich gute Miene zum
bösen Spiel zu machen, indem er den Mächten vorstellte,
nun erst recht sei es nothwendig, dass Burgund restituirt
würde, denn die Schweiz könne den Franzosen einen
Durchmarsch ins Reich, wenn sie etwa denselben begehren
sollten, nicht mehr verweigern. nachdem sie den der
Gegenpartei nicht verhindert hätten. Aber man machte
ihm wenig Hoffnung und nachdem einmal die unglückliche
Schlacht von Denain geschlagen war, beschränkte sich
der bernische Geschäftsträger darauf, die Partei zu unterstützen, welche einen beschleunigten Frieden widerrieth
und dem Reiche möglichst gute Grenzen verschaffen wollte.
Von Burgund verlautete freilich wenig mehr, anstatt dessen
hoffte man noch auf die Abtretung des Elsass, woran
Kaiser und Reich mehr gelegen war, und St. Saphorin
suchte seine Oberen von den Vortheilen, die auch diese
Handänderung für die Eidgenossenschaft haben würde,
möglichst zu überzeugen. Der Elsass würde dem Herzog
von Lothringen übergeben werden, um ihn unabhängig
von Frankreich zu machen, und die Eidgenossen, vornehmlich Bern, würden in engere Verbindung mit ihm
treten behufs Erhaltung seiner Lande. Aber auch diese

18

Pläne wurden durch den Gang der diplomatischen Verhandlung so heruntergestimmt, dass ihre Liebhaber auf
nichts mehr als auf die Wiedergewinnung Strassburgs und
die Demolirung Hüningens zu hoffen wagten. Und auch
dies letzte musste bekanntlich noch aufgegeben werden.
Beweglicher wohl als viele deutsche Staatsmänner rief
Willading aus: Où en sera la pauvre Allemagne et la
ville de Bâle, si Strassbourg et Huningue demeurent aux
Français?

Wie anders Alles gekommen wäre, wenn Mercy seine
Aufgabe mit glücklichem Erfolg hätte ausführen können,
das pflegten sich nachträglich schaudernd die Franzosen,
die Freunde des missglückten Planes mit bitterem Aerger
vorzustellen. Bern, vielmehr die Friedenskommission, im
Besondern Willading und St. Saphorin wurden von Frankreich damals und später als Urheber des ganzen Anschlages angesehen. Das Geheimniss, mit welchem die
Friedenskommission ihr Walten umgeben hatte, verursachte
das Entstehen von allerlei Gerüchten, die die Voraussetzung zum Grunde hatten, Bern würde nicht Frankreich
haben verkleinern wollen, ohne sich selbst dabei zu bereichern. So sollte sich Bern bald mit dem Kaiser, bald
mit dem preussischen König über eine Theilung der Freigrafschaft verabredet haben, wobei der schweizerischen
Republik der ihr angrenzende Theil bis zum Doubs zufallen sollte. Es wurde sogar von du Luc verbreitet, Bern
hätte die Absicht gehabt, mit 35,000 Mann zu den Alliirten
zu stossen, sobald diese sich eines Postens in der Freigrafschaft bemächtigt hätten.

Die Quelle, aus der der französische Gesandte solche
Nachrichten schöpfte, war Braconnier, und obgleich man
in Frankreich nicht das geringste Vertrauen zu diesem
Abenteurer hegte, so schenkte man ihm doch in diesem

Punkte. auch noch nach langen Jahren bei Gelegenheit einer Nachforschung über diese Dinge, Glauben [1]).

Es ist ganz undenkbar, dass Bern sich solchen Gedanken sollte hingegeben haben, da es ja vielmehr Alles that, um seinen Antheil an dem burgundischen Geschäft völlig zu verbergen. So gern es Frankreichs Macht und Einfluss schwächen wollte, hatte es doch gewiss nicht im Sinn, sich zum offenbaren Feinde des grossen Nachbars zu machen. Wie hätte es sich auch einbilden können, dass die übrigen Eidgenossen eine solche Vergrösserung dulden würden!

Im Allgemeinen wurde in Bern, wenn von dem Anschlag auf die Freigrafschaft Burgund verhandelt wurde, von ihrer „Restitution" gesprochen, was doch wohl nichts Anderes heissen kann, als dass sie an die habsburgische Dynastie, nunmehr den Kaiser, zurückfallen sollte. Einmal träumte St. Saphorin von der Gründung eines neuen burgundischen Reiches unter einem bourbonischen Prinzen, der vom Kaiser belehnt sei. Willading sprach sich sehr energisch dagegen aus. Ein ander Mal wurde auch der Herzog von Lothringen als künftiger Inhaber Burgunds in Betracht gezogen. Dass gerade St. Saphorin und Willading in solcher Weise über diese Dinge plauderten, ohne eines Antheils für Bern zu erwähnen, beweist, dass ein derartiger Plan eben nicht bestand.

Durch den Toggenburgerkrieg hatte Bern wie Zürich ein erhebliches Uebergewicht im Innern der Schweiz gewonnen. Nach du Luc war Berns letzter Zweck, die Zahl der 13 Kantone auf zwei zusammenschwinden zu lassen. Die kath. Orte versuchten die ganze katholische Welt in Bewegung zu setzen, um das Verlorene wieder zu gewinnen.

---

[1]) s. Zellweger III.

Auf den Papst, den Kaiser, den König von Frankreich,
den Herzog von Savoyen setzten sie Hoffnung. Sie fassten
den Entschluss, die Schreiben auswärtiger Mächte an die
Eidgenossenschaft künftig nicht mehr durch Zürich beant-
worten zu lassen, es vielmehr selbst zu thun, und wirklich
sehen wir, dass Luzern bald darauf (19. Dezember 1713) an
Trautmannsdorff wegen des Schutzes der Waldstädte schrieb.
Eine auffallende Veränderung lag darin, dass die kath. Orte
hoffen durften, vom Kaiser, ja sogar vom Herzog von Savoyen
unterstützt zu werden gegen Zürich und Bern. Der Kaiser
hatte sich im Toggenburgergeschäft ganz auf die Seite des
Abtes ziehen lassen. Vergebens klagten die Seemächte über
sein unpolitisches Vorgehen. Schon zur Zeit des Mercy'-
schen Durchmarsches sagte St. Saphorin zu Sinzendorff, welcher ihn fragte, ob dieser Durchmarsch der Berner Regierung
nicht sehr angenehm wäre, seit den Drohungen Trautmannsdorff's in Bezug auf das Toggenburgergeschäft sähe
man dort die Annäherung kaiserlicher Truppen nur noch
höchst ungern. Anfänglich schob man Alles auf das un-
geschickte Benehmen des kaiserlichen Gesandten. Aber
schon zu oft hatte Oesterreich seine Rücksichtslosigkeit
gegen die beiden protestantischen Hauptkantone an den
Tag gelegt. Selbst Willading äusserte gegen St. Saphorin
(8. Oktober 1712): „Wenn der Kaiser uns zu hart bedrängt im Toggenburgergeschäft, sind wir genöthigt, uns
an Frankreich zu halten und gute Franzosen zu werden."
Und bald darauf: „Ich glaube, dass man sich à corps
perdu Frankreich wird in die Arme werfen . . . . . Der
Kaiser kann uns verderben, aber er wird sich zugleich
mit verderben. Ich sehe die Waldstädte und den ganzen
Bodensee für den Kaiser verloren gehen, wenn der Krieg
noch fortdauert." Und ferner als die Waldstädte wirklich
gefährdet schienen: „Bürkli schreit misericordia und fleht

um Hülfe für die Waldstädte. Es hat den Anschein, dass er taube Ohren finden wird. Sie wissen, was vor nicht langer Zeit Zürich und Bern für diese Städte, sowie für die am Bodensee gethan haben. Aber was kann man jetzt von uns erwarten, da der Kaiser uns im Reiche unsere Waffen, unser Geld und unser Getreide anhalten lässt? Die schlechte Behandlung unserer Deputirten in Regensburg . . . ., die Drohungen gegen beide Kantone reizen unsern Appetit, nicht zu thun, was wir früher gethan haben.' St. Saphorin ermüdete nicht, den kaiserlichen Ministern vorzustellen, dass die beiden Orte sich Frankreich in die Arme werfen würfen, wenn sie in Wien nur Undank ernteten für Alles, was sie im Laufe des Krieges zur Begünstigung der kaiserlichen Sache gethan hätten. Es wurden bei dieser Gelegenheit so oft und nachdrücklich die Verdienste der reformirten Schweiz um die Alliirten betont, dass sogar du Luc davon etwas zu Ohren kam. Die Gesandten Zürichs und Berns sollten nicht nur von den im Kriege schon geleisteten, sondern sogar von künftig noch zu leistenden Diensten gesprochen und Ludwig XIV. mit dem Namen eines allgemeinen Feindes bezeichnet haben. Berns Entschuldigung scheint du Luc völlig befriedigt zu haben; er hielt jetzt die prot. Orte für genügend vorbereitet, um sich für Frankreich gewinnen zu lassen.

Anfänglich hatte auch für die reformirte Schweiz eine grosse Parteibildung nach Massgabe der Religion in Aussicht gestanden. Von Anfang an hatten Zürich und Bern unter den Alliirten die Seemächte bevorzugt. Wir wissen, dass Bern an eine Allianz mit denselben dachte, in wie enger Verbindung es mit dem preussischen König stand. Seit Cromwell's Zeiten war die Idee einer protestantischen Weltliga nicht mehr so rege gewesen. Auch auf Strassburg,

welches im Frieden seine alte Freiheit wieder zu erringen
hoffte, warfen die evangelischen Eidgenossen wieder ihre
Blicke. Die dortigen Protestanten klammerten sich eifrig
an den Beistand von Zürich und Bern. Das künftige Verhältniss dachten sie sich folgendermassen: entweder hofften
sie als zugewandtes Ort in die Eidgenossenschaft aufgenommen oder unter gemeineidgenössischen Schutz gestellt
zu werden. Eine eidgenössische Garnison auf Strassburger
Kosten sollte der Stadt vollends den Anschein einer Art
Neutralität geben. Sie glaubten, Frankreich würde die
aufgegebene Eroberung lieber mit den Eidgenossen verbündet als beim Reiche sehen, letzteres aber würde sogar
froh sein, wenn es der Kosten der Vertheidigung über-
hoben wäre. Ein derartiger Vorschlag ging schon im
Frühling 1709 ein [1]). Auch im Haag wurde die Frage verhandelt, und St. Saphorin nahm sich ihrer besonders lebhaft an. Die Schwierigkeit war die Regulirung des Ver-
hältnisses zwischen Katholiken und Protestanten. Letztere
fürchteten, eine gemischt eidgenössische Garnison würde
Frankreich Hoffnung und Gelegenheit geben, sich Strassburgs wieder zu bemächtigen. Desshalb legte St. Saphorin
besonders Werth darauf, dass Zürich und Bern allein oder
alle prot. Orte mit Strassburg in eine engere Verbindung
treten sollten. Diesen Plan gab man auch dann noch nicht
auf, als der burgundische schon gescheitert war. Die neue
Instruktion, die St. Saphorin im Jahre 1711 erhielt, betraf
neben der Allianz mit England und Holland, neben dem
Einschluss Neuenburgs in den Frieden, dem eventuellen
Uebergang des Elsass an den Herzog von Lothringen und
dem Mailänder Capitulat auch die Strassburger Frage.

---

[1]) 22. Mai 1709. Landvogt Sinner von Lausanne berichtet darüber
aus Basel. Akten Friedensverhandlungen, St. Z.

Während Bern sich so immer enger an seine Glaubensverwandten anschloss, war die Freundschaft des unzuver-
lässigen Herzog von Savoyen schon wieder unsicher geworden. Im September 1709 wurde du Luc mitgetheilt.
dass der Herzog mit dem Gedanken umgehe, sich mit den
beiden Kronen zu verständigen, wenn ihm Hoffnung auf
den Besitz von Mailand gemacht würde. Die kath. Orte
und Venedig sollten denselben garantiren. Einige Jahre
später dachte England wieder an eine gegen den Kaiser
gerichtete Defensivliga der italienischen Staaten, an deren
Spitze der Herzog von Savoyen stehen sollte, und in
welche auch die reformirten Schweizer eintreten sollten.
Mellarede beredete sogar mit St. Saphorin eine enge Verbindung mit Zürich und Bern, aber trotzdem hielt der
Letztere durchaus nicht für unmöglich, dass das Gerücht,
Savoyen verabrede mit Frankreich ein gemeinsames Vorgehen gegen die Waadt, auf Wahrheit beruhe. Während
des Kongresses zu Baden sah man Mellarede in beständi-
gem Verkehr mit du Luc, und es wurde bemerkt, dass
der Herzog wieder anfange, sich Graf von Genf und Herr
der Waadt zu nennen.

Du Luc nämlich arbeitete fortwährend daran, Bern
entweder für Frankreich zu gewinnen oder, falls das nicht
gelänge, seine Machtstellung zu vernichten. Daher tauchten
gegen Ende des Krieges allerhand dunkle Gerüchte von
bedrohlichen, gegen Bern gerichteten Anschlägen auf. Am
12. April 1713 kam zu Willading ein burgundischer Prie-
ster, welcher sich père directeur eines Nonnenklosters in
Solothurn und Prediger des französischen Botschafters
ausgab, um dem Berner Schultheissen, wie er sagte, ein
Geheimniss zu enthüllen [1]). Frankreich arbeitete nach seiner

---

[1]) Willading à St. Saphorin, 14 avril 1713. Livre VII a. a. O.

Angabe mit einer Partei in Neuenburg, Freiburg und
Solothurn daran, Bern zu schaden. Zur Bekräftigung seiner
Worte überreichte er Willading ein Memorial, worin die
feindlichen Absichten dargethan waren. Danach sollte
Bern von zwei Punkten aus angegriffen werden: durch
die Waadt und durch Neuenburg. Neuenburg sollte an
das Haus Conti kommen, sollte von Bern alte Ansprüche
auf gewisse Landestheile geltend machen, und da Bern
diese natürlich nicht würde herausgeben wollen, sich zur
Entschädigung der Waadt bemächtigen.

Dies Projekt scheint durchaus nicht so luftig gewesen
zu sein, wie es sich jetzt ausnehmen mag. St. Saphorin
theilte es einem preussischen Minister mit, dessen Verwendung bei Ludwig XIV. bewirkt haben soll, dass dieser
seinen Botschafter in der Schweiz sowie die Prinzessin
Conti wissen liess, es sei sein Wille, dass Neuenburgs
Ruhe nicht gestört werde.

Uebrigens war dies nicht der einzige Weg: zufolge
einem andern Projekt sollte der Herzog von Savoyen sich
der Waadt bemächtigen. Nicht etwa um sie zu behalten,
man scheint vielmehr erwartet zu haben, er werde auch
Savoyen an Frankreich abtreten, wenn ihm dafür freie
Hand in der Lombardei gelassen würde. Es ist unsicher,
wie du Luc die künftige Gestaltung der Waadt dachte;
er spricht einmal von einer Republik unter dem Schutze
des Königs und der Garantie der kath. Orte, an deren
Bereitwilligkeit er nicht zweifelte. Auch bei dem Neuenburger Projekt sollten sie mitwirken, denn es war geplant,
dass Conti an der Berner Grenze eine befestigte Stadt
anlegen sollte, deren Garnison aus Franzosen und katholischen Schweizern zu bestehen habe; das würde eine
Brille für Bern geben, schlimmer als Hüningen für
Basel.

Die Einschliessung Neuenburgs in den Frieden wurde von Bern als der endgültige Abschluss dieses letztgenannten Attentates betrachtet, indem der König sich dadurch die Hände gebunden habe.

Einer andern Reihe von Projekten, über welche Gerüchte umgingen, lag in der Hauptsache ein Theilungsplan zu Grunde, dem zufolge beträchtliche Stücke der Schweiz den Nachbarmächten zufallen sollten. Eine Verständigung Frankreichs mit dem Kaiser musste dem vorangehen; das schien aber nach dem Benehmen, das dieser beim Toggenburgergeschäft zeigte, nicht durchaus unmöglich zu sein.

Schon während des Schweizer Bürgerkrieges fing du Luc an, dem Könige seine diesbezüglichen Gedanken vorzulegen. Er erwähnte eine Theilung in der Art, dass Frankreich die Westschweiz bis zur Reuss erhalte, noch besser freilich schien es ihm damals, die Orte so zu lassen, „wie Gott sie geschaffen hat", aber das Gleichgewicht zwischen ihnen herzustellen. Seitdem kam er öfters auf ein gemeinsames Vorgehen des Kaisers und Königs zurück, aber wechselnd, hingeworfen, ohne System. Wie weit seine Anknüpfungen in Wien gingen, ist mir nicht bekannt. In Bern und Zürich glaubte man einem Komplott auf die Spur gekommen zu sein, nach welchem in folgender Weise über die Schweiz verfügt werden sollte: der Kaiser sollte Thurgau und Kyburg erhalten, der Herzog von Savoyen die Waadt; Neuenburg sollte an einen französischen Prinzen fallen, die Bischöfe von Genf und Lausanne sollten wieder hergestellt werden; ein neu zu erwählender Abt von St. Gallen sollte den Besitz seiner Lande wieder erlangen, ebenso sollten die kath. Orte das im Krieg Verlorene zurückgewinnen, Frankreich würde sich vorbehalten, die katholische Schweiz gleichsam als ein Theil des eigenen Reiches in ewigen Schutz zu nehmen. Ausserdem sollten die 13 Orte so zugeschnitten werden, dass sie einander an Ausdehnung gleich kämen. Alles dies sollte der Inhalt eines geheimen Beibriefes zu dem Bunde zwischen Frankreich und den kath. Orten sein, welcher die Gemüther so in Aufregung setzte. Zur Ausführung sollte der Plan im Oktober 1715 kommen und zwar so, dass der Herzog von Savoyen mit Frankreich Genf überfiele, Frankreich zugleich Neuenburg angriffe, während der Kurfürst von Baiern Zürich und Basel überwältigte, und die kath. Orte ihnen von Innen heraus in die Hände arbeiteten.

In der Besorgniss vor der katholischen Liga hatten sich Zürich und Bern, wie schon früher erzählt ist, beim protestantischen Ausland um Hülfe umgesehen. Aber diese Beziehungen hatten sich gegen Ende des Krieges gelockert. Nicht nur gegen die Alliirten war England treulos gewesen, auch St. Saphorin hatte im Haag den Umschwung schmerzlich zu spüren gehabt. Trotz aller Versprechungen, die Stanyan im Namen der Königin so reichlich ausgetheilt hatte, wirkten die englischen Minister in Bezug auf den Einschluss der ref. Orte in den Frieden, bestrebt vor allen Dingen Frankreich gefällig zu sein, eher hindernd als fördernd. Von dem Beitritt Englands zur Union zwischen Holland und Bern war, seit Townsend den Haag verlassen hatte, keine Rede mehr, und trotz des Bundes mit den Generalstaaten war auch auf diese nicht sonderlich mehr zu rechnen, seit die Friedenspartei dort ans Ruder gekommen war.

Die evangelischen Stände des Reichs hatten sich gegen die Abgeordneten Zürichs und Berns in Regensburg keineswegs freundschaftlich benommen, hielten es im Gegentheil mit dem Bischof von Constanz, der seine Jurisdiction im Schweizergebiet ausdehnen wollte. Hatte man schon die Zuverlässigkeit des preussischen Königs Friedrich I.

bezweifeln müssen, so galt der Thronfolger geradezu als
den Eidgenossen abgeneigt. Und doch war die Grenze
gegen Frankreich nicht gesichert, wonach man doch so
sehr getrachtet hatte; Elsass, Burgund, sogar Strassburg
waren französisch geblieben. Angesichts dessen durfte sich
selbst Bern eine allzu ablehnende Haltung gegen Frankreich nicht erlauben.

Es hatte in Bern von jeher eine nicht unbedeutende
französische Partei gegeben, wenn sie auch unter dem
herrschenden Einfluss Willading's mehr in den Hintergrund
hatte treten müssen, als das in Zürich der Fall gewesen
war. Das feindselige Verhalten des Kaisers, die Unzuverlässigkeit der übrigen Alliirten brachte sie wieder zu will-
kommener Geltung. Du Luc liess es nicht an Schmeicheleien
fehlen, und indem Willading beklagte, wie gerne manche
Leute in Bern denselben lauschten [1]), konnte er doch nicht
umhin, zuzugestehen, dass man sich wirklich Frankreich
wieder mehr werde nähern müssen [2]). Anfangs mochte das
nur eine Drohung gegen den Kaiser sein, da sie aber
nicht verfing, bekam sie ernstlichere Bedeutung. Die
Friedenskommission hatte seit ihrem Bestehen Misstrauen
und Eifersucht erregt, und bei den veränderten Verhältnissen konnten diese schliesslich den Sieg davontragen.

---

[1]) „M. l'ambassadeur nous flatte plus que jamais et nous a payé
une pension sans qu'on l'ait demandé ..... c'est ainsi qu'on nous
siffle; et il y a bien des gens qui l'écoutent agréablement." 26 août
1713, Willading à St. Saphorin. Zellweger IV.

[2]) Ueber das Wachsen der französischen Partei in Bern s. das
Geheime Manual, 17. März 1712: „Bei heut vorkommenem Anlass
habe Mh. Heimlicher Rodt wohlmeinlichen erinnert, wie er bereits
zu zwei Malen vor Ihnen Mghh. eröffnet, dass Mghh. die Burger
durch Mahnung ihm beschwerlich geahndet, ob sollten unter hiesiger
Burgerschaft einige Kommission von seiten Frankreichs zur Beförderung
des Interesses daselbstiger Krone auf sich haben ....."

Die zahlreichen Feinde St. Saphorin's setzten durch, dass
er als Gesandter des Königs von England in Bern nicht
zugelassen wurde, unter dem Vorwand, dass er Schweizer
sei. Willading, auf den sich Furcht und Hass Frankreichs
und der Franzosenfreunde besonders gesammelt hatten,
der der Politik Berns mehrere Jahre hindurch das Gepräge seines leidenschaftlichen Geistes aufgedrückt hatte,
starb schon im Jahre 1718, und nicht lange darauf
folgte ihm sein Schwiegersohn Erlach, der für einen geheimen Freund Frankreichs galt, im Amte nach, das er
bis 1747, ein Jahr vor seinem Tode, inne hatte.

Die Theilung der ganzen Schweiz in zwei Parteien
wiederholte sich mehr oder weniger in den einzelnen
Orten und wirkte hier wie dort schädlich und nützlich.

Bei auswärtigen Kriegen mochte es leicht geschehen,
dass mit den Siegen der einen kriegführenden Partei
auch das Ansehen und die Macht derjenigen Staatsmänner stieg, welche eben diese begünstigten, so dass es
ihnen gelingen konnte, den Stand in bedenkliche Verwicklungen hinein zu reissen. Glücklickerweise war der
Grundsatz der Neutralität in dieser Zeit genügend be-
festigt, um sich trotzdem aufrecht zu erhalten. Indem
eine Partei diese geheiligte Maxime zu bedrohen schien,
verlor sie dadurch selbst an Halt und fiel von ihrer
aussergewöhnlichen Höhe zurück, während die andere sich
wieder hob, bis ein leidliches Gleichgewicht von Neuem
hergestellt war.

Im Laufe des 18. Jahrhunderts arteten diese Par-
teiungen, die sich neben der äusseren Politik auch zugleich auf innere Verhältnisse zu beziehen pflegten, in
mehreren kleinen Kantonen derartig aus, dass es zu wil-
den Befehdungen und Verfolgungen kam, bis eine von
beiden herrschte. Ein ruhiges Nebeneinandergedeihen der

Parteien war in der Zeit der Bünde und Allianzen, wo
ein gewisser Anschluss an eine der äusseren Mächte nicht
zu vermeiden war, das Ideal, welches in der eben behandelten Epoche unter den bedeutenderen Kantonen wohl
am meisten in Zürich zum Ausdruck kam.

Ungedruckte Quellen.

Die Akten, Manuale, Missiven- und Instruktionenbücher der Staatsarchive von Zürich und Bern. Citirt St. Z. und St. B.

Die Gesandtschaftsberichte des Berner Diplomaten St. Saphorin aus
den Jahren 1709—1713, betitelt Livre contenant les affaires
secrètes d'état faites de la part de Leurs Excelles. I—VI. Citirt
Livre. Befindlich im Staatsarchiv von Bern.

Das Protokoll der im Jahre 1706 in Bern errichteten Friedenskommission. Ebenfalls im Staatsarchiv von Bern.

Akten aus dem Staatsarchive von Luzern. Citirt St. Luzern.

Die Zellweger'sche Urkundensammlung in Trogen. Citirt Zellweger.
Dieselbe enthält in Abschrift u. A. die Correspondenz des französischen Gesandten du Luc, die in Betracht kommenden Raths-
protokolle aus Basel, Einiges aus Familienarchiven (Mestral de
St. Saphorin und Erlach von Hindelbank).

Die eidgenössischen Abschiede sind E. A. citirt.

Für die Benützung des genannten Materials, welche mir zum
Theil durch Einsicht an Ort und Stelle, zum Theil durch Ueber-
sendung an das Staatsarchiv und die Stadtbibliothek von Zürich in
zuvorkommendster Weise ermöglicht wurde, spreche ich den oben
angeführten Instituten, sowie der Stadtbibliothek Zürich und der
Stadtbibliothek Bern meinen verbindlichsten Dank aus.